NANCY FRASER & RAHEL JAEGGI

CAPITALISMO
EM DEBATE
UMA CONVERSA NA TEORIA CRÍTICA

EDIÇÃO **BRIAN MILSTEIN**
TRADUÇÃO **NATHALIE BRESSIANI**

© desta edição, Boitempo, 2020
© Nancy Fraser e Rahel Jaeggi, 2018

Título original: *Capitalism: A Conversation in Critical Theory*
Originalmente publicado por Polity Press, 2018.

Todos os direitos reservados.

Direção geral	Ivana Jinkings
Edição	Isabella Marcatti
Assistência editorial	Andréa Bruno e Pedro Davoglio
Tradução	Nathalie Bressiani
Preparação	Frederico Hartje
Revisão	Thais Rimkus
Coordenação de produção	Juliana Brandt
Assistência de produção	Livia Viganó
Capa	Maikon Nery
Diagramação	Antonio Kehl

Equipe de apoio: Artur Renzo, Carolina Mercês, Clarissa Bongiovanni, Débora Rodrigues, Dharla Soares, Elaine Ramos, Frederico Indiani, Heleni Andrade, Higor Alves, Ivam Oliveira, Joanes Sales, Kim Doria, Luciana Capelli, Marina Valeriano, Marlene Baptista, Maurício Barbosa, Raí Alves, Talita Lima, Tulio Candiotto

CIP-BRASIL. CATALOGAÇÃO NA PUBLICAÇÃO
SINDICATO NACIONAL DOS EDITORES DE LIVROS, RJ

F92c

Fraser, Nancy, 1947-
   Capitalismo em debate : uma conversa na teoria crítica / Nancy Fraser, Rahel Jaeggi ; tradução Nathalie Bressiani. - 1. ed. - São Paulo : Boitempo, 2020.

   Tradução de: Capitalism : a conversation in critical theory
   Inclui índice
   ISBN 978-85-7559-745-3

   1. Capitalismo - História. 2. Capital (Economia). 3. Teoria crítica. I. Jaeggi, Rahel. II. Bressiani, Nathalie. III. Título.

19-60912   CDD: 330.122
   CDU: 330.342.114

Meri Gleice Rodrigues de Souza - Bibliotecária CRB-7/6439

É vedada a reprodução de qualquer parte deste livro sem a expressa autorização da editora.

1ª edição: janeiro de 2020
1ª reimpressão: abril de 2025

BOITEMPO
Jinkings Editores Associados Ltda.
Rua Pereira Leite, 373
05442-000 São Paulo SP
Tel.: (11) 3875-7250 | 3875-7285
editor@boitempoeditorial.com.br | boitempoeditorial.com.br
blogdaboitempo.com.br | youtube.com/tvboitempo

Sumário

Prefácio 9
Introdução 13
I. Conceitualizando o capitalismo 27
II. Historicizando o capitalismo 79
III. Criticando o capitalismo 135
IV. Contestando o capitalismo 185
Índice remissivo 243
Sobre as autoras 251

*Para
Daniel Zaretsky Wiesen,
Julian Zaretsky Wiesen,
e Jakob Jaeggi,
herdeiros da história que fizemos,
portadores de nossas esperanças de um futuro melhor.*

Prefácio

Escrevemos este livro num período turbulento e de modo não convencional. Certezas estabelecidas estavam se desfazendo ao nosso redor. Crises financeiras e ecológicas se aprofundavam diante de nossos olhos, tornando-se assunto de contestação aberta em todo o mundo. Ao mesmo tempo, outros impasses sociais, relativos à família, à comunidade e à cultura, se agitavam um pouco abaixo da superfície – ainda não eram os principais focos da luta social, e sim crises em formação, que em breve explodiriam com força total. Por fim, o tumulto acumulado pareceu se aglutinar numa crise de larga escala da hegemonia política, em 2016, quando eleitores ao redor do mundo se revoltaram em massa contra o neoliberalismo, ameaçando derrubar os partidos e as elites que o patrocinaram em favor de alternativas populistas à esquerda e à direita. Isso é o que os chineses (e Eric Hobsbawm) chamam de "tempos interessantes".

Interessantes sobretudo para filósofos empenhados no desenvolvimento de uma teoria crítica da sociedade capitalista. Por vários anos, cada uma de nós esteve absorvida nesse projeto separadamente, antes de juntarmos forças para escrever este livro. Tomamos a decisão de fazê-lo com base na suposição de que a turbulência que se aprofunda ao nosso redor pode ser lida como uma *crise da sociedade capitalista* ou, melhor, como uma crise da forma específica da sociedade capitalista em que vivemos hoje. Os tempos, acreditamos, clamavam por esse tipo de análise. E o que poderia ser melhor para essa tarefa do que nossa formação comum em teoria crítica e marxismo ocidental, nossa história conjunta de apaixonado engajamento político-intelectual e a atividade filosófica crítica ao capital que cada uma de nós vem fazendo, de forma individual, já há algum tempo?

Vimos nossa chance quando John Thompson propôs que fizéssemos um livro para a série Conversations [Conversas], da editora Polity. Mas adaptamos a proposta dele a nossos propósitos. Em vez de nos concentrarmos na trajetória geral do pensamento de Nancy Fraser, como ele sugeriu a princípio, decidimos centrar nossas "conversas" especificamente na questão do capitalismo e no trabalho que nós *duas* fazíamos naquele momento.

Após tomarmos essa decisão, o processo de escrita do livro passou por suas próprias reviravoltas e desvios. Oscilamos diversas vezes entre duas concepções do que estávamos fazendo. A ideia, no início, era registrar uma série de conversas razoavelmente bem planejadas sobre aspectos do tópico – dialogar e editar as transcrições de modo a preservar uma sensação conversacional, semiespontânea. Essa concepção sobrevive, de certo modo, em alguns capítulos do livro finalizado, sobretudo na Introdução e no Capítulo 4. Em outros capítulos, porém, optamos por uma ideia diferente, que envolveu maior edição e uma reformulação considerável. Essa mudança refletiu a forma como nosso trabalho neste livro se relacionou com o trabalho que cada uma de nós também fazia, ao mesmo tempo, por conta própria. Os capítulos 1 e 2 acabaram se concentrando sobretudo na visão "expandida" de Nancy Fraser sobre o capitalismo como "uma ordem social institucionalizada" que abriga múltiplas tendências de crise. Ambos foram substancialmente revisados, em grande parte por ela. O Capítulo 3, por sua vez, segue o mapeamento de Rahel Jaeggi sobre os diferentes gêneros que fazem parte de uma crítica do capitalismo, suas respectivas lógicas internas e relações mútuas. Revisado por ela em sua maior parte, esse capítulo também apresenta a visão "prático-teórica" da autora sobre o capitalismo como "forma de vida".

Deixando de lado essas ênfases individuais, o livro foi, todo ele, um esforço conjunto. Ainda que não convencional, seu formato é fiel ao processo criativo real no qual nos engajamos conjuntamente: em discussões gravadas, conversas privadas e apresentações públicas em Berlim, Frankfurt, Paris, Cambridge e Nova York; ao longo de nossas viagens em família a Vermont; e no seminário de pós-graduação sobre críticas ao capitalismo que ministramos em dupla na New School for Social Research na primavera de 2016. Acreditamos que o livro como um todo é muito maior do que a soma de suas partes. Ele emergiu de (e reflete) uma combinação casual de circunstâncias: a de que compartilhamos muitas referências intelectuais e visões políticas; a de que, apesar disso, nossas abordagens filosóficas divergem; e a de que desfrutamos de uma profunda amizade centrada numa comunicação intensa e intermitente. O resultado é um livro mais rico e profundo do que cada uma de nós poderia ter produzido por conta própria.

No decorrer do caminho, incorremos em diversas dívidas de gratidão, tanto conjunta quanto individualmente. Nancy Fraser agradece o apoio à pesquisa concedido pela Einstein Foundation, de Berlim, e pelo JFK Institute for American Studies, da Universidade Livre de Berlim; à Rosa Luxemburg Foundation; ao Centro de Estudos Avançados Justitia Amplificata, de Frankfurt, e ao Forschungskolleg

Humanwissenschaften, de Bad Homburg; ao Centro de Estudos de Gênero da Clare Hall, da Universidade de Cambridge; ao Grupo de Estudos sobre Sociedades Pós-Crescimento, da Universidade Friedrich Schiller, de Jena; ao Collège d'Études Mondiales e à École des Hautes Études en Sciences Sociales, de Paris; e à New School for Social Research, de Nova York. Ela também é grata a Cinzia Arruzza e Johanna Oksala, por discussões sobre marxismo, feminismo e capitalismo ao longo dos seminários ministrados em conjunto na New School; a Michael Dawson, por insistir que ela teorizasse sobre o lugar da opressão racial na sociedade capitalista; e a Robin Blackburn, Hartmut Rosa e Eli Zaretsky, por ótimas conversas e comentários instigantes.

Rahel Jaeggi agradece o apoio à pesquisa concedido pelo programa German Heuss Professorship, da New School for Social Research; ao Grupo de Estudos sobre Sociedades Pós-Crescimento da Universidade Friedrich Schiller, em Jena; e à Universidade Humboldt de Berlim. Ela também agradece a Eva von Redecker e aos outros membros de seu grupo de pesquisa – Lea Prix, Isette Schuhmacher, Lukas Kübler, Bastian Ronge e Selana Tzschiesche –, por contribuírem em diferentes estágios e de diversos modos. Também é grata a Hartmut Rosa, Stefan Lessenich e Klaus Dörre, por discussões encorajadoras e por ajudarem a trazer o tópico de volta à agenda; a Axel Honneth e Fred Neuhauser, por contínua inspiração; e a Martin Saar e Robin Celikates, por se mostrarem os companheiros intelectuais sem os quais a vida acadêmica não seria a mesma.

Nós duas agradecemos a Blair Taylor e Dan Boscov-Ellen, por uma fantástica assistência de pesquisa, que extrapolou em muito o meramente técnico; a Brian Milstein, por uma edição cuidadosa e pela preparação do manuscrito nos estágios finais; a John Thompson, pela sugestão inicial de que escrevêssemos este livro e pela paciência com a qual aguardou sua finalização; a Leigh Mueller, pela edição de texto; e a Victoria Harris e Miriam Dajczgewand Świętek, pela ajuda com a leitura das provas.

Nancy Fraser e
Rahel Jaeggi

Introdução

Rahel Jaeggi: A crítica do capitalismo passa agora por um "período de *boom*", ou, como dizemos em alemão, *hat Konjunktur* [tem conjuntura]. Por um longo período, o capitalismo esteve amplamente ausente dos debates políticos, intelectuais, e até da agenda da "teoria crítica", tradição da qual você e eu fazemos parte. Mas agora o interesse pelo assunto vem aumentando. E não me refiro apenas a um interesse por economia de mercado, globalização, sociedade moderna ou justiça distributiva, e sim pelo *capitalismo*. Há, é claro, boas razões para isso – uma delas é a crise financeira de 2007 e 2008. Como sabemos, essa crise transbordou rapidamente da esfera financeira para as esferas fiscais, econômicas e, depois, para a política e a sociedade, chacoalhando governos, União Europeia, instituições do Estado de bem-estar social e, de certo modo, o próprio tecido da integração social. Desde o entreguerras, as pessoas das sociedades ocidentais não se sentiam tão expostas à instabilidade e à imprevisibilidade da ordem econômica e social – uma sensação de exposição que foi apenas ampliada e intensificada pela resposta de seus governos supostamente democráticos, que variaram da absoluta impotência à fria indiferença.

É digno de nota quão rapidamente a crítica do capitalismo entrou de novo em voga. Não faz muito tempo, a palavra "capitalismo" ainda estava quase em descrédito, tanto na academia quanto na esfera pública. É verdade que algumas das críticas que estamos vendo são difusas ou rudimentares, simplistas e mesmo inflacionárias. No entanto, você e eu concordamos que uma crítica renovada do capitalismo é exatamente aquilo de que necessitamos hoje e que é importante que teóricos críticos, como nós duas, se concentrem mais uma vez nessa questão.

Nancy Fraser: Sim, de fato, a retomada do interesse pelo capitalismo é uma ótima notícia para o mundo em geral, mas também para você e para mim. Nós duas estivemos empenhadas, de maneira separada, na tentativa de reavivar o interesse por esse tópico. Já há um bom tempo, cada uma de nós vem tentando trazer de volta à teoria crítica ideias-chave da crítica da economia política. No seu caso, o conceito de "alienação"; no meu, os de "crise" e "contradição"[1]. Também buscamos repensar a própria ideia do que é o capitalismo. No seu caso, "uma forma de vida"; no meu, "uma ordem social institucionalizada"[2]. Entretanto, até muito recentemente, éramos vozes no deserto. Hoje, isso mudou. Não somos apenas você e eu, mas diversas pessoas, que querem agora falar sobre o capitalismo. Há quase um consenso de que o capitalismo é, mais uma vez, um problema e um objeto digno de atenção política e intelectual. Como você disse, isso é perfeitamente compreensível, pois reflete a sensação difusa de que estamos presos nas agruras de uma crise muito profunda – uma crise *sistêmica* severa. O que enfrentamos, em outras palavras, não é apenas um conjunto de problemas pontuais, mas uma profunda disfunção estrutural alojada no coração de nossa forma de vida.

Mesmo que as pessoas não saibam ao certo o que entendem por capitalismo, o simples fato de utilizarem novamente essa palavra é animador. A meu ver, isso sinaliza um desejo pelo tipo de teoria crítica que revela as raízes estruturais profundas de uma profunda crise sistêmica. E isso é significativo, ainda que seja verdade que, em muitos casos, o uso da palavra "capitalismo" seja, sobretudo, retórico e funcione menos como um conceito de fato que como um gesto que aponte para a necessidade de um conceito. Nesses tempos, nós, como teóricas críticas, devemos colocar a questão de forma clara: o que exatamente significa falar de capitalismo hoje? E qual é a melhor forma de teorizá-lo?

Jaeggi: Devemos ter claro o que queremos dizer com a afirmação de que é o *capitalismo* que está retornando. Sempre houve movimentos sociais e grupos de

---

[1] Rahel Jaeggi, *Alienation* (ed. Frederick Neuhouser, trad. Frederick Neuhouser e Alan E. Smith, Nova York, Columbia University Press, 2014). Nancy Fraser, "Marketization, Social Protection, Emancipation: Toward a Neo-Polanyian Conception of Capitalist Crisis", em Craig Calhoun e Georgi Derlugian (org.), *Business as Usual: The Roots of the Global Financial Meltdown* (Nova York, New York University Press, 2011), p. 137-58; "Can Society Be Commodities All the Way Down? Post-Polanyian Reflections on Capitalist Crisis", *Economy and Society*, v. 43, n. 4, 2014, p. 541-58; e *Fortunes of Feminism: From State-Managed Capitalism to Neoliberal Crisis* (Londres, Verso, 2013).

[2] Rahel Jaeggi, *Critique of Forms of Life* (trad. Ciaran Cronin, Cambridge, MA, Harvard University Press, 2018), e "What (If Anything) Is Wrong with Capitalism? Dysfunctionality, Exploitation, and Alienation: Three Approaches to the Critique of Capitalism", *Southern Journal of Philosophy*, v. 54, Spindel Supplement, 2016, p. 44-65. Nancy Fraser, "Behind Marx's Hidden Abode: For an Expanded Conception of Capitalism", *New Left Review*, v. 86, 2014, p. 55-72.

advocacy preocupados com várias formas de justiça social ou econômica, e o tema da "justiça distributiva" teve seu auge em certas áreas da academia. Além disso, questões econômicas muitas vezes surgiram em debates sobre globalização, sobre o futuro da autonomia nacional e sobre a desigualdade e a pobreza no mundo em desenvolvimento. O termo "capitalismo" continuou sendo usado como sinônimo de "modernidade" em alguns círculos, nos quais a "crítica do capitalismo" acaba correspondendo a uma crítica cultural na linha de Baudrillard e Deleuze. Nenhuma dessas abordagens, contudo, compreende o capitalismo no sentido em que estamos falando aqui. Nenhuma delas o vê como forma de vida abrangente, ancorada, como diria Marx, num modo de produção, com um conjunto bastante específico de pressupostos, dinâmicas, tendências de crise, bem como contradições e conflitos fundamentais.

Fraser: Sim, concordo. Felizmente, todavia, o atual interesse no capitalismo transcende as abordagens limitadas e parciais que você acaba de mencionar. O que move esse interesse, como eu disse, é a sensação difusa de uma crise profunda e ampla – não só uma crise setorial, mas uma que abarca os principais aspectos de nossa ordem social. O problema, portanto, não é apenas "econômico" – não é "somente" a desigualdade, o desemprego ou a má distribuição, por mais sérias que essas questões sejam. Também não é só o 1% contra os 99%, ainda que essa retórica tenha inspirado muita gente a começar a fazer perguntas sobre o capitalismo. O problema é mais profundo do que isso. Acima e para além da questão de como a riqueza é "distribuída", há o problema do que conta como riqueza em primeiro lugar e de como essa riqueza é produzida. De modo similar, por trás da questão a respeito de quem recebe quanto por qual tipo de trabalho, está a questão mais profunda do que conta como trabalho, de como ele é organizado, do que essa organização demanda hoje das pessoas e do que está fazendo com elas.

A meu ver, é isso que deve estar em jogo quando falamos sobre capitalismo. Não apenas por que alguns têm mais e outros, menos, mas também por que tão poucas pessoas têm hoje a vida estável e uma sensação de bem-estar; por que tantas pessoas têm de lutar por trabalhos precários, fazendo malabarismos com diversos empregos com menos direitos, proteções e benefícios, enquanto se endividam. E isso não é tudo. Questões igualmente fundamentais giram em torno do aumento das tensões sobre a vida familiar: por que e como as pressões do trabalho assalariado e do endividamento estão alterando as condições de criação dos filhos, do cuidado dos idosos, as relações domésticas e os vínculos na comunidade – em suma, toda a organização da reprodução social. Problemas complexos também surgem quanto aos impactos cada vez mais alarmantes de nossa relação extrativista com a natureza, que o capitalismo trata tanto como uma "torneira" de energia e matéria-prima quanto como uma "pia" que absorve nosso lixo. Não devemos esquecer, por fim, as questões políticas sobre, por exemplo, o esvaziamento da democracia pelas forças do mercado em dois níveis: de um lado, a captura corporativa dos partidos políticos e das instituições públicas no nível do Estado territorial; de outro, a usurpação do poder político de tomar decisões no nível transnacional pela finança global, que não presta contas a nenhum demos.

Tudo isso é central para aquilo que significa falar sobre capitalismo hoje. Uma implicação é a de que nossa crise não é apenas econômica. Ela também abarca déficits de cuidado, mudança climática e desdemocratização. No entanto, nem mesmo essa formulação é boa o suficiente. A questão mais profunda é o que subjaz a todas essas dificuldades intratáveis, a sensação cada vez maior de que seu aparecimento simultâneo não é mera coincidência e aponta para algo mais podre em nossa ordem social. *Isso* é o que está levando tanta gente a se voltar para o capitalismo.

Jaeggi: Essas múltiplas crises estão nos forçando a perguntar se não haveria algum tipo de problema mais profundo na formação social capitalista. Muitas pessoas acreditam agora que não é mais suficiente olhar somente para esses efeitos ruins, uma vez que é provável que toda uma forma de vida tenha se tornado disfuncional. Isso significa que elas estão dispostas a olhar mais a fundo para as várias práticas sociais compreendidas por essa formação social – não apenas para a desigualdade, a degradação ecológica ou a globalização, como você disse, mas para as próprias práticas que formam o sistema que gera esses conflitos, inclusive para o modo como compreendemos propriedade, trabalho, produção, troca, mercados etc.

Se, no entanto, concordamos que a crítica ao capitalismo está de novo na agenda e que isso é positivo, devemos nos perguntar, antes de mais nada, aonde essa crítica tinha ido parar. O que aconteceu para que o capitalismo fosse marginalizado por tanto tempo? Como podemos compreender seu desaparecimento da teoria crítica? Parece que, no decorrer das últimas várias décadas, observamos uma visão "caixa-preta" da economia ganhar força. Isso é certamente verdadeiro no que diz respeito ao liberalismo filosófico e a outras escolas de pensamento que enfatizam apenas questões de "distribuição". Por exemplo, rawlsianos de esquerda ou socialistas como G. A. Cohen assumem uma abordagem radical e igualitária em questões de justiça distributiva, mas, em geral, evitam comentar sobre a própria economia[3]. Eles falam daquilo que sai da "caixa-preta" econômica e de como distribuir esses resultados, porém não dizem nada acerca do que está acontecendo dentro dela, de como funciona e se esses funcionamentos são mesmo necessários ou desejáveis.

Essa tendência, todavia, não está confinada ao liberalismo e a teorias da justiça. O capitalismo era um problema central para a teoria crítica. Para quase todos os grandes pensadores dessa tradição – de Marx a Lukács, Horkheimer, Adorno e o

---

[3] Gerald A. Cohen, Why Not Socialism? (Nova Jersey, Princeton University Press, 2009).

jovem Habermas –, o capitalismo era central. Então, em algum momento entre o meio e o fim dos anos 1980, ele saiu de cena. O que aconteceu? Será que todos nos tornamos tão ideologicamente "unidimensionais" que até mesmo os teóricos críticos perderam de vista as fontes de nossa não liberdade? Como explicação, isso soa um tanto simplista. Creio que razões intrínsecas ao desenvolvimento teórico de nossa tradição intelectual levaram a um abandono do tema.

Em certo sentido, a *Teoria da ação comunicativa*, de Habermas, com sua tese controversa sobre a "colonização do mundo da vida", foi a última tentativa de fundamentar a teoria crítica numa teoria social de larga escala[4]. Essa teoria é, certamente, inspirada por Marx, por Lukács e pelas intuições da primeira teoria crítica, algo que não pode ser dito sobre alguns de seus últimos discípulos. Apesar disso, Habermas depende tanto de concepções baseadas na teoria dos sistemas sobre a diferenciação funcional que, na verdade, remove a esfera econômica do âmbito da crítica. A economia é entendida como algo que funciona de maneira autônoma, um domínio "livre de normas" regido pela própria lógica[5]. Isso corresponde a um segundo tipo de abordagem "caixa-preta", pois tudo o que podemos fazer é nos proteger da invasão do econômico em outras áreas da vida. A economia capitalista é um "tigre" que precisa ser "domesticado" por meios políticos ou por outros, externos, porém não temos mais acesso crítico à própria economia.

Agora, isso não é uma nova versão do velho debate entre *transformar* o capitalismo por meio de reformas e *superá-lo* por meios mais radicais. Quão "domesticado" o capitalismo pode ser e permanecer sendo "capitalismo" é, em grande medida, uma questão semântica, na qual não precisamos entrar no momento. Ao mesmo tempo, os excessos e as ameaças colocados pelo capitalismo contemporâneo nos permitem perguntar se a ideia de "domesticá-lo" ainda é adequada. "A conexão histórica entre democracia e capitalismo"[6] se encontra hoje bastante em questão, e talvez seja por isso que só agora novas abordagens sobre assuntos econômicos começam a ser desenvolvidas.

Fraser: Concordo inteiramente com você que a *Teoria da ação comunicativa*, de Habermas, representa um ponto de inflexão na teoria crítica. Como você disse, foi a última grande tentativa sistemática. Contudo, não gerou trabalhos sucessores

---

[4] Jürgen Habermas, *The Theory of Communicative Action* (trad. Thomas McCarthy, Boston, Beacon, 1984-1987 [1981]), 2 v. [ed. bras.: *Teoria do agir comunicativo*, trad. Paulo Astor Soethe, São Paulo, WMF Martins Fontes, 2011, 2 v.].

[5] Para uma boa discussão sobre isso, ver Timo Jütten, "Habermas and Markets", *Constellations 20*, n. 4, 2013, p. 587-603.

[6] Jürgen Habermas, *The Lure of Technocracy* (trad. Ciaran Cronin, Cambridge, Polity, 2015), p. 88 [ed. bras.: *Na esteira da tecnocracia*, trad. Luiz Sergio Repa, São Paulo, Editora Unesp, 2014].

comparáveis em ambição e fôlego. Pelo contrário, seu legado acabou sendo um aumento enorme na especialização disciplinar entre os seguidores de Habermas. Nas décadas subsequentes, a maior parte daqueles que se veem como teóricos críticos passou a fazer teoria moral, política ou jurídica independente, mas quase ninguém fez teoria social de larga escala – o Grupo de Pesquisas sobre Sociedades Pós-Crescimento, em Jena, é uma exceção recente e bem-vinda. O efeito foi o abandono da ideia original da teoria crítica como um projeto interdisciplinar que visava a compreender a sociedade como uma totalidade. Não mais vinculando questões normativas à análise de tendências sociais e a um diagnóstico de época, as pessoas simplesmente pararam de tentar compreender o capitalismo como tal. Não houve mais esforços para identificar suas estruturas profundas e os mecanismos que o regem, as contradições e as tensões que o definem ou suas formas características de conflito e possibilidades emancipatórias. O resultado não foi somente o abandono do terreno central da teoria crítica, mas também o turvamento da fronteira, antes clara, que a separava do liberalismo igualitário. Hoje, esses dois campos se aproximaram de tal modo que são quase indistinguíveis, fazendo com que seja difícil dizer onde acaba o liberalismo e onde começa a teoria crítica. Talvez o máximo que podemos dizer é que essa (assim chamada) teoria crítica se tornou a ala de esquerda do liberalismo, e isso é algo que há muito tempo me entristece.

Jaeggi: Na verdade, Axel Honneth também critica há bastante tempo esse normativismo independente. Ele é uma pessoa que, de um modo hegeliano, se manteve em contato com a teoria social e, ao reconstruir as esferas institucionais das sociedades modernas, começou a repensar, de uma nova maneira, o "sistema de carências", a esfera do mercado e a economia em geral[7].

Fraser: Bem lembrado. Ele é, porém, a exceção que prova a regra. A grande maioria dos teóricos críticos demonstrou pouco interesse por teoria social. Se queremos compreender a relativa ausência de uma crítica ao capitalismo nos anos recentes, também temos de levar em conta a ascensão espetacular do pensamento pós-estruturalista no fim do século XX. Pelo menos no debate acadêmico nos Estados Unidos, o pós-estruturalismo se tornou a "oposição oficial" frente à filosofia política e à moral liberais. Mesmo assim, apesar das diferenças, esses pretensos oponentes compartilhavam algo de fundamental: tanto o liberalismo quanto o pós-estruturalismo foram formas de esvaziar a problemática da economia política – na verdade, a do próprio social. Foi uma convergência muito poderosa. Dois golpes em um, se você preferir.

---

[7] Axel Honneth, *Freedom's Right: The Social Foundations of Democratic Life* (trad. Joseph Ganahl, Cambridge, Polity, 2014) [ed. bras.: *O direito da liberdade*, trad. Saulo Krieger, São Paulo, Martins Fontes, 2015].

Jaeggi: Seria possível dizer que nos dois lados, o do normativismo liberal-kantiano e o da crítica pós-estruturalista da normatividade, encontramos agora uma situação em que a unidade da análise com a crítica ruiu? Para além da preocupação explícita com o capitalismo, a ideia central da teoria crítica, desde o início, foi dar continuidade ao quadro hegeliano-marxista de análise e crítica da sociedade. A teoria crítica era motivada por essa noção muito especial de que, sem ser moralista, a análise social já deveria conter, em si mesma, um intuito transformador e emancipatório. Agora parece que, com o domínio do liberalismo político e a enorme influência de Rawls, essa unidade se desfez, de modo que temos, de um lado, teoria social empírica e, de outro, teoria política normativa.

Fraser: Você está inteiramente certa a respeito do liberalismo rawlsiano – e, eu acrescentaria, de sua oposição pós-estruturalista. O domínio intelectual alcançado pela combinação desses dois campos matou, efetivamente, o projeto hegeliano de esquerda, ao menos por um tempo. O vínculo entre análise social e crítica normativa foi rompido. O normativo foi abstraído do âmbito social e tratado como algo independente, a despeito de o objetivo ser afirmá-lo, como no caso dos liberais, ou rejeitá-lo, como no caso dos pós-estruturalistas.

Jaeggi: Talvez houvesse, entretanto, boas razões para virar as costas para o capitalismo e a economia. Quem sabe isso precisasse ser feito, mesmo por pensadores de esquerda e teóricos críticos. Teorias mais antigas inspiradas no marxismo tenderam a encorajar um modo excessivamente "economicista" de enxergar a sociedade, algo de que precisávamos tomar distância. Assim, enquanto o capitalismo saía de cena, também se abria espaço para explorar uma ampla gama de questões culturais, como gênero, raça, sexualidade e identidade. Um estudo crítico desses temas, de maneira que não os subordinasse à economia, era extremamente necessário. No entanto, eu diria que está na hora de restabelecer o equilíbrio. Evitar o economicismo não é o suficiente. Também temos de tomar cuidado para não perder de vista a importância da dimensão econômica da vida social.

Fraser: Concordo, por duas diferentes razões, com sua sugestão de que o afastamento frente à economia política não foi só um erro. A primeira é que houve ganhos reais no modo de lidar com questões de não reconhecimento, hierarquia de status, ecologia e sexualidade. Todos esses temas eram tirados da mesa por um paradigma economicista ortodoxo, esclerótico e reducionista. Recuperá-los e lhes dar um lugar central na teoria crítica representa uma importante conquista. Por isso, sempre insisti numa abordagem "ambos/e" – ambos, classe *e* status, redistribuição *e* reconhecimento. Pela mesma razão, insisti que não podemos simplesmente retornar a uma antiga crítica da economia política. Temos de complicar, aprofundar e enriquecer essa crítica incorporando os *insights* do pensamento feminista, da teoria cultural e do pós-estruturalismo, do pensamento pós-colonial e da ecologia.

Há, contudo, uma segunda razão pela qual o afastamento frente à economia política não foi apenas um erro. Pelo contrário, foi uma resposta, ainda que involuntária, a uma importante mudança histórica no caráter do capitalismo. Sabemos que a sociedade capitalista estava passando por uma reestruturação e uma reconfiguração imensas no decorrer do período em questão. Um dos aspectos dessa mudança foi a nova proeminência do "simbólico" – o digital e a imagem, a negociação de derivativos e o Facebook –, que pensadores tão distintos como Fredric Jameson e Carlo Vercellone buscaram teorizar[8]. Isso está vinculado, é claro, à descentralização da manufatura no Norte global, à ascensão da "economia do conhecimento" ou do "capitalismo cognitivo" e à centralidade da finança, da TI e do trabalho simbólico em geral. Pode soar irônico, mas há uma história econômico-política que ajuda a explicar por que as pessoas abandonaram a economia política e começaram a se concentrar, de forma unilateral, em questões de cultura, identidade e discurso. Embora essas questões *pareçam* ser algo diferente da economia política, elas não podem ser realmente compreendidas sem ela. Então, não se trata só de um erro, mas também de uma pista de que algo está ocorrendo na sociedade.

Jaeggi: Há uma citação antiga de Horkheimer na qual ele diz: "O economicismo [...] não consiste em tornar o fator econômico importante demais, mas em torná-lo demasiadamente restrito"[9]. Em outras palavras, não devemos nos afastar da economia, e sim tentar repensar a economia e seu papel na sociedade num sentido mais "amplo". Minha impressão é de que ainda não chegamos a uma concepção suficientemente ampla e parte da tendência de abandonar o tema do capitalismo vem desse "medo do economicismo", que estamos internalizando desde os primeiros dias da Escola de Frankfurt. É isso que move boa parte de meu interesse por ontologia social, formas de vida, e minha tentativa de entender a economia como uma "prática social"[10]. Numa abordagem orientada pela prática, a economia e

---

[8] Fredric Jameson, *Postmodernism, or, The Cultural Logic of Late Capitalism* (Durham, Duke University Press, 1991) [ed. bras.: *Pós-modernismo: a lógica cultural do capitalismo tardio*, trad. Maria Elisa Cevasco, São Paulo, Ática, 1997]; Carlo Vercellone, "From Formal Subsumption to General Intellect: Elements for a Marxist Reading of the Thesis of Cognitive Capitalism", *Historical Materialism*, v. 15, n. 1, 2007, p. 13-36.

[9] Max Horkheimer, "Postscript" [to "Traditional and Critical Theory"], em *Critical Theory: Selected Essays* (trad. Matthew J. O'Connell, Nova York, Continuum, 1999), p. 249 [ed. bras.: "Filosofia e teoria crítica", em Walter Benjamin et al., *Textos escolhidos*, trad. Edgard Afonso Malagodi e Ronaldo Pereira Cunha, São Paulo, Abril Cultural, 1983, p. 167, Os Pensadores].

[10] Rahel Jaeggi, "A Wide Concept of Economy: Economy as a Social Practice and the Critique of Capitalism", em Penelope Deutscher e Cristina Lafont (orgs.), *Critical Theory in Critical Times:*

suas instituições são compostas por um subconjunto de práticas sociais que estão inter-relacionadas, de várias formas, com outras práticas que, tomadas em conjunto, formam parte do tecido sociocultural da sociedade. Esse modo de pensar tem o benefício de evitar a oposição entre o "cultural" e o "econômico", uma dicotomia que não considero particularmente útil.

Como você localizaria seu próprio trabalho a respeito dessa dicotomia e dessas tendências? Há muito tempo você o descreveu como sendo sobre "redistribuição" e "reconhecimento". Você caracterizaria seu trabalho recente sobre o capitalismo como um afastamento dessa forma "caixa-preta" de pensar, centrada na redistribuição? Ou diria que seu trabalho anterior sobre o debate redistribuição *versus* reconhecimento já tinha uma preocupação com o capitalismo?

Fraser: Sempre procurei resistir ao que você chamou de abordagem "caixa-preta", e a questão do capitalismo nunca esteve ausente de meus pensamentos conscientes, mesmo quando ele não era o foco explícito de determinado projeto. Tendo vindo, como eu, da ala socialista democrática da Nova Esquerda, sempre tomei como axiomático que o capitalismo era o principal enquadramento no interior do qual toda questão de filosofia social e de teoria política tinha de ser situada. Isso nem precisava ser dito para minha geração. Portanto, quando escrevi, nos anos 1980, sobre "a luta por necessidades", sobre o androcentrismo do "salário familiar" ou sobre a ideia da assim chamada "dependência do Estado de bem-estar", eu estava tentando esclarecer aspectos daquilo que era então denominado de "capitalismo tardio" – e que eu denominaria agora de "capitalismo administrado pelo Estado"[11].

Um argumento análogo vale para meu trabalho dos anos 1990 e 2000. Nesse período, estávamos enfrentando uma mudança central na cultura política da sociedade capitalista, a qual denominei de mudança "da redistribuição ao reconhecimento"[12]. Longe de ser um exercício no campo da filosofia moral independente, esse trabalho foi uma primeira tentativa de compreender uma mutação histórica de época da sociedade capitalista, da variante "administrada pelo Estado", do pós-guerra, para o capitalismo "financeirizado", do presente. Em outras palavras, para mim, "redistribuição" nunca foi pensada como eufemismo ou expressão substituta para "capitalismo". Era, antes,

---

Transforming the Political Economic Order (Nova York, Columbia University Press, 2017).

[11] Nancy Fraser, "Struggle over Needs: Outline of a Socialist-Feminist Critical Theory of Late-Capitalist Political Culture"; Nancy Fraser e Linda Gordon, "A Genealogy of 'Dependency': Tracing a Keyword of the US Welfare State"; e "After the Family Wage: Gender Equity and the Welfare State" – todos (reimpressos) em Nancy Fraser, *Fortunes of Feminism*, cit.

[12] Idem, "From Redistribution to Recognition? Dilemmas of Justice in a 'Postsocialist' Age", *New Left Review*, v. 212, 1995, p. 68-93; e Nancy Fraser e Axel Honneth, *Redistribution or Recognition? A Political-Philosophical Exchange* (trad. Joel Golb, James Ingram e Christiane Wilke, Londres, Verso, 2003).

meu termo para uma gramática de reivindicações políticas que apontava para um aspecto estrutural da sociedade capitalista, mas o apresentava ideologicamente como uma "caixa-preta" econômica, se você preferir, e que se tornou um dos principais focos das lutas sociais e do gerenciamento de crises no regime administrado pelo Estado. Eu estava interessada em explicitar como e por que a sociedade capitalista gerava esse tipo de caixa-preta *econômica* de distribuição, em separado da igualmente problemática caixa *cultural* do reconhecimento. Longe de endossar a visão caixa-preta da distribuição, portanto, eu tentava esclarecer sua origem e por que ela estava contraposta ao reconhecimento. Rastreei a procedência de ambas as categorias, bem como a de sua oposição mútua, ao capitalismo, que eu via como a totalidade mais ampla, no interior da qual redistribuição e reconhecimento, classe e status, tinham de ser compreendidos.

Ainda assim, concordo com seu argumento de que meu trabalho atual ilumina o problema do capitalismo de maneira diferente e mais enfática. Hoje, a sociedade capitalista é o primeiro plano explícito de minha teorização, o objeto direto de minha crítica. Isso ocorre, em parte, porque o caráter do capitalismo financeirizado como um regime que tende profundamente à crise é muito mais claro para mim agora. Mas também porque, pela primeira vez desde os anos 1960, consigo enxergar a fragilidade palpável do capitalismo, que agora se manifesta abertamente, com fissuras visíveis. Essa fragilidade me incentiva a olhar para ela diretamente e a me concentrar, em particular, em suas "tendências de crise" e suas "contradições".

Jaeggi: Voltar a esse tipo de teorização, contudo, pode não ser tão fácil, sobretudo se falarmos de retornar ao tipo de "grande teoria" que a maior parte dos teóricos críticos e sociais já abandonou há tempos – o tipo que lida com grandes processos históricos, conflitos sistêmicos e profundas contradições e tendências de crise. Marx olhava para o desdobramento de um tipo de crise, mas hoje somos confrontadas com uma variedade de crises e conflitos. Precisamos de uma teoria social de larga escala para pensar o capitalismo em crise?

Fraser: A meu ver, precisamos, sim, de "grande teorização". E precisamos desde sempre. Contudo, você tem razão: não é fácil, de modo algum, desenvolver uma teoria social de larga escala do capitalismo para nosso tempo. Um problema, como você frisou, é a multidimensionalidade da crise atual, que não é só econômica e financeira, mas também ecológica, política e social. Essa situação não pode ser adequadamente apreendida por uma teorização economicista, porém também não podemos nos satisfazer com gestos vagos à "multiplicidade", que ficaram tão na moda. Pelo contrário, temos de revelar os fundamentos estruturais das múltiplas tendências de crise numa única e mesma totalidade social: a sociedade capitalista. Há muitas armadilhas aqui. Dobrar a aposta nos modelos marxistas recebidos ou abandoná-los como um todo não será suficiente. Precisamos criar, de algum modo, uma nova compreensão do capitalismo que integre as ideias do marxismo com as dos novos paradigmas – incluindo o feminismo, a ecologia e o pós-colonialismo –, evitando, ao mesmo tempo, os pontos cegos de cada um deles.

De qualquer forma, esse tipo de teoria social de larga escala que estou desenvolvendo agora está centrado no problema da crise. Talvez isso seja brincar com fogo, pois nenhum gênero de teoria crítica foi tão criticado quanto o da "teoria da crise". Esse gênero foi amplamente rejeitado, até mesmo descartado, como inerentemente mecanicista, determinista, teleológico, funcionalista – chame como preferir. Mesmo assim, vivemos um período que clama por uma crítica da crise. Vou mais longe: diria que vivemos nas agruras de uma crise de época do capitalismo, de maneira que é urgente reconstruir a teorização da crise hoje. Esse é o gênero de teoria social de larga escala que estou perseguindo no momento e que quero discutir com você aqui.

Jaeggi: Certamente temos bastante terreno em comum. Em meu livro sobre formas de vida também argumentei em favor de uma crítica da crise de formas de vida, o que significa, para mim, uma crítica imanente que não encontra seu ponto de partida "positivamente" em valores já compartilhados, mas em crises imanentes e contradições inerentes às dinâmicas das formas de vida, no fato de que formas de vida podem "fracassar", mesmo se o próprio fracasso for normativamente provocado[13].

Ainda assim, concentrar-se em crises e contradições é partir de um grande conjunto de suposições. Há tempos, vários teóricos críticos definem sua tarefa fazendo referência à antiga frase de Marx a Arnold Ruge, como sendo o "autoentendimento da época sobre suas lutas e seus desejos"[14]. Eles assumiram que isso significava um foco nos movimentos sociais e nas pessoas engajadas nesses tipos de lutas, de modo que o papel do teórico crítico era o de alguém que buscava compreender as questões em seu entorno. Agora, talvez isso seja uma interpretação um tanto "leve" das dinâmicas históricas que Marx tinha em mente quando falava sobre "lutas e desejos" do presente. Afinal, aquilo que ele tinha em mente era, em princípio, uma luta – a luta de classes – que tinha forte dinâmica histórica e materialista como força motora no plano de fundo.

Você mesma citou essa passagem, e seu trabalho sempre espelhou muito bem as lutas e os movimentos sociais existentes. Sua orientação agora, porém, parece ter passado por uma mudança. Não que você se afaste da dimensão da luta, algo que certamente não está fazendo, mas você começou a ir além dos elementos

---

[13] Rahel Jaeggi, *Critique of Forms of Life*, cit.

[14] Karl Marx, "Letter to A. Ruge", set. 1843, em *Karl Marx: Early Writings* (trad. Rodney Livingstone e Gregor Benton, Nova York, Vintage, 1975), p. 209 [ed. bras.: "Cartas dos Anais Franco-Alemães", em *Sobre a questão judaica*, trad. Nélio Schneider, São Paulo, Boitempo, 2010, p. 73].

"subjetivos" da luta e das linguagens das reivindicações, para as dimensões mais "objetivas" das contradições e das crises, que concentram mais nas dinâmicas dos elementos sistêmicos que operam independentemente de serem ou não tematizados pelas pessoas por meio da luta. Esse tipo de mudança, de uma dimensão para outra, gera implicações que devemos conhecer e um conjunto de novas questões.

Estou interessada em saber como poderíamos balancear essas duas dimensões. Uma opção seria utilizar as lentes das lutas sociais do presente de maneira diagnóstica, a fim de identificar contradições subjacentes. Outra seria olhar, de modo mais fundacional, para as condições da integração e da divisão sociais como base para pensar as contradições sistêmicas, embora teorizar nesse nível seja muitas vezes uma proposta complicada.

Fraser: Sim, é verdade. Houve, de fato, uma alteração de ênfase em meu trabalho recente. Como alguém com uma formação profunda no marxismo, sempre acreditei que o capitalismo abrigava tendências "reais" e objetivas de crise, mas no passado não assumi a tarefa de analisá-las. É possível que isso tenha ocorrido porque minhas experiências políticas formativas foram os movimentos sociais e as lutas dos anos 1960. Passei a me preocupar com questões de luta e conflito num momento em que as tendências de crise do capitalismo não assumiram a forma descrita por Marx em *O capital**.

Mais recentemente, fui influenciada pelo pensamento ecológico, em particular pela crítica ecológica do capitalismo, que apresenta alguns limites reais, aparentemente objetivos, ao desenvolvimento capitalista e procura identificar as contradições e as tendências autodesestabilizadoras de um sistema social que está consumindo as próprias condições naturais de possibilidade. Esse tipo de pensamento não desempenhou um papel importante em meu trabalho anterior, mas entrou em meu horizonte nas últimas décadas. O paradigma ecológico compreende a crise capitalista de um modo tão sistêmico e profundamente estrutural quanto o paradigma marxiano, quase como se os dois complexos de crise fossem paralelos. Não estou satisfeita, porém, com a ideia de que eles sejam paralelos e acredito que precisamos entender sua imbricação mútua, assim como sua imbricação com outras tendências, igualmente "objetivas", à crise política e social. Tenho certeza de que falaremos sobre isso em seguida.

Você, todavia, me perguntou sobre a relação entre vertentes "objetivas" e "subjetivas" da teoria crítica. (Em certo ponto, devemos problematizar essa terminologia, pois é quase certo que há formas melhores de denominar a distinção que você tem em mente.) Estou convencida de que temos de olhar, por um lado,

---

* Ed. bras.: *O capital. Crítica da economia política*, Livro I: *O processo de produção do capital* (trad. Rubens Enderle, São Paulo, Boitempo, 2011). (N. E.)

para as "contradições reais" ou tendências sistêmicas de crise e, por outro, para as formas de conflito e luta que se desenvolvem em resposta a elas. Em alguns casos, as lutas são respostas "subjetivas" explícitas e conscientes à dimensão "objetiva"; em outros, são sintomáticas desta. Há ainda aquelas que podem ser algo inteiramente diferente. Noutras palavras, a relação entre os dois níveis, o "objetivo" e o "subjetivo, é um problema. Não podemos pressupor a perfeita sincronização que Marx pensou ter percebido entre a crise sistêmica do capitalismo e o acirramento da luta de classe entre trabalho e capital, de acordo com a qual a última reflete ou responde perfeitamente à primeira. Na ausência dessa auto-harmonização, temos de tratar a relação entre esses dois polos como uma questão em aberto e um problema a ser teorizado. Esse é um ponto particularmente urgente hoje, quando enfrentamos uma crise estrutural evidente, mas não há conflitos políticos correspondentes (pelo menos não ainda) que expressem a crise de maneira adequada, de modo que pudesse nos levar a uma resolução emancipatória. A relação entre crise do sistema e luta social, portanto, tem de ser foco central de nossa conversa nos capítulos que se seguem.

I
Conceitualizando o capitalismo

O QUE É CAPITALISMO? O PROBLEMA DOS MUITOS E DO UM

Jaeggi: O que é capitalismo? Essa questão clama por uma definição essencial de algum tipo, um conjunto de características centrais que permitam distinguir sociedades capitalistas de não capitalistas. Acredito que nós duas concordamos que o capitalismo tem dimensões sociais, econômicas e políticas que se encontram em algum tipo de relação entre si. No entanto, um cético poderia alegar que não é tão fácil especificar os elementos centrais do capitalismo. Afinal, não aprendemos com o debate sobre "as variedades de capitalismo" que o capitalismo não é igual em todos os lugares do mundo[1]? Não podemos concluir que as sociedades capitalistas aparentam ser tão diferentes umas das outras, que não há um verdadeiro denominador comum? Se esse for o caso, estamos diante de um problema real. Se não podemos especificar os elementos centrais que fazem com que uma formação social seja capitalista, como podemos falar de uma crise do capitalismo? Sem esses elementos centrais, não haveria um modo de estabelecer que a crise atual é, de fato, uma crise do capitalismo, não de outra coisa. O mesmo vale para nossos recursos para *criticar* o capitalismo: como podemos afirmar que as manifestações do sofrimento social que queremos abordar são de fato relacionadas ao *capitalismo*, se não temos nem um conceito suficientemente claro e coerente de capitalismo que nos permita identificar seus elementos centrais?

Fraser: Bom ponto. Eu mesma parto do pressuposto de que a crise atual *pode* ser compreendida como uma crise do capitalismo. Isso, porém, tem de ser demonstrado, e o primeiro passo é responder ao cético do capitalismo, por assim dizer,

---

[1] Peter A. Hall e David Soskice (orgs.), *Varieties of Capitalism: The Institutional Foundations of Comparative Advantage* (Oxford, Oxford University Press, 2001).

mostrando que podemos de fato falar de "capitalismo" como tal, a despeito de suas muitas variedades. Isso requer explicar o que entendemos por capitalismo, definindo-o em termos de algumas características centrais que estão presentes em toda a ampla gama de sociedades que chamamos de "capitalistas". Afinal, não faz sentido falar sobre *variedades* de capitalismo se elas não compartilham algumas características comuns subjacentes, em virtude das quais todas elas são variedades *do capitalismo*. Assim, nosso desafio é dizer o que faz com que uma sociedade seja capitalista sem homogeneizar a grande variedade de modos em que as sociedades capitalistas podem diferir e diferem umas das outras. Precisamos esclarecer, então, a relação entre as características centrais que identificamos e a variedade de formas nas quais são concretizadas ao longo do espaço e do tempo.

Jaeggi: Essa questão tem ao menos duas dimensões: uma vertical e outra horizontal. Não há apenas a questão das variedades de capitalismo no que diz respeito à tese de que nos confrontamos com *capitalismos* contemporâneos no plural, os quais coexistem em diferentes sociedades ao mesmo tempo. Além disso, somos confrontadas com o desenvolvimento histórico de diferentes *estágios* do capitalismo. Há enormes diferenças entre configurações anteriores do capitalismo e o capitalismo de hoje, e poderíamos nos perguntar se chamar todas de "capitalismo" ainda é um bom movimento teórico. Como podemos igualar ou relacionar os estágios iniciais do capitalismo industrial com o capitalismo moderno, neoliberal e global? Será que é apropriado usar o mesmo quadro conceitual para analisar o capitalismo concorrencial do século XIX e o "capitalismo monopolista" do século XX, que a primeira Escola de Frankfurt denominou de "capitalismo de Estado"? Creio que nossa primeira tarefa deveria ser determinar quais são os elementos centrais que têm de estar presentes para que uma formação social seja considerada capitalista.

Fraser: O argumento histórico é importante. Estou inclinada à visão de que, a despeito do que mais ele seja, o capitalismo é intrinsecamente histórico. Longe de estarem dadas, suas propriedades emergem com o tempo. Se isso estiver correto, temos de proceder com cautela, tomando cada definição proposta com um pé atrás e como sujeita à modificação no interior da trajetória em desdobramento do capitalismo. Características que pareceram centrais no começo podem perder a importância depois, enquanto outras que pareceram marginais ou mesmo ausentes no início podem assumir maior relevância.

Como você acabou de sugerir, a concorrência entre capitalistas era um mecanismo que dirigia o desenvolvimento capitalista no século XIX, mas foi gradualmente suplantada no século XX, ao menos nos principais setores daquilo que era compreendido como "capitalismo monopolista". Da mesma forma, enquanto o capital financeiro parecia desempenhar um papel auxiliar no período fordista, tornou-se uma força motriz central no neoliberalismo. Por fim, os regimes de governança que escoram e organizam o capitalismo em cada estágio foram transformados sucessivamente no curso dos últimos trezentos anos, do mercantilismo à globalização neoliberal, passando pelo liberalismo do *laissez-faire* e pelo *dirigismo* estatal.

Esses exemplos apontam para a historicidade inerente ao capitalismo. O que está em questão aqui não são só diferentes "variedades de capitalismo", que podem existir lado a lado, e sim *momentos históricos,* vinculados um com o outro numa sequência que possui trajetória. Nessa sequência, toda transformação é politicamente dirigida e, por certo, rastreável a lutas entre defensores de diferentes projetos. Essa sequência também pode ser reconstruída como um processo direcional ou dialético em que uma forma prévia se depara com dificuldades ou limites, que são superados ou contornados por sua sucessora, até que esta também encontre um impasse e seja, por sua vez, suplantada.

Considerações como essas complicam a busca por uma definição central. Não acredito que elas tornem tal definição impossível, mas sugerem que devemos proceder com cuidado. Mais importante, temos de evitar confundir formas históricas relativamente transitórias com a lógica mais duradoura que as subjaz.

AS CARACTERÍSTICAS CENTRAIS DO CAPITALISMO: UM COMEÇO ORTODOXO

Jaeggi: Tenho uma proposta para começarmos. Vamos dar início postulando três características definidoras do capitalismo: (1) a propriedade privada dos meios de produção e a divisão de classe entre proprietários e produtores; (2) a instituição de um mercado de trabalho livre; (3) a dinâmica de acumulação de capital, que se ancora numa orientação à valorização do capital em oposição ao consumo, acoplada a uma orientação ao lucro, não à satisfação de necessidades.

Fraser: Isso é bastante próximo de Marx. Começando assim, chegaremos a uma concepção de capitalismo que vai parecer, pelo menos à primeira vista, um tanto ortodoxa. Podemos, porém, desortodoxizá-la depois, mostrando como essas características centrais se relacionam com outras coisas e como se manifestam em circunstâncias históricas reais.

Vamos começar com seu primeiro ponto: a divisão social entre aqueles que detêm os meios de produção, como sua propriedade privada, e aqueles que não dispõem de nada, senão da própria "força de trabalho". Não quero sugerir que a sociedade capitalista não tenha outras divisões sociais constitutivas; quero, aliás, discutir algumas delas muito em breve. Mas essa é certamente central, uma característica definitiva do capitalismo e uma "conquista" histórica dele, se é que essa é a palavra certa. Essa divisão de classe supõe a dissolução de formações sociais anteriores, nas quais a maioria das pessoas, por mais diferentemente situadas que estivessem, tinha acesso aos meios de subsistência e de produção – comida, abrigo, vestimentas, ferramentas, terra e trabalho – sem ter de passar por mercados de trabalho. O capitalismo destruiu essa condição, separando quase todas as pessoas dos meios de subsistência e produção, excluindo-as daquilo que antes eram recursos sociais comuns. Ele revogou os direitos de uso consuetudinários e transformou recursos compartilhados na propriedade privada de uma pequena minoria. Como resultado dessa divisão de classe entre proprietários e produtores, a maioria tem agora de ouvir uma música bastante peculiar (o mercado de trabalho) e dançá-la para ser capaz de trabalhar e conseguir aquilo de que necessita para continuar vivendo e criar os filhos. O mais importante é quão bizarro, "antinatural", historicamente anômalo e específico isso é.

Jaeggi: Sim. Isso nos leva ao segundo ponto: o capitalismo depende da existência de mercados de trabalho livre. Sociedades capitalistas, tal como as conhecemos, tenderam a abolir o trabalho não livre do tipo encontrado em sociedades feudais. Sociedades capitalistas institucionalizam o trabalho livre com base na suposição de que os trabalhadores são livres e iguais. Essa é a versão oficial, ao menos, mas ela é negada na realidade pela coexistência do capitalismo, por mais de dois séculos, com a escravidão do Novo Mundo. Deixando isso de lado, a força de trabalho de "trabalhadores livres" é tratada como um bem que uma das partes do contrato legal (o trabalhador) tem e vende à outra (o empregador-capitalista).

Historicamente, essa é uma enorme mudança, que altera a vida cotidiana e a estrutura econômica das sociedades envolvidas. Mesmo sem dividirmos as sociedades, de maneira reducionista, entre base econômica e superestrutura ideológica, podemos dizer que a forma dessas sociedades se altera como um todo uma vez que isso é estabelecido. Além disso, como o mercado de trabalho livre é constitutivo para o capitalismo, os ideais normativos de liberdade e igualdade encontram lugar numa instituição real. Esses ideais não são apenas uma decoração de fachada; até certo ponto, estão objetificados e presentes. O mercado capitalista de trabalho não funcionaria sem contratantes juridicamente livres e independentes. Isso é verdadeiro, ainda que, ao mesmo tempo, esses ideais sejam corrompidos no mercado de trabalho e por meio dele. Isso nos leva ao fato ressaltado tão vivamente por Marx: o trabalho, no capitalismo, é livre *em duplo sentido*[2]. Os trabalhadores são livres para trabalhar, mas também são "livres para morrer de fome", caso não firmem um contrato de trabalho.

---

[2] Karl Marx, *Capital*, v. I [1867], trad. Samuel Moore e Edward Aveling, em Karl Marx e Friedrich Engels, *Collected Works* (doravante MECW) (Londres, Lawrence & Wishart, 2010), v. XXXV, p. 179 [ed. bras.: *O capital. Crítica da economia política*, Livro I: *O processo de produção do capital*, trad. Rubens Enderle, São Paulo, Boitempo, 2011, p. 244].

Fraser: Exatamente. Aqueles concebidos como "trabalhadores" são livres, em primeiro lugar, no sentido do status jurídico. Eles não são escravizados, tornados servos, nem estão vinculados ou presos, de algum modo, a determinado lugar ou a um mestre em particular. Eles podem se mover e entrar em um contrato de trabalho. Além disso, os "trabalhadores" também são livres num segundo sentido. Como acabamos de dizer, são livres do acesso aos meios de subsistência e de produção, são livres, inclusive dos direitos consuetudinários de uso da terra e das ferramentas. Em outras palavras, estão privados do tipo de recursos e direitos que poderiam permitir que se abstivessem do mercado de trabalho. Sua liberdade, no primeiro sentido, anda junto com sua vulnerabilidade à coação, que é inerente ao segundo sentido.

Dito isso, gostaria de sublinhar seu ponto de que a visão do trabalhador como indivíduo livre é só uma parte da história. Como você disse, o capitalismo sempre coexistiu com uma grande quantidade de trabalho não livre e dependente. Eu diria, aliás, que sempre dependeu disso. Como vou explicar em breve, nem todo mundo que trabalha ou produz foi considerado um trabalhador ou recebeu o status de indivíduo livre, motivo pelo qual coloquei a palavra "trabalhador" entre aspas anteriormente. O ponto, então, é que, ao discutirmos a dupla liberdade do trabalhador, estamos falando somente de uma parcela da realidade social capitalista, ainda que de uma parcela muito importante e mesmo definidora.

Jaeggi: Certo. Teremos de voltar a esse ponto adiante. Por enquanto, porém, quero salientar que a noção de liberdade num "duplo sentido" não significa que a liberdade e a igualdade no capitalismo sejam fictícias ou algum tipo de hipocrisia. Essas noções são ideológicas no sentido profundo invocado por Adorno quando disse que ideologias são verdadeiras e falsas ao mesmo tempo[3]. O ponto é que a liberdade e a igualdade são efetivamente realizadas no capitalismo e, de fato, *precisam* ser realizadas para que o sistema funcione. Ao mesmo tempo, não são realizadas, haja vista que a realidade das relações de trabalho capitalistas parece minar e contradizer essas normas – e não de modo acidental.

Fraser: Eu diria que o capitalismo realiza interpretações fracas e liberais de liberdade e igualdade, ao mesmo tempo que nega sistematicamente os pré-requisitos sociais para interpretações mais profundas e adequadas, para as quais ele, simultaneamente, convida e, insensivelmente, frustra.

Jaeggi: Vamos falar sobre a terceira característica: a dinâmica de acumulação de capital, que parece ser uma das características definidoras do capitalismo.

---

[3] Theodor Adorno, "Beitrag zur Ideologienlehre" (1954), em *Soziologische Schriften I, Gesammelte Schriften*, v. VIII (Frankfurt, Suhrkamp, 1997), p. 465.

Fraser: Sim, com certeza é uma das características definidoras. Encontramos aqui a música e a dança, igualmente estranhas, do valor que se autovaloriza. O capitalismo é peculiar por ter uma direcionalidade ou um impulso sistêmico objetivo: a acumulação de capital. Tudo o que os proprietários fazem busca e tem de buscar a valorização de seu capital. Não valorizá-lo é morrer, tornar-se presa de concorrentes. Esse não é um modo de sociedade em que os proprietários estão somente desfrutando de si mesmos e se divertindo. Assim como os produtores, eles também se encontram sob uma coação peculiar. E os esforços de todos para satisfazer às suas necessidades são indiretos, subordinados a outra coisa que assume prioridade – um imperativo primordial inscrito num sistema impessoal, o impulso do próprio capital à autovalorização sem fim. Marx é brilhante nesse ponto. Numa sociedade capitalista, diz ele, o próprio Capital se torna o Sujeito. Os seres humanos são seus peões, reduzidos a descobrir como podem alcançar aquilo de que necessitam nos interstícios, alimentando a fera.

Jaeggi: Max Weber e Werner Sombart também explicitaram quão bizarra essa forma de vida realmente é. De Weber, temos os famosos apontamentos de acordo com os quais a *Erwerbstreben* [busca por riqueza] capitalista se tornou um fim em si, *não* dirigida à satisfação de necessidades, desejos, sem mencionar a da felicidade[4]. Apesar do tom nostálgico e pré-moderno, o livro de Sombart sobre o capitalismo moderno é particularmente interessante sobre essa questão, pois é repleto de passagens acerca da dificuldade de manter a dinâmica capitalista funcionando, de mantê-la viva. Por exemplo, na França, vários empreendedores capitalistas bem-sucedidos venderam suas fábricas em certo momento para comprar enormes vilas e desfrutar a vida – para sair da esteira e da corrida de ratos. Sombart denomina esse fenômeno de *die Verfettung des Kapitalismus* [engorda degenerativa do capitalismo], por meio do qual os capitalistas perdem a iniciativa de acumular[5]. Podemos olhar também para diversos romances, como *Norte e Sul*, de Gaskell, que lidam com a transição de um modo de vida pré-capitalista para um capitalista[6].

A lição que podemos aprender com eles é que essas atitudes e o "espírito do capitalismo" estão longe de ser autoevidentes. Então, quando falamos, com Marx, de o capital se tornar o sujeito real, isso ainda deixa em aberto questões filosóficas

---

[4] Max Weber, *The Protestant Ethic and the Spirit of Capitalism* (trad. Talcott Parsons, Nova York, Routledge, 2005 [1930]), p. 124 [ed. bras.: *A ética protestante e o "espírito" do capitalismo*, ed. Antônio Flávio Pierucci, trad. José Marcos Mariani de Macedo, São Paulo, Companhia das Letras, 2004].

[5] Werner Sombart, *Der modern Kapitalismus. Historich-systematische Darstellung des gesamteuropäischen Wirtschaftslebens von seinen Anfängen bis zur Gegenwart* (Munique, Duncker & Humblot, 1902-1928), 3 v.

[6] Elizabeth Gaskell, *North and South* (Ware, Wordsworth Editions, 1994 [1855]) [ed. bras.: *Norte e Sul*, trad. Doris Goettems, São Paulo, Landmark, 2011].

cruciais, como saber se estamos realmente diante de uma autoperpetuação puramente sistêmica ou se essa forma de falar obscurece alguns pré-requisitos um pouco mais refinados, incluindo as atitudes sociais que sustentam a perpetuação da busca pelo lucro. Práticas econômicas estão desde sempre enraizadas em formas de vida, e levar isso em consideração complica o esforço de caracterizar o capitalismo como um sistema que pode ser definido independentemente delas – sobretudo se quisermos evitar a rígida divisão, que você mesma criticou, entre um "mundo da vida" inocente e um "sistema" de dinâmicas econômicas que roda sozinho[7]. Essa divisão trata o capitalismo como uma "máquina" que se autoperpetua, que se alimenta das pessoas, mas que não é, de forma alguma, dirigida por elas. Talvez, todavia, pudéssemos manter de lado, por enquanto, a questão sobre o que "alimenta" o capitalismo.

Mercados: uma característica definidora do capitalismo?

Jaeggi: Agora, talvez devamos adicionar uma quarta característica a nossa definição ainda um tanto ortodoxa de capitalismo: a centralidade dos mercados na sociedade capitalista. Além do mercado de trabalho, os mercados em geral parecem ser as principais instituições que organizam a provisão material numa sociedade capitalista. No capitalismo, é quase sempre por meio de mecanismos de mercado que os bens são fornecidos.

A relação entre o capitalismo e os mercados, no entanto, é complicada. Embora ambos estejam inter-relacionados, estão longe de ser idênticos. O capitalismo é mais do que uma "sociedade de mercado". Mercados existiram em sociedades não capitalistas e pré-capitalistas. De modo inverso, poderíamos pensar em uma sociedade socialista que inclui mecanismos de mercado. Assim, é importante investigar a relação entre eles.

Fraser: Concordo. Acredito que a relação entre o capitalismo e os mercados seja um tanto complexa e tenha de ser destrinchada com cuidado. Eu começaria de novo relembrando Marx, para quem o mercado está intimamente relacionado com a forma mercadoria, que é o único ponto de partida para teorizar o capitalismo, não o ponto de chegada. Ela é apresentada nos capítulos que abrem *O capital* como o reino das aparências, o disfarce sob o qual as coisas aparecem de início quando adotamos o ponto de vista do senso comum da sociedade burguesa, a perspectiva da troca no mercado. Partindo dessa óptica inicial, Marx logo nos leva a outra, mais profunda, que é o ponto de vista da produção e da exploração. A implicação é a de que há algo

---

[7] Nancy Fraser, "What's Critical About Critical Theory? The Case of Habermas and Gender", *New German Critique*, v. 35, 1985, p. 97-131. Reimpresso em Nancy Fraser, *Fortunes of Feminism* (Londres, Verso, 2013).

mais fundamental ao capitalismo que o mercado: a organização da *produção* por meio da exploração do trabalho como o motor que gera mais-valor. Pelo menos é assim que leio Marx, como querendo substituir o foco da economia política burguesa na troca no mercado por um foco mais profundo e crítico na produção. É nesse nível mais profundo que descobrimos um segredo sujo: que a acumulação ocorre por meio da exploração. Em outras palavras, o capital não se valoriza pela troca de equivalentes, e sim precisamente por seu oposto, ou seja, pela *não* compensação de uma parcela do tempo de trabalho do trabalhador. Isso já nos mostra que a troca no mercado não é, em si, o coração da questão.

Jaeggi: Mas você não acha que uma tendência de mercantilização já está embutida nas três primeiras características centrais do capitalismo que acabamos de identificar? Afinal, quando imaginamos as três se juntando para formar um sistema dinâmico, o que temos é a imagem de um mundo em que as coisas são, cada vez mais, compradas, vendidas e trocadas nos mercados.

Fraser: Talvez. No entanto, para mim, a questão crucial é: que tipo de mercados? Como você disse, mercados existem em muitas sociedades não capitalistas e assumem uma variedade fantástica de formas, o que é um ponto central para Karl Polanyi[8]. Assim, nossa questão deveria ser: o que há de específico nos mercados em sociedades capitalistas?

Jaeggi: Sim, concordo, em particular porque esse assunto facilmente se presta a uma mistificação ideológica. Você sabia que na Alemanha o termo "capitalismo" tem conotações mais pejorativas que no mundo anglófono e que, por isso, economistas alemães preferem não falar de capitalismo? Na visão deles, se usamos a palavra "capitalismo", já estamos sendo muito críticos. Manuais quase sempre usam a expressão eufemística "sociedade de mercado". Um movimento similar em seu país foi feito pelo Conselho de Educação no Texas, que ordenou que todos os manuais de história deixassem de se referir a "capitalismo" e passassem a usar "sistema de livre iniciativa"[9].

Essa locução é ideológica, e um dos motivos para isso, não o menos relevante, é que ela obscurece uma questão importante: qual é, de fato, a relação entre os mercados e o capitalismo? Poderíamos ter mercados sem capitalismo? Por exemplo, sociedades com mercados, mas sem a propriedade privada dos meios de produção,

---

[8] Karl Polanyi, *The Great Transformation: The Political and Economic Origins of Our Time* (Boston, Beacon, 2001 [1944]), p. 45-70 [ed. bras.: *A grande transformação: as origens de nossa época*, trad. Fanny Wrobel, Rio de Janeiro, Campus-Elsevier, p. 49-88].

[9] Cf. James C. McKinley Jr., "Conservatives on Texas Panel Carry the Day on Curriculum Change", *The New York Times*, 13 mar. 2010, A10.

como defenderam socialistas de mercado? E o inverso? Uma sociedade ainda é uma sociedade capitalista se sua economia tiver um grau tão elevado de monopolização que certa quantidade de bens não possa ser trocada por meio do mercado? Em suma, podemos ter capitalismo sem mercados e mercados sem capitalismo?

Fraser: Essa é uma boa maneira de formular o problema. Para respondê-lo, gostaria de distinguir entre alguns tipos diferentes de mercado e alguns papéis distintos que mercados podem desempenhar. Podemos pensar, inicialmente, nos mercados de bens de consumo que distribuem os meios de subsistência aos indivíduos, primeiro, na forma de salários ou de renda e, depois, na de mercadorias. Esse tipo de mercado é definidor do capitalismo? Acredito que não. De fato, ele parece se seguir logicamente do ponto sobre o trabalho "livre". Como já notamos, é uma característica da lógica econômica do capitalismo que os trabalhadores sem propriedade não tenham acesso direto aos meios de subsistência. Eles só têm como conseguir as necessidades da vida vendendo a força de trabalho por salários, os quais usam para comprar comida, abrigo e outras coisas essenciais. O outro lado disso é uma tendência a transformar, com o tempo, os meios de subsistência em mercadorias disponíveis apenas mediante compra com dinheiro.

Apesar disso, esse ponto não é decisivo. As principais palavras aqui são "com o tempo", uma vez que o processo é um tanto irregular. Por um lado, pode ir bastante longe, como sabemos a partir do "capitalismo de consumo" do século XX, que construiu toda uma estratégia de acumulação em torno da venda de bens de consumo às classes trabalhadoras do centro do capitalismo. Por outro, muitas pessoas na periferia não foram – e permanecem não sendo – plenamente incluídas nesse tipo de consumismo por motivos que não são acidentais, e sim estruturais. Mesmo para aquelas pessoas que se tornaram consumidoras, o processo pode ser revertido, ao menos parcialmente, como sabemos pela experiência atual da crise neoliberal, na qual, mesmo no coração do capitalismo, muitas pessoas veem como necessário estabelecer transações *in natura* de vários tipos, incluindo permuta, reciprocidade não formalizada e ajuda mútua – pensemos em Atenas ou Detroit hoje[10].

Jaeggi: Mas como deveríamos interpretar isso? Trata-se de uma regressão a uma condição pré-capitalista ou de um resquício da sociedade pré-capitalista? Ou, ainda, esses fenômenos indicam algo de sistêmico sobre o próprio capitalismo – nas linhas da tese de que uma comodificação total nem sequer seria possível?

---

[10] Ver Valerie Vande Panne, "Life without Money in Detroit's Survival Economy," *Bloomberg*, 12 jan. 2017; disponível em: <www.bloomberg.com/news/features/2017-01-12/life-without-money-in-detroit-s-survival-economy>; Liz Alderman, "Paying in Olive Oil", *The New York Times*, 24 set. 2015, B1.

Fraser: A meu ver, não há nada de pré-capitalista a respeito disso. Immanuel Wallerstein salientou que o capitalismo muitas vezes operou na base de domicílios "semiproletarizados"[11]. Sob esses arranjos, que permitem que proprietários paguem menos aos trabalhadores, muitos domicílios tiram uma porção significativa do sustento de outras fontes que não salários, incluindo autoprovisionamento (plantação própria, costura etc.), reciprocidade informal (ajuda mútua, transações em espécie) e transferências estatais (benefícios do Estado de bem-estar, serviços sociais, bens públicos). Tais arranjos deixam uma porção significativa das atividades e dos bens fora do alcance do mercado; não são sobras residuais de períodos pré-capitalistas nem estão de saída. Eles foram intrínsecos ao fordismo, que foi capaz de produzir um consumismo da classe trabalhadora nos países do centro apenas por meio da semiproletarização dos domicílios, que combinava emprego masculino e trabalho doméstico feminino, além de inibir o desenvolvimento do consumo de mercadorias na periferia. Como acabo de dizer, a semiproletarização é ainda mais pronunciada no neoliberalismo, que construiu toda uma estratégia de acumulação ao expulsar bilhões de pessoas da economia oficial, levando-as para zonas cinzentas de informalidade das quais o capital extrai valor. Esse tipo de "acumulação primitiva" é um processo contínuo, do qual o capital se beneficia e depende.

Jaeggi: Mais uma vez, seria isso uma contingência histórica ou algo sistêmico? Uma necessidade funcional do capitalismo de depender de recursos não mercantilizados ou não comodificados?

Fraser: Creio que seja sistêmico. A mercantilização não é onipresente nas sociedades capitalistas, e a razão para isso não é acidental. Na realidade, zonas e aspectos mercantilizados da vida coexistem com zonas e aspectos não mercantilizados da vida. Isso não é um acaso nem uma contingência empírica, a meu ver, mas uma característica inerente ao DNA do capitalismo. Na verdade, "coexistência" é um termo muito fraco para capturar a relação entre os aspectos mercantilizados e não mercantilizados de uma sociedade capitalista. Uma expressão adequada seria "imbricação funcional" ou, ainda melhor e mais simples, "dependência". Karl Polanyi nos ajuda a compreender por quê. A sociedade, ele nos diz, não pode ser "mercadoria até o fim" – essa é uma paráfrase minha[12]. A ideia de Polanyi é que os mercados

---

[11] Ver Immanuel Wallerstein, *Historical Capitalism, with Capitalist Civilization* (Londres, Verso, 1996), esp. p. 26-43 [ed. bras.: *Capitalismo histórico e civilização capitalista*, trad. Renato Aguiar, Rio de Janeiro, Contraponto, 2007].

[12] Karl Polanyi, *The Great Transformation*, cit., esp. p. 71-80, 136-40, 201-6 [ed. bras.: *A grande transformação*, cit., p. 89-98, 161-5 e 228-33]; Nancy Fraser, "Can Society Be Commodities All the Way Down? Post-Polanyian Reflections on Capitalist Crisis", *Economy and Society*, v. 43, n. 4, 2014, p. 541-58.

dependem, para a própria existência, de relações sociais não mercantilizadas, que fornecem condições de possibilidade de fundo. Creio que isso esteja correto.

Jaeggi: Essa é uma afirmação surpreendente e importante, que definitivamente merece ser destrinchada. Para começar, eu pediria mais esclarecimentos: o que significa dizer que sociedades "não podem" ser comodificadas até o fim? O que seria aqui o "ou então..."? Pode-se dizer que essa é uma questão de necessidade "funcional", que a sociedade não "funcionará" de maneira mais adequada caso a comodificação seja total. Isso sugere que há algum limite objetivo, o qual a mercantilização não pode ultrapassar. Mas também seria possível enquadrar o problema de forma mais subjetiva ou normativa, dizendo que a comodificação excessiva é "ruim" ou "má", que os membros dessas sociedades simplesmente *não querem* que as coisas sejam comodificadas até o fim, porque isso desfaz e erode certo *éthos* que a sociedade talvez tenha e valorize. É importante ser clara sobre esses termos e esclarecer como tais aspectos funcionalistas e normativos da crítica social se relacionam e exigem um ao outro. Acredito que precisemos de um vocabulário normativo-funcionalista para compreender as crises, os fracassos e os desenvolvimentos falhos que enfrentamos. Mas, novamente, um argumento funcionalista sozinho não dá conta do trabalho. Não que não seja "possível" comodificar a sociedade até o fim; na verdade, não é possível fazer isso sem criar contradições imanentes graves, que podem permanecer latentes por um tempo, porém também gerar conflitos sociais reais[13].

Fraser: Não acho que discordamos aqui. Quando digo que a "sociedade não pode ser comodificada até o fim", quero dizer que esforços para totalizar a mercantilização são autodesestabilizadores, pois colocam em risco as condições de possibilidade de fundo do próprio mercado, que não são, elas mesmas, mercantilizadas. Essa é uma interpretação – creio que a melhor delas – daquilo que Polanyi quis dizer por "comodificação fictícia"[14]. Ela está próxima da afirmação de Hegel, na *Filosofia do direito*, de que a sociedade não pode ser contrato até o fim. Se uma esfera de relações contratuais só é possível sobre a base de relações sociais não contratuais, esforços para universalizar o contrato necessariamente o minam ao destruírem essa base não contratual da qual

---

[13] Ver Rahel Jaeggi, *Critique of Forms of Life* (trad. Ciaran Cronin, Cambridge, MA, Harvard University Press, 2018), e "What (If Anything) Is Wrong with Capitalism? Dysfunctionality, Exploitation, and Alienation: Three Approaches to the Critique of Capitalism", *Southern Journal of Philosophy*, v. 54, Spindel Supplement, 2016, p. 44-65.

[14] Karl Polanyi, *The Great Transformation*, cit., esp. p. 71-80 [ed. bras.: *A grande transformação*, cit., p. 89-98]. Sobre essa leitura de Polanyi, ver Nancy Fraser, "Can Society Be Commodities All the Way Down?", cit.

ele depende[15]. Esse é, de fato, um argumento estrutural "objetivo", mas não é funcionalista de modo objetável. Ele não finge dizer algo sobre a outra metade crucial, "subjetiva", da questão: como aqueles que vivem na sociedade experienciam o problema? No que diz respeito a isso, concordo com você: precisamos de um tipo diferente de análise, focado no "senso comum", nos quadros interpretativos normativamente carregados, por meio dos quais os atores sociais vivem o deslocamento social.

Jaeggi: Eu sustentaria que o entrelaçamento entre as dimensões normativas e funcionais teria de ir mais fundo para lidar com essa questão. Não é que "normas" estejam do lado subjetivo enquanto a "função" está do lado objetivo. Há, definitivamente, mais a ser dito sobre esse tema, mas vamos tratar disso adiante, no Capítulo 3, quando considerarmos a melhor maneira de criticar o capitalismo. Por ora, gostaria de retomar nossa discussão sobre o papel que os mercados realmente desempenham na sociedade capitalista. O que dissemos até aqui é que o capitalismo tende a proliferar mercados de bens de consumo, mas que a realização dessa tendência é bastante variável no espaço e no tempo. Observamos, além disso, que sociedades não capitalistas também têm mercados de bens de consumo, o que sugere que estes não são estritamente definidores ou próprios do capitalismo. Mas e no que diz respeito a mercados de outras coisas, como os de insumos da produção, que não são eles mesmos consumidos ou distribuídos a indivíduos? Poderiam ser distintivos do capitalismo?

Fraser: Sim, é isso que quero dizer. Eu distinguiria entre o uso dos mercados para *distribuição* e para *alocação*. Enquanto mercados que funcionam distributivamente administram bens tangíveis e divisíveis para o consumo pessoal, aqueles que funcionam alocativamente direcionam o uso dos recursos gerais da sociedade para projetos intrinsicamente transindividuais ou coletivos, como produção, acumulação de excedente, pesquisa e desenvolvimento e/ou investimento e infraestrutura. Na base dessa distinção, podemos distinguir o socialismo de mercado da sociedade capitalista. O primeiro utilizaria os mercados de modo distributivo, a fim de administrar os bens de consumo enquanto usa mecanismos não mercadológicos – por exemplo, planejamento democrático – para propósitos alocativos, como alocação de crédito, bens de capital, "matéria-prima" e excedente social. O capitalismo também se vale dos mercados de forma distributiva, como dissemos. Sua distinção real,

---

[15] G. W. F. Hegel, *Elements of the Philosophy of Right* (ed. Allen W. Wood, trad. H. B. Nisbet, Cambridge, Cambridge University Press, 1991 [1821]) [ed. bras.: *Filosofia do direito*, vários tradutores, São Leopoldo, Unisinos, 2010]. Eu [Fraser] leio esse trabalho como uma defesa, *contra* a teoria do contrato social, de que a sociedade não pode ser contrato até o fim e como invocando esse argumento para estabelecer a necessidade de que o "direito abstrato" seja ancorado no contexto mais amplo da "eticidade". Para uma interpretação detalhada nessa linha, ver Michel Rosenfeld, "Hegel and the Dialectics of Contract", *Cardozo Law Review*, v. 10, 1989, p. 1.199-1.269.

entretanto, é o fato de que utiliza os mercados de maneira alocativa, para direcionar o uso que a sociedade faz de sua riqueza acumulada e de suas energias coletivas. Aqui, acredito, repousa a função distintiva dos mercados na sociedade capitalista: seu uso para alocar os principais insumos para a produção de mercadorias e para direcionar o investimento do excedente social.

Jaeggi: Vejo no que você disse duas diferentes funções "alocativas" do mercado que são específicas do capitalismo: alocação dos insumos produtivos e alocação do excedente.

Fraser: Sim. A primeira ideia é muito bem capturada por uma frase surpreendente de Piero Sraffa: o capitalismo é um sistema para "a produção de mercadorias por meio de mercadorias"[16]. Esse sistema mercantiliza todos os principais insumos diretos para a produção de mercadorias, incluindo crédito, imóveis, matérias-primas, energia e bens de capital, como maquinaria, plantas, equipamento, tecnologia e assim por diante. Esse ponto também é central para Marx, que concedeu aos mercados de bens de capital um lugar proeminente em sua concepção da lógica sistêmica do capitalismo, na qual eles constituiriam um dos dois maiores "setores" da produção capitalista – o outro seria o de bens para consumo individual[17]. Polanyi considerou os mercados de "terra" e "dinheiro" tão centrais quanto os mercados de força de trabalho para distinguir o capitalismo de outras formações sociais nas quais mercados também existem[18]. Para ambos os pensadores, essa é a especialidade do capitalismo. Enquanto sociedades não capitalistas mercantilizaram bens de luxo e alguns bens ordinários, apenas o capitalismo buscou mercantilizar *todos os principais insumos da produção*, incluindo a força de trabalho humana, porém não apenas ela.

Jaeggi: O segundo ponto também parece ser bastante central para Marx: o capitalismo usa mecanismos de mercado para determinar como o excedente da sociedade será investido. Não há nenhum outro tipo de sociedade, até onde eu saiba, em que caiba às "forças do mercado" decidir essas questões fundamentais a respeito de como as pessoas querem viver, o que também significa uma mudança na relação entre o político e o econômico, bem como uma transformação dos dois lados ao mesmo tempo.

---

[16] Piero Sraffa, *The Production of Commodities by Means of Commodities: Prelude to a Critique of Economic Theory* (Londres, Cambridge University Press, 1975) [ed. bras.: *Produção de mercadorias por meio de mercadorias: prelúdio a uma crítica da teoria econômica*, trad. Elizabeth Machado de Oliveira, São Paulo, Abril Cultural, 1985, Os Economistas].

[17] Karl Marx, *Capital*, v. II [1893], em MECW, v. XXXVI, p. 394 [ed. bras.: *O capital. Crítica da economia política*, Livro II: *O processo de circulação do capital*, ed. Friedrich Engels, trad. Rubens Enderle, São Paulo, Boitempo, 2014, p. 499].

[18] Karl Polanyi, *The Great Transformation*, cit., p. 71-80 [ed. bras.: *A grande transformação*, cit., p. 89-98].

Fraser: Esta é, para mim, a característica com maiores consequências e a mais perversa do capitalismo: a entrega dos assuntos humanos mais importantes ao mercado – por exemplo, onde as pessoas devem investir suas energias coletivas; como querem balancear o "trabalho produtivo" frente à vida familiar, o lazer e outras atividades; quanto e o que querem deixar para gerações futuras. Em vez de serem tratadas como questões de discussão e tomada de decisão coletiva, são entregues a um aparato de cálculo de valor monetarizado. Isso está diretamente relacionado ao terceiro ponto, acerca do impulso de autovalorização inerente ao capital, o processo por meio do qual ele se constitui como o sujeito da história, substituindo os seres humanos que o criaram e os transformando em seus servos. A remoção de questões fundamentais da perspectiva da determinação humana, sua cessão a um mecanismo impessoal orientado à máxima valorização do capital – isso é deveras perverso. E é distintivo do capitalismo. A despeito do que o socialismo possa significar, deve implicar determinação coletiva e democrática da alocação do excedente social!

Jaeggi: Concordo integralmente. É exatamente nesse lugar que eu localizaria a alienação, a qual compreendo como certo tipo de impotência e de falta de liberdade, que resulta desse "deslocamento" e dessa sujeição dos próprios seres humanos a algo que criaram e colocaram em movimento.

Deveríamos também discutir a "força estruturante" exercida pelos mercados em sociedades capitalistas. Essa pode ser outra característica distintiva do capitalismo em relação a sociedades não capitalistas. Estou pensando especialmente na afirmação de que, sob o capitalismo, a estrutura da troca de mercadorias penetra profundamente na vida social. Há diferentes versões dessa afirmação, mas a ideia básica é que tratar algo como uma mercadoria produzida para venda é alterar nossa relação com esse algo e com nós mesmos. Isso envolve despersonalização ou indiferença e orienta nossas relações com o mundo em termos de valores instrumentais, em oposição aos valores intrínsecos. Desse modo, o mercado exerce uma força estruturante qualitativa, moldando nossa "visão de mundo", a "gramática" de nossa vida. Talvez desejemos evitar uma imagem totalizante de uma sociedade inteiramente controlada e determinada por essa lógica, mas ela ainda aponta algo importante.

Fraser: Essa é uma boa formulação *à la* Escola de Frankfurt! E certamente faz sentido dizer que o mercado de trabalho – e toda instituição do trabalho "livre" que o cerca – é a principal força estruturante na sociedade capitalista, que imprime sua marca de modo bastante profundo na vida social. Com o tempo – e aqui, novamente, essa expressão sinaliza a historicidade inerente ao capitalismo –, os mercados de força de trabalho assumem não apenas uma função de alocação, mas também uma função mais profunda e formativa. Eles alteram o caráter interno daquilo que é trocado neles e a forma de vida que os cerca, na qual estão localizados. Esse ponto é importante tanto para Marx quanto para Polanyi. Mercados existem há tempos, porém em muitas sociedades eles são periféricos, circunscritos e confinados às margens da vida social. Eles não estruturam a forma de vida internamente. Com o capitalismo, no entanto, eles começam a fazer isso.

Jaeggi: Isso é Polanyi ou Marx? Porque, se perguntássemos ao primeiro o que é capitalismo, ele diria que é a totalização do mercado. Polanyi considera que os mercados têm essa função estrutural. De que modo isso também é verdade para Marx?

Fraser: Basta lembrar a compreensão de Marx acerca da subsunção "real" do trabalho *versus* a subsunção "formal" do trabalho. Primeiro, um mercado de trabalho significa apenas que as pessoas realizam essencialmente o mesmo trabalho de antes, exceto pelo fato de que agora o fazem numa fábrica, não em sua cabana. Elas recebem um salário por hora em vez de valores por peça, mas ainda fazem a camisa inteira, como sempre fizeram. Foi isso que Marx denominou de "subsunção formal do trabalho", na qual a força do mercado de trabalho ainda não foi "até o fim". Logo, no entanto, a combinação de um mercado de trabalho "livre" com o impulso de autovalorização inerente ao capital cria uma pressão para reestruturar internamente o processo do trabalho. O trabalho é dividido em pequenos segmentos, que, por sua vez, são divididos entre os diferentes trabalhadores, os quais têm agora de realizar a mesma operação, pequena e parcial, de maneira repetida – por exemplo, costurar centenas e centenas de colarinhos, o que não é, de forma alguma, o mesmo que fazer uma camisa. Esse é um exemplo (um tanto dramático) de Marx em que o mercado não tem apenas uma função de alocação ou de distribuição, mas uma força constitutiva, estruturante[19]. Há outros. Creio que Marx e Polanyi estejam próximos a respeito desse ponto.

Jaeggi: Concordo, embora eu ache que apenas Polanyi considere a fragmentação um escândalo, porque ela dissolve alguma unidade orgânica da pessoa. Leio Marx como bem menos romântico. Para ele, o absurdo é que podemos elaborar um processo muito eficiente e, mesmo assim, deixá-lo fundamentalmente irracional em seus efeitos. A divisão do trabalho em partes bem pequenas poderia ser algo bom, se tivéssemos chegado a ela por meio de um processo de autodeterminação e

---

[19] Ver Karl Marx, *Capital*, v. I, cit., p. 510-2 [ed. bras.: *O capital. Crítica da economia política*, Livro I, cit., p. 578-81]; idem, "Chapter Six. Results of the Direct Production Process" [c. 1864], em MECW, v. XXXIV, p. 339-471, esp. p. 424-42 [ed. bras.: *O capital: livro I, capítulo VI (inédito), 1a. edição*, trad. Eduardo Sucupira Filho, São Paulo, Livraria Editora Ciências Humanas, 1978].

também controlássemos a alocação do excedente alcançado. Contudo, a divisão do trabalho é instituída de um modo não transparente e autodisfarçado.

Continuemos, porém, com os mercados. Além das funções que discutimos – distributiva, alocativa e formativa –, podemos nos concentrar em sua forma específica sob o capitalismo. Por exemplo, poderíamos também distinguir os mercados capitalistas pelo caráter "desenraizado", para utilizar o termo de Polanyi. Ele distinguiu mercados "enraizados" – enredados em instituições não econômicas e sujeitos a normas não econômicas, como "preço justo" ou "salário honesto" – e "desenraizados" – liberados de controles extraeconômicos e governados internamente por oferta e demanda. De acordo com ele, mercados enraizados foram a norma histórica. No decorrer da maior parte da história, mercados estiveram sujeitos a controles externos (políticos, éticos, religiosos), que limitam o que pode ser comprado e vendido, por quem e em quais termos. Em contraste, o mercado desenraizado é historicamente anômalo e específico ao capitalismo. Em teoria, pelo menos, mercados desenraizados são "autorregulados", ou seja, estabelecem os preços dos objetos que são trocados neles mediante oferta e demanda, num mecanismo interno, que supera ou bloqueia normas externas[20].

Fraser: Sim, essa é a teoria, mas a realidade é um tanto diferente. Mercados nunca foram verdadeiramente "autorregulados". Nem poderiam ser, na visão de Polanyi. Do mesmo modo, podemos dizer que Marx também negava a realidade de "mercados autorregulados" na história. Em seu famoso capítulo sobre a luta pela jornada de trabalho, por exemplo, ele demonstra que os níveis dos salários dependem do poder político e dos resultados da luta de classes, não de oferta e demanda[21]. Então, a realidade histórica contradiz a teoria econômica nesse ponto.

Jaeggi: Concordo. De minha perspectiva, nem os mercados nem qualquer outra forma de prática social econômica podem ser integralmente "desenraizados" das formas de vida em que estão situados. Na verdade, eu diria que até mesmo se referir aos mercados como "enraizados" em sociedades já vai longe demais, ao postular algum tipo de "separação" normativa ou funcional entre práticas econômicas e outras práticas sociais. Faz com que pareça que a economia é algo que existe ou funciona independentemente do restante da sociedade, sendo então "enraizada" nela ou "desenraizada" dela. Isso não é o mesmo que dizer que uma economia não pode ser institucionalizada de modo que se assemelhe ou "se apresente" como uma

---

[20] Karl Polanyi, *The Great Transformation*, cit., p. 59-80 [ed. bras.: *A grande transformação*, cit., p. 76-98].

[21] Ver Karl Marx, *Capital*, v. I, cit., p. 270-307 [ed. bras.: *O capital. Crítica da economia política*, Livro I, cit., p. 337-75].

coisa ou outra. Penso, entretanto, que a relação entre práticas econômicas e outras práticas sociais é muito mais dinâmica, o que pode ser obscurecido pela linguagem do "enraizamento" ou do "desenraizamento"[22].

Fraser: Eu ressaltaria o caráter *paradoxal* da diferenciação, institucionalizada no capitalismo, de sua economia com a "sociedade". Essa diferenciação é, de uma só vez, real e impossível, o que pode explicar por que a sociedade capitalista é tão perversa e autodesestabilizadora, tão sujeita a crises periódicas.

Jaeggi: Vamos recapitular o que dissemos aqui sobre os mercados. São apenas certos tipos ou usos de mercado, e não os mercados em geral, que são específicos ao capitalismo. A questão não é o uso dos mercados para distribuir bens de consumo, mas para alocar os principais insumos da produção – incluindo, entre outras coisas, a força de trabalho – e a disposição do excedente social.

Agora, temos quatro características que distinguem sociedades capitalistas: (1) uma divisão de classe entre proprietários e produtores; (2) a mercantilização e a comodificação institucionalizadas do trabalho assalariado; (3) a dinâmica de acumulação de capital; (4) a alocação de mercado dos insumos produtivos e do excedente social.

Por trás das cenas: da história oficial à história de fundo

Jaeggi: Isso ainda soa muito ortodoxo, e creio que não queremos deixar as coisas assim. Em primeiro lugar, sinto que nós duas tomamos o "capitalismo" como algo a mais que apenas a economia ou aquelas práticas sociais e instituições *diretamente* econômicas. Se queremos seriamente superar os maus hábitos do economicismo e do determinismo que acometeram tantas críticas anteriores do capitalismo, não podemos reduzir o capitalismo a seu sistema econômico. Mais que isso, creio que ambas concordamos que as características centrais que estamos discutindo não surgiram por conta própria; pelo contrário, elas tiveram de ser estabelecidas e institucionalizadas, de algum modo, por vários meios. Já dissemos que essa forma de vida não tem um desenvolvimento natural e que desfez radicalmente as formas de vida que a precederam. Do mesmo modo, levantamos algumas dúvidas sobre a tese de que a economia é uma esfera autônoma, autorregulada e não normativa, que funciona independentemente do restante da sociedade.

---

[22] Rahel Jaeggi, "A Wide Concept of Economy: Economy as a Social Practice and the Critique of Capitalism", em Penelope Deutscher e Cristina Lafont (orgs.), *Critical Theory in Critical Times: Transforming the Global Political and Economic Order* (Nova York, Columbia University Press, 2017), p. 160-79 e 173-5.

Em outras palavras, precisamos de uma concepção de capitalismo que não se limite a uma única dinâmica e força histórica – a economia – que determina tudo o mais na sociedade de maneira unilateral e unidimensional. Pelo contrário, precisamos dar conta de uma rede mais nuançada e complexa de dinâmicas que abarquem múltiplos domínios da sociedade, dos quais a economia é um domínio importante e central, mas não o único. Assim, podemos olhar para seus vários modos de funcionamento em relação uns com os outros.

Fraser: De acordo. Para mim, a ideia de começar com uma definição relativamente ortodoxa de capitalismo era, precisamente, para preparar o próximo passo: a "des-ortodoxificação". Então, quero expor agora por que essa definição ortodoxa é inadequada, ao demonstrar que as quatro características centrais que identificamos se ancoram em outras coisas, suas condições de possibilidade de fundo. Na ausência dessas outras coisas, essa lógica econômica capitalista que descrevemos até aqui é inconcebível. Ela só faz sentido quando começamos a preencher essas condições de possibilidade de fundo. Em suma, o "primeiro plano econômico" da sociedade capitalista requer um "plano de fundo não econômico".

Jaeggi: O que tem de existir por trás ou para além do alcance imediato do capital para que as características centrais do sistema sejam possíveis? O que tem de estar presente por trás dos mercados de força de trabalho e de outros insumos diretos à produção de mercadorias, por trás da propriedade privada dos meios de produção e da apropriação privada do excedente social e por trás da dinâmica de autovalorização do valor?

Fraser: Vou responder à questão voltando uma vez mais a Marx. Isso pode parecer estranho, dado meu objetivo "des-ortodoxificante". No entanto, o próprio Marx pode ser menos ortodoxo do que estamos supondo, afinal ele levanta uma questão bastante semelhante a essa quase no fim do Livro I de *O capital*, no capítulo sobre a assim chamada acumulação "primitiva" (ou "original"). Aqui, ele pergunta: de onde vem o capital? Como os meios de produção foram transformados em propriedade privada? E como os produtores foram separados deles? Nos capítulos precedentes, ele já havia desnudado a lógica econômica do capitalismo, abstraindo suas condições de possibilidade de fundo, que foram tomadas como certas e assumidas como dadas. Há, todavia, toda uma história de fundo a respeito de onde vem o próprio capital – uma história, um tanto violenta, de roubo, despossessão e expropriação[23].

---

[23] Karl Marx, *Capital*, v. I, cit., p. 704-61 [ed. bras.: *O capital. Crítica da economia política*, Livro I, cit., p. 785-845].

O que me interessa aqui é a mudança epistêmica que ocorre quando nos movemos da história oficial da exploração para a história de fundo da expropriação. Na verdade, há *duas* mudanças como essas no Livro I. Há, primeiro, a mudança do ponto de vista da troca para o da produção. Nesse caso, somos levados de um mundo onde equivalentes são trocados por equivalentes para um mundo de exploração, no qual o capitalista só paga aos trabalhadores pela parcela "necessária" de seu tempo de trabalho e se apropria ele mesmo do "excedente" para aumentar seu capital[24]. Agora, chegamos a uma segunda mudança: a da produção para a acumulação primária. Nesse caso, Marx nos leva da *acumulação por meio da exploração* – que tem uma forma legalmente sancionada de logro, a qual ocorre por meio do (e é mistificada pelo) contrato de trabalho – para a *acumulação por meio da expropriação*, que é um processo abertamente brutal, sem pretensão de troca igual[25]. O último processo, que David Harvey denomina "despossessão", se localiza atrás da exploração contratualizada e a torna possível[26].

Não tenho a intenção de encaminhar neste momento a discussão para a "acumulação primitiva" – chegaremos a ela em breve, tenho certeza. O que me interessa aqui é o método de Marx. Em cada uma das viradas que acabo de indicar, ele orquestra uma alteração importante de perspectiva, levando-nos de um ponto de vista associado ao que estou denominando "primeiro plano" – no primeiro caso, a troca; no segundo, a exploração – a outro que expõe o plano de fundo relevante – primeiro a exploração, depois a expropriação. O efeito, em cada caso, é tornar visível algo que estava previamente encoberto. De repente, aquele "algo" aparece como uma pressuposição necessária para aquilo que nós (erroneamente) consideramos como o evento principal, e sua revelação joga uma nova luz em tudo o que veio antes. A troca mercadológica perde, assim, sua a inocência. Vemos que ela se baseia no segredo sujo da exploração. Da mesma forma, a coerção sublimada do trabalho assalariado parece ainda mais desagradável quando vemos que é fundamentada no segredo, ainda mais sujo, da violência aberta e do roubo explícito. A segunda mudança é particularmente relevante para nosso problema, pois mostra que a longa elaboração da "lógica de valor" do capitalismo, que constitui boa parte do Livro I, não é a última palavra; na verdade, reside em outro nível da realidade social – um terreno atrás do terreno.

Jaeggi: Ao falar sobre as "condições de possibilidade" da exploração, você utiliza as metáforas de primeiro plano e plano de fundo, história oficial e história de fundo.

---

[24] Ibidem, p. 185-6 [ed. bras.: ibidem, p. 250-1].

[25] Ibidem, p. 704-7 [ed. bras.: ibidem, p. 785-8].

[26] David Harvey, "The 'New' Imperialism: Accumulation by Dispossession", *Socialist Register*, v. 40, 2004, p. 63-87.

Fraser: Sim. Minha estratégia é tomar esse "método marxiano" de olhar sob a superfície de um complexo sócio-histórico dado para suas condições subjacentes de possibilidade e ampliar sua aplicação, incluindo assuntos que o próprio Marx não explorou integralmente. Quero mostrar que há outras mudanças epistêmicas, igualmente importantes, implicadas nessa análise do capitalismo, mas que ele não desenvolveu. Estas ainda precisam ser conceitualizadas, escritas em novos volumes de *O capital*, se você quiser, se formos desenvolver uma concepção adequada do capitalismo do século XXI. Na verdade, consigo pensar em três outras mudanças epistêmicas, para além e acima da mudança para a expropriação, que seriam necessárias para completar nossa concepção de capitalismo.

Da produção à reprodução

Fraser: A primeira é a mudança, teorizada por feministas marxistas e socialistas, *da produção de mercadorias para a reprodução social*. O que está em questão aqui são as formas de prover, cuidar e interagir que produzem e mantêm os laços sociais. Denominada de "cuidado", "trabalho afetivo" ou "subjetivação", essa atividade forma os sujeitos humanos do capitalismo, mantendo-os como seres corpóreos e naturais, ao mesmo tempo que os constrói como seres sociais, formando seu *habitus* e a substância socioética (*Sittlichkeit*) na qual se movem. Central aqui é o trabalho de socialização dos jovens, de construção de comunidades e de produção e reprodução de significados compartilhados, disposições afetivas e horizontes de valor que sustentam a cooperação social, incluindo os modos de cooperação vinculados à dominação que caracterizam a produção de mercadorias. Em sociedades capitalistas, a maior parte dessa atividade (ainda que não toda) ocorre fora do mercado – em ambientes domésticos, vizinhanças, associações da sociedade civil e num conjunto de instituições públicas, incluindo escolas e centros de cuidado de crianças e idosos – e não assume a forma de trabalho assalariado. Entretanto, a atividade reprodutiva é absolutamente necessária à existência do trabalho assalariado, à acumulação de mais-valor e ao funcionamento do capitalismo como tal. Afinal, o trabalho assalariado não poderia existir nem ser explorado na ausência do trabalho doméstico, da criação das crianças, da formação escolar, do cuidado afetivo e de um conjunto de outras atividades que produzem novas gerações de trabalhadores, repõem as gerações existentes e mantêm vínculos sociais e compreensões compartilhadas. Assim como a "acumulação original", portanto, a reprodução social é uma condição de fundo indispensável à possibilidade da produção capitalista.

Jaeggi: Este é um tema familiar na teoria feminista-marxista: o de que a reprodução do trabalho assalariado na fábrica depende e é subsidiada pelo trabalho não pago no ambiente doméstico. Como você se posicionaria em relação ao trabalho de Maria Mies ou a outras abordagens no âmbito do feminismo-marxista desde os anos 1970?

Fraser: Sim, é familiar, mas você ficaria surpresa ao descobrir quantos dos principais pensadores marxistas, ainda hoje, conseguiram não incorporar isso, de modo sistemático, em seus trabalhos! Eles ignoram uma importante tradição de pensamento feminista-marxista, que remonta a Engels[27]. Continuada por Alexandra Kollontai e Sylvia Pankhurst na era bolchevique, essa tradição foi expandida de modo frutífero por pensadoras da "segunda onda", como Mariarosa Dalla Costa e Selma James, Juliet Mitchell e Angela Davis[28]. Temos também minha favorita entre as teóricas feministas-marxistas, Lise Vogel, cujo brilhante livro de 1983 foi recentemente

---

[27] Friedrich Engels, *Origins of the Family, Private Property and the State*, em Robert C. Tucker (org.), *The Marx-Engels Reader* (Nova York, W. W. Norton, 1978) [ed. bras.: *A origem da família, da propriedade privada e do Estado: em conexão com as pesquisas de Lewis H. Morgan*, trad. Nélio Schneider, São Paulo, Boitempo, 2019].

[28] Alexandra Kollontai, *Selected Writings* (Nova York, W. W. Norton, 1977); Sylvia Pankhurst, "A Constitution for British Soviets: Points for a Communist Programme", *Workers' Dreadnought* (19 jun. 1920), disponível em: <http://libcom.org/library/constitution-british-soviets-points-communist-programme-sylvia-pankhurst>; idem, "Cooperative Housekeeping", *Workers' Dreadnought* (28 ago. 1920), disponível em: <http://libcom.org/library/co-operative-housekeeping-sylvia-pankhurst>; Mariarosa Dalla Costa e Selma James, "Women and the Subversion of Community", em Rosemary Hennessey e Chris Ingraham (orgs.), *Materialist Feminism: A Reader in Class, Difference, and Women's Lives* (Nova York, Routledge, 1997), p. 33-40; Juliet Mitchell, "Women: The Longest Revolution", *New Left Review*, v. 40, dez. 1966, p. 11-37; Angela Y. Davis, "The Approaching Obsolescence of Housework: A Working-Class Perspective", em *Women, Race, and Class* (Nova York, Random House, 1981) [ed. bras.: *Mulheres, raça e classe*, trad. Heci Regina Candiani, São Paulo, Boitempo, 2016]; e idem "Reflections on the Black Woman's Role in the Community of Slaves", *The Massachusetts Review*, v. 13, n. 2, 1972, p. 81-100. Outras grandes figuras da "segunda onda" são Silvia Federici, *Revolution at Point Zero: Housework, Reproduction, and Feminist Struggle* (Oakland, PM Press, 2012) [ed. bras.: *O ponto zero da revolução: trabalho doméstico, reprodução e luta feminista*, trad. Coletivo Sycorax, São Paulo, Elefante, 2019]; Christine Delphy, *Close to Home: A Materialist Analysis of Women's Oppression* (Londres, Verso, 2016); Eli Zaretsky, *Capitalism, the Family and Personal Life* (Nova York, Harper & Row, 1976); Maxine Molyneux, "Beyond the Domestic Labor Debate", *New Left Review*, v. 116, 1979, p. 3-27; Heidi Hartmann, "The Unhappy Marriage of Patriarchy and Capitalism: Toward a More Progressive Union", *Capital & Class*, v. 3, n. 2, 1979, p. 1-33; Bonnie Fox (org.), *Hidden in the Household: Women's Domestic Labor under Capitalism* (Nova York, Women's Press, 1980); Linda Nicholson, *Gender and History* (Nova York, Columbia University Press, 1986). Muitos textos-chave, incluindo ensaios clássicos de Margaret Benston, Gloria Joseph e Iris Marion Young, estão reunidos em Rosemary Hennessey e Chris Ingraham (orgs.), *Materialist Feminism*, cit. Ver também Nancy Holmstrom (org.), *The Socialist Feminist Project: A Contemporary Reader in Theory and Politics* (Nova York, Monthly Review Press, 2002); e Shahrzad Mojab (org.), *Marxism and Feminism* (Londres, Zed, 2015).

redescoberto por uma nova geração de "feministas da reprodução social"[29]. Esse não é o lugar para explicitar meus acordos e meus desacordos com as várias pensadoras dessa tradição. No entanto, como você mencionou Maria Mies, deixe-me dizer que ela foi a primeira a desenvolver uma perspectiva de "sistemas de mundo" sobre a reprodução social. Sua concepção a respeito do vínculo entre o "aumento das donas de casa" na Europa e a colonização do terceiro mundo continua a ser uma contribuição central e uma interpretação sem igual[30]. Por outro lado, não sou simpática à "perspectiva de subsistência" que ela desenvolveu com Veronika Bennholdt-Thomsen nem à visão do ecofeminismo que pensou com Vandana Shiva – ambas romantizam um suposto "fora" do capitalismo, como explicarei adiante[31].

Deixe-me, todavia, fazer uma observação mais geral acerca de minha relação com essa tradição. Muitas das pensadoras que mencionei constroem a reprodução social de forma um tanto restrita, como se dissesse respeito apenas à reprodução da força de trabalho, ao passo que eu assumo uma visão mais ampla. Para mim, reprodução social abarca a criação, a socialização e a subjetivação de seres humanos de modo mais geral, em todos os seus aspectos. Ela também inclui o fazer e o refazer da cultura, das várias camadas de intersubjetividade que os seres humanos habitam – solidariedades, significados sociais e horizontes de valor nos quais e por meio dos quais vivemos e respiramos. Além disso, quero desenvolver uma visão ampla dos lugares onde a reprodução social se localiza na sociedade capitalista. À diferença das feministas-marxistas, que associam essa atividade exclusivamente à esfera doméstica do lar, vejo-a ocorrer em diversos lugares, incluindo, como acabo de mencionar, vizinhanças, associações da sociedade civil e agências estatais, mas também, cada vez mais, em espaços mercantilizados.

---

[29] Lise Vogel, *Marxism and the Oppression of Women: Toward a Unitary Theory* (Chicago, Haymarket, 2014 [1983]). Para "feminismo de reprodução social", ver Barbara Laslett e Johanna Brenner, "Gender and Social Reproduction: Historical Perspectives", *Annual Review of Sociology*, v. 15, 1989, p. 381-404; Kate Bezanson e Meg Luxton (orgs.), *Social Reproduction: Feminist Political Economy Challenges Neoliberalism* (Montreal, McGill-Queen's University Press, 2006); Isabella Bakker, "Social Reproduction and the Constitution of a Gendered Political Economy", *New Political Economy*, v. 12, n. 4, 2007, p. 541-56; Cinzia Arruzza, "Functionalist, Determinist, Reductionist: Social Reproduction Feminism and its Critics", *Science & Society*, v. 80, n. 1, 2016, p. 9-30; Susan Ferguson, Genevieve LeBaron, Angela Dimitrakaki e Sara R. Farris (orgs.), "Symposium on Social Reproduction", *Historical Materialism*, v. 24, n. 2, 2016, p. 25-163; e Tithi Bhattacharya (org.), *Social Reproduction Theory: Remapping Class, Recentering Oppression* (Londres, Pluto, 2017).

[30] Maria Mies, *Patriarchy and Accumulation on a World Scale: Women in the International Division of Labour* (Londres, Zed, 1986).

[31] Maria Mies e Veronika Bennholdt-Thomsen, *The Subsistence Perspective: Beyond the Globalised Economy* (Londres, Zed, 2000); Maria Mies e Vandana Shiva, *Ecofeminism* (2. ed., Londres, Zed, 2014).

Jaeggi: Você mencionou a subjetivação como um elemento da reprodução social. Isso significa que você quer desdobrar a problemática foucaultiana sob uma perspectiva feminista? Sobre essa questão, você também mencionou os termos *habitus* e *Sittlichkeit*, o que sugere que quer incluir as preocupações bourdieusianas e as preocupações "éticas" e culturais de pensadores neo-hegelianos.

Fraser: Sim, é verdade. Deliberadamente, jogo uma rede ampla aqui. Meu objetivo é desenvolver uma *concepção expandida de capitalismo* que consiga incorporar os *insights* de todos esses paradigmas. Eu concordaria, de fato, que os *insights* de Foucault, Bourdieu e dos novos hegelianos que enfatizam a eticidade só recebem significado pleno e importância quando situados em relação com o capitalismo, como uma totalidade social historicamente elaborada. Penso que uma compreensão completa da reprodução social precisa integrar as preocupações de feministas marxistas e socialistas com aquelas das teorias de subjetivação, *habitus*, cultura, mundo da vida e eticidade.

Jaeggi: A afirmação feminista-marxista de que o trabalho reprodutivo não pago é necessário ao trabalho produtivo levantou um debate acalorado. Grande parte da polêmica focou em questionar se a afirmação corresponderia a uma teoria adequada do patriarcado – para não mencionar a heteronormatividade. Contudo, mesmo se nos concentrarmos na afirmação de que o capitalismo necessita desse plano de fundo, essa é uma tese forte. Acho interessante sua visão de que, ao ampliar o plano de fundo, você pode fazer com que o argumento se sustente melhor. Na verdade, isso é meio caminho para ver o capitalismo como uma forma de vida inteira. Ao mesmo tempo, embora você entenda a reprodução de maneira muito mais ampla que a maioria das concepções, também a situa em relação à produção de mercadorias, tomando-a como uma das pressuposições possibilitadoras e das condições de fundo necessárias dela.

Fraser: Sim, entendo a reprodução social de modo bastante amplo. Ainda assim, o ponto que quero salientar aqui diz respeito à maneira bastante específica com que a reprodução social é *institucionalizada* na sociedade capitalista. Diferentemente do que ocorria em sociedades anteriores, o capitalismo institui uma divisão entre reprodução social e produção de mercadorias. A separação entre elas é fundamental ao capitalismo – é, de fato, um artefato dele. Como muitas feministas enfatizaram, essa divisão é inteiramente marcada por gênero, com a reprodução associada às mulheres e a produção, aos homens. Historicamente, a separação entre trabalho assalariado "produtivo" e trabalho não pago "reprodutivo" sustentou as formas capitalistas modernas de subordinação das mulheres. Assim como aquela entre proprietários e trabalhadores, essa divisão também se ancora no rompimento de uma unidade prévia.

Nesse caso, o que se despedaçou foi um mundo no qual o trabalho das mulheres, mesmo que distinto do dos homens, era, ainda assim, visível e publicamente reconhecido, uma parte integral do universo social. Com o capitalismo, ao contrário, o trabalho reprodutivo é apartado, relegado a uma esfera "privada" separada, em que sua importância social é obscurecida. E, é claro, num mundo onde o dinheiro é um meio primário de poder, o fato de ele não ser pago resolve a questão. Aqueles que realizam esse trabalho são estruturalmente subordinados àqueles que recebem salários em dinheiro, ainda que seu trabalho também forneça algumas precondições necessárias ao trabalho assalariado.

Jaeggi: Não estou muito satisfeita com sua compreensão desse desenvolvimento como o "rompimento de uma unidade prévia". Alguma nostalgia parece estar em ação aqui, um tom nostálgico que sugere que o estado desdiferenciado de sociedades pré-modernas ou feudais é, de algum modo, mais desejável. Mas isso não obscureceria, então, os efeitos emancipatórios ou ao menos as ambivalências que se seguem de seu rompimento? Isso também não corrobora a sugestão enganosa de que a suposta unidade prévia era "mais natural"? Eu sustentaria que essas "unidades" eram, elas mesmas, resultado de um desenvolvimento histórico. Na verdade, nenhuma das "unidades" prévias, nem sua dissociação subsequente, é um estado de coisas natural. Ambos são inteiramente históricos e sociais. Assim, há certo perigo em sua concepção, que pode soar conservadora ou orientada ao passado, como se houvesse um passado inocente que deveríamos tentar recuperar. Com certeza seu objetivo não é sugerir isso.

Fraser: Não, de forma alguma. Essa é a última coisa que quero sugerir! Então, deixe-me esclarecer. O que o capitalismo desfez não foi uma "unidade original" para a qual deveríamos tentar retornar, e sim uma forma de sociedade inteiramente histórica e muitas vezes hierárquica, ainda que uma que não distinguisse produção de reprodução. Essa divisão era um tanto desconhecida no feudalismo, por exemplo – o capitalismo sozinho pode reivindicar crédito por isso. Contudo, não é verdade que sociedades pré-capitalistas eram igualitárias no que diz respeito a gênero ou desejáveis de qualquer outro modo. Pelo contrário, a ascensão do capitalismo gerou muitos desenvolvimentos positivos e emancipatórios, como Marx enfatizou em diversas ocasiões. Ele foi muito melhor nesse aspecto que Polanyi, que foi tão implacável ao ressaltar o negativo que esqueceu o lado positivo do capitalismo. Tendo criticado Polanyi por sucumbir a um comunitarismo nostálgico, eu não poderia fazer a mesma coisa[32]. Definitivamente, não quero idealizar a sociedade pré-capitalista!

---

[32] Nancy Fraser, "Marketization, Social Protection, Emancipation: Toward a Neo-Polanyian Conception of Capitalist Crisis", em Craig Calhoun e Georgi Derlugian (orgs.), *Business as Usual: The*

Meu argumento é, antes, o de que a divisão entre produção e reprodução é um artefato histórico do capitalismo, não um estado "natural" de coisas. Não é algo dado de uma vez por todas. Pelo contrário, a divisão se desenvolve historicamente e assume diferentes formas em fases diversas do desenvolvimento capitalista. No século XX, por exemplo, alguns aspectos da reprodução social previamente privatizados foram transformados em serviços públicos e bens públicos; eles foram desprivatizados, mas não comodificados. Hoje, em contraposição, o neoliberalismo está (re)privatizando e (re)comodificando alguns desses serviços, assim como comodificando pela primeira vez outros aspectos da reprodução social. Ao exigir contenção de gastos públicos ao mesmo tempo que recruta mulheres de forma massiva para trabalhos mal pagos no setor de serviço, ele remapeia as fronteiras institucionais que separavam a produção de mercadorias da reprodução social. Como resultado, o neoliberalismo está reconfigurando a ordem de gênero da sociedade capitalista. Igualmente importante, ele está transformando a reprodução social num dos principais pontos críticos de uma crise capitalista no presente período.

Sustento que todas as sociedades capitalistas *tendem à crise sociorreprodutiva* — para além e acima de tenderem à crise econômica teorizada por Marx. Como explicarei no Capítulo 2, essa vertente de crise está ancorada numa contradição estrutural: o fato de que a economia capitalista, ao mesmo tempo, depende e tende a desestabilizar as próprias condições de possibilidade sociorreprodutivas.

Jaeggi: Chegaremos nesse ponto adiante. Aqui, quero continuar com sua ideia de que o deslocamento, na teoria feminista, da produção de mercadoria para a reprodução social inaugura outra mudança epistêmica, tão profunda quanto a mudança de Marx para a acumulação "primitiva" ou original. Também no caso da reprodução, movemo-nos da história oficial da exploração para uma história de fundo a respeito do que torna a exploração possível. Nos dois casos, a nova perspectiva tem de ser inteiramente elaborada e integrada em nossa compreensão do capitalismo. Mas você disse que queria introduzir três dessas mudanças epistêmicas. Então, quais são as outras duas?

Da natureza humana à não humana

Fraser: A segunda é a mudança inaugurada pelo pensamento ecomarxiano e ecossocialista, que traz ao primeiro plano outra condição de possibilidade para uma economia capitalista. Assim como Marx, Harvey e, deve-se acrescentar, Rosa Luxemburgo revelaram a história de fundo da dependência do capital de

---

Roots of the Global Financial Meltdown (Nova York, Nova York University Press, 2011), p. 137-58; Nancy Fraser, "Can Society Be Commodities All the Way Down?", cit.

uma despossessão "original" e contínua, e assim como as feministas expuseram a história de fundo da dependência do capital frente ao trabalho de reprodução social não pago das mulheres, esses pensadores agora escrevem outra história de fundo: sobre o uso indiscriminado da natureza pelo capital. Essa história ecomarxiana diz respeito à anexação (*Landnahme*) da natureza pelo capital, tanto como uma "torneira" que fornece "insumos" à produção quanto como uma "pia" que absorve o lixo da última. A natureza é transformada aqui num recurso para o capital, um recurso cujo valor é pressuposto e denegado. Os capitalistas a expropriam sem compensação nem reposição e tratam-na, em suas concepções, como gratuita. Eles supõem que ela é infinita. Na realidade, a capacidade da natureza de garantir a vida e se renovar constitui outra condição de fundo necessária à produção de mercadorias e à acumulação de capital. É desnecessário dizer que ela é também indispensável para garantir todos os nossos *dramatis personae* – proprietários, produtores, reprodutores e sujeitos expropriados ou colonizados, nenhum dos quais poderia existir sem ela.

Assim como a perspectiva da reprodução social, essa também foi teorizada por um grupo impressionante de pensadores – James O'Connor, John Bellamy Foster, Jason W. Moore, Joan Martinez-Alier e muitos outros[33]. Tal como a perspectiva da reprodução social, essa também traz ao primeiro plano uma divisão histórica fundamental ao capitalismo. Estruturalmente, o capitalismo supõe (na realidade, inaugura) uma divisão aguda entre um domínio natural – concebido como fornecedor gratuito e não produzido de "matérias-primas", disponível para apropriação – e um domínio econômico – concebido como uma esfera de valor, produzida por e para seres humanos. Junto com isso, há um fortalecimento da distinção preexistente entre "humanidade" – vista como espiritual, sociocultural e histórica – e "natureza" (não humana) – tomada como material, dada objetivamente e a-histórica. Também o aguçamento dessa distinção repousa sobre o rompimento de um mundo prévio, no qual os ritmos da vida social eram adaptados, em muitos aspectos, aos

---

[33] James O'Connor, "The Second Contradiction of Capitalism, with an Addendum on the Two Contradictions of Capitalism", em *Natural Causes: Essays in Ecological Marxism* (Nova York, Guilford, 1998), p. 158-77; John Bellamy Foster, "Marx's Theory of Metabolic Rift: Classical Foundations for Environmental Sociology", *American Journal of Sociology*, v. 105, n. 2, 1999, p. 366-405; Jason W. Moore, *Capitalism in the Web of Life: Ecology and the Accumulation of Capital* (Londres, Verso, 2015); e Joan Martinez-Alier, *The Environmentalism of the Poor: A Study of Ecological Conflicts and Valuation* (Cheltenham, Edward Elgar, 2003). Outros trabalhos importantes sobre o tema incluem: Andre Gorz, *Ecology as Politics* (Nova York, South End Press, 1980); Ariel Salleh, "Nature, Woman, Labor, Capital", *Capitalism, Nature, Socialism*, v. 6, n. 1, 1995, p. 21-39; Alan Dordoy e Mary Mellor, "Eco-socialism and Feminism: Deep Materialism or the Contradictions of Capitalism", *Capitalism, Nature, Socialism*, v. 11, n. 3, 2000, p. 41-61; Neil Smith, "Nature as Accumulation Strategy", *Socialist Register*, v. 43, 2007, p. 16-36; e Andreas Malm, *Fossil Capital: The Rise of Steam Power and the Roots of Global Warming* (Londres, Verso, 2016).

da natureza não humana. O capitalismo separou brutalmente seres humanos desses últimos ritmos, recrutando-os à manufatura industrial abastecida por combustíveis fósseis e à agricultura orientada ao lucro, alimentada por fertilizantes químicos. Introduzindo uma "ruptura metabólica"[34], inaugurou o que cientistas chamam hoje de "Antropoceno", uma era geológica inteiramente nova em que a atividade humana tem impacto decisivo nos ecossistemas e na atmosfera da Terra. Na verdade, esse termo é enganoso, uma vez que o principal culpado não é a "humanidade", e sim o capital[35]. Os efeitos, todavia, são reais o suficiente. Após três séculos de predações do capital, coroadas pelo ataque atual do neoliberalismo ao que restou dos bens ecológicos comuns, as condições naturais para a acumulação se tornaram agora um foco central da crise capitalista.

Jaeggi: Mais uma vez, isso pode soar um tanto romântico e orientado ao passado. Fico bastante feliz por minha vida não se conformar ao ritmo da natureza – eu não gostaria de ter de dormir assim que escurece. E, por piores que sejam as crises ecológicas no capitalismo, as crises pré-capitalistas – em que as pessoas morriam vítimas de pragas ou de fome, em virtude de colheitas ruins – não eram muito divertidas. Não poderíamos ver a divisão entre o humano e o natural – e o domínio sobre a natureza que dela resulta – também como algo bom?

Fraser: Talvez. No entanto, com a separação entre produção/reprodução, meu objetivo não é idealizar uma suposta unidade original, e sim ver a divisão entre o humano e o não humano historicamente, além de reconhecer ganhos e perdas. Isso porque também essa divisão passa por uma série de mutações estruturais nas diferentes fases do desenvolvimento capitalista. A atual fase neoliberal é repleta de complexidades. Por um lado, enfrentamos uma nova rodada de cercamentos – pense, por exemplo, na comodificação da água – que estão trazendo "mais da natureza" (se é que podemos falar assim) ao primeiro plano do processo oficial de acumulação. Ao mesmo tempo, o neoliberalismo faz proliferarem novas tecnologias que prometem borrar a fronteira entre natureza/humano – pense apenas nas novas tecnologias reprodutivas, na bioengenharia de sementes estéreis e nos vários "ciborgues" sobre os quais Donna Haraway escreveu[36]. Longe de oferecer

---

[34] Ver John Bellamy Foster, "Marx's Theory of Metabolic Rift", cit.
[35] Andreas Malm, "Who Lit This Fire? Approaching the History of the Fossil Economy", *Critical Historical Studies*, 2016, p. 216-48, e os ensaios em Jason W. Moore (org.), *Anthropocene or Capitalocene? Nature, History, and the Crisis of Capitalism* (Oakland, PM Press, 2016).
[36] Donna J. Haraway, "A Cyborg Manifesto: Science, Technology, and Socialist-Feminism in the Late Twentieth Century", em *Simians, Cyborgs, and Women: The Reinvention of Nature* (Nova York, Routledge, 1991 [1985]), p. 149-81 [ed. bras.: "Manifesto ciborgue: ciência, tecnologia e

uma "reconciliação" com a natureza, contudo, esses desenvolvimentos intensificam sua comodificação e sua anexação pelo capitalismo. Certamente, elas são muito mais invasivas que os cercamentos de terra sobre os quais Marx e Polanyi escreveram. Enquanto aqueles primeiros processos "apenas" mercantilizaram fenômenos naturais já existentes, suas contrapartidas no século XXI estão produzindo novos fenômenos. Penetrando profundamente "no interior" da natureza, o neoliberalismo altera sua gramática interna. Podemos enxergar isso como outro caso de "subsunção real", análoga à subsunção real do trabalho, discutida antes. Por fim, também vemos esforços hesitantes para assumir responsabilidades público-políticas pela manutenção da biosfera da Terra, o que requereria uma transformação estrutural profunda de nosso modo de vida – uma mudança de combustíveis fósseis para energia renovável. Tudo isso ocorre, é claro, frente ao plano de fundo de uma crise ecológica iminente, a qual compreendo como mais um "momento", estruturalmente ancorado, da crise capitalista. Como explicarei no Capítulo 2, as sociedades capitalistas institucionalizam uma *contradição ecológica*: o capital, a um só tempo, depende de e tende a desestabilizar as próprias condições "naturais" de possibilidade.

Da economia à política

Jaeggi: E a terceira mudança? O capitalismo não depende de condições políticas? Alguém poderia chamar o poder estatal de outra condição de fundo para a história oficial do capitalismo. O poder político certamente moldou economias e sociedades capitalistas mais do que as pessoas, por vezes, estão dispostas a admitir quando concebem a economia capitalista como uma esfera limitada que tem uma lógica própria.

Fraser: Sim, é exatamente isso que tenho em mente. O capitalismo depende de poderes públicos para estabelecer e fazer valer suas normas constitutivas. Afinal, uma economia de mercado é inconcebível na ausência de um quadro jurídico que dê sustentação à empresa privada e à troca mercadológica. Sua história oficial depende, em grande parte, de poderes públicos que garantam direitos de propriedade, façam valer contratos, adjudiquem disputas, reprimam rebeliões anticapitalistas e mantenham, na linguagem da Constituição dos Estados Unidos, "a plena fé e o crédito" da fonte de dinheiro, que constitui o sangue que corre nas veias do capital. Historicamente, os poderes públicos em questão foram alojados, em sua maior parte, nos Estados territoriais, incluindo aqueles que operaram como poderes

---

feminismo-socialista no final do século XX", em Tomaz Tadeu da Silva (org.), *Antropologia do ciborgue: as vertigens do pós-humano*, Belo Horizonte, Autêntica, 2009].

coloniais. Foram os sistemas jurídicos desses Estados que estabeleceram os contornos de arenas aparentemente despolitizadas no interior das quais atores privados poderiam perseguir seus interesses "econômicos", livres de uma interferência "política" aberta, por um lado, e de obrigações de proteção derivadas do parentesco, de outro. Do mesmo modo, foram os Estados territoriais que mobilizaram a "força legítima" para acabar com a resistência às expropriações por meio das quais as relações capitalistas de propriedade foram criadas e mantidas. Por fim, foram esses Estados que nacionalizaram e subscreveram o dinheiro. Historicamente, podemos dizer que o Estado *constituiu* a "economia" capitalista.

Aqui, encontramos outra importante divisão estrutural constitutiva da sociedade capitalista: aquela entre *economia e política*. Com essa divisão, vem a diferenciação institucional entre os poderes público e privado, entre as coerções política e econômica, entre as barulhentas e estridentes coação das forças armadas e (o que Marx denominou) "coação silenciosa" do capital. Assim como outras divisões centrais que discutimos – aquelas entre proprietários e produtores, produtores e reprodutores, natureza humana e não humana –, essa também surge como resultado do rompimento de uma unidade prévia. Nesse caso, o que foi desmantelado foi um mundo social em que os poderes econômico e político eram efetivamente fundidos, como na sociedade feudal, que conferia o controle sobre o trabalho, a terra e a força militar às mesmas instituições de senhoria e vassalagem. Na sociedade capitalista, pelo contrário, como Ellen Meiksins Wood mostrou de forma elegante, os poderes econômico e político são separados, de modo que a cada um é atribuída sua própria esfera, seu próprio meio e seu *modos operandi*[37].

Jaeggi: A figura que você acabou de esboçar soa bastante "westfaliana". E a globalização? Como essa imagem muda, uma vez que o Estado nacional não está mais tão no comando como você descreveu? Como essas condições políticas de fundo são, então, estabelecidas sob as condições de uma economia globalizada?

Fraser: Bem observado. Não devemos imaginar as condições políticas de possibilidade do capitalismo apenas no nível do Estado territorial. Temos de considerar também o nível geopolítico. O que está em questão aqui é a organização do espaço mais amplo no qual os Estados territoriais estão situados. Esse é um espaço para o qual o capital naturalmente gravita, graças a seu impulso expansionista. No entanto, sua habilidade de operar nas fronteiras depende do direito internacional, de arranjos estabelecidos entre as grandes potências e de regimes supranacionais de governança, que pacificam parcialmente (de um modo amigável ao capital) um

---

[37] Ellen Meiksins Wood, "The Separation of the Economic and the Political in Capitalism", *New Left Review*, v. 1, n. 127, 1981, p. 66-95.

domínio muitas vezes imaginado como estado de natureza. Ao longo de sua história, a história oficial do capitalismo dependeu das capacidades militares e organizacionais de uma sucessão de hegemonias globais, que, como defendeu Giovanni Arrighi, buscaram fomentar a acumulação em escala progressivamente expansiva, no quadro de um sistema multiestatal[38].

Aqui encontramos outras divisões estruturais constitutivas da sociedade capitalista: a "westfaliana" entre o "doméstico" e o "internacional", por um lado, e a imperialista entre centro e periferia, de outro – ambas baseadas na divisão mais fundamental entre uma economia capitalista cada vez mais global, organizada como um "sistema mundial", e um mundo político organizado como um sistema internacional de Estados territoriais. Essas divisões também passam por mutações, na medida em que o neoliberalismo cada vez mais esvazia as capacidades políticas com as quais o capital contava, historicamente, tanto no nível do Estado quanto no nível geopolítico. Como resultado desse esvaziamento, as condições políticas de possibilidade do capitalismo também são hoje um lugar central e um foco da crise capitalista.

Podemos falar aqui de uma *crise política da sociedade capitalista* que se encontra acima e para além das outras formas de crise que mencionei. Como explicarei no Capítulo 2, essa vertente de crise está ancorada numa *contradição* especificamente *política* da sociedade capitalista: o fato de que sua economia, a um só tempo, depende e tende a desestabilizar os poderes públicos. Por sorte, também há um grande número de excelentes trabalhos sobre esse ponto – de Polanyi e Hannah Arendt, sobre capitalismo liberal; de Jürgen Habermas, sobre capitalismo administrado pelo Estado; e de Wendy Brown, Colin Crouch, Stephan Gill, Wolfgang Streeck e Nancy MacLean, sobre o capitalismo financeirizado do presente[39].

---

[38] Giovanni Arrighi, *The Long Twentieth Century: Money, Power and the Origins of our Times* (Londres, Verso, 1994) [ed. bras.: *O longo século XX: dinheiro, poder e as origens do nosso tempo*, trad. Vera Ribeiro, Rio de Janeiro, Contraponto, 2012].

[39] Eu [Fraser] leio Polanyi e Arendt como tendo analisado as contradições políticas do capitalismo liberal. Enquanto o primeiro analisou os intratáveis conflitos políticos que afundaram as sociedades europeias ao lutarem para se proteger das devastações do "mercado autorregulado", a última dissecou as deformações políticas ocorridas em Estados europeus, na medida em que a lógica expansiva e transterritorial de seus projetos coloniais, economicamente motivados, esbarraram na lógica territorial do domínio político. Habermas fez algo de análogo para o capitalismo administrado pelo Estado, diagnosticando sua tendência de produzir "crises de legitimação": Karl Polanyi, *The Great Transformation*, cit.; Hannah Arendt, *The Origins of Totalitarianism* (Nova York, Harcourt, Brace, Jovanovich, 1973), sobretudo a seção do meio, subvalorizada, sobre imperialismo [ed. bras.: *Origens do totalitarismo: antissemitismo, imperialismo, totalitarismo*, trad. Roberto Raposo, São Paulo, Companhia de Bolso, 2013]; e Jürgen Habermas, *Legitimation Crisis* (trad. Thomas McCarthy, Boston, Beacon, 1975) [ed. bras.: *A crise de legitimação no capitalismo tardio*, 2. ed., trad. Vamireh Chacon, Rio de Janeiro, Tempo Brasileiro, 2002]. Sobre as contradições

Raça, imperialismo e expropriação

Jaeggi: Você acabou de mencionar a distinção entre centro e periferia, e notamos antes a inter-relação entre escravidão e racismo. Onde exatamente esses assuntos se encaixam em sua concepção e como você os relacionaria às várias esferas, divisões e fronteiras que identificou? Por exemplo, você disse que moldou sua concepção da relação história oficial/história de fundo com base na discussão de Marx sobre "acumulação primitiva", mas não discutiu essa questão em seus próprios termos, e é no que diz respeito às relações de opressão colonial e imperial que esse tema é muitas vezes mencionado. O próprio Marx ressalta essa conexão.

Fraser: Tomo o imperialismo e a opressão raciais como componentes que integram a sociedade capitalista, assim como a dominação de gênero. Do mesmo modo que encontramos uma base estrutural para a hierarquia de gênero na separação institucional constitutiva do capitalismo entre produção e reprodução, devemos buscar bases institucionais constitutivas e inerentes para a opressão racional imperialista.

Jaeggi: Então, onde você localizaria a divisão institucional que dá base à opressão racial? Qual é o análogo racializante da divisão de gênero entre produção e reprodução?

Fraser: Como antes, minha ideia se volta à distinção entre a economia do capitalismo, no primeiro plano, e suas condições de possibilidade de fundo. Nesse caso, porém, não precisamos reinventar a roda. Podemos seguir o caminho esboçado por Marx em seu capítulo sobre "acumulação primitiva", ao qual você acabou de se referir. Nele, Marx penetrou por baixo do terreno oculto da exploração para escavar um domínio ainda mais obscurecido, ao qual denominei "expropriação". Partindo do argumento de Marx, ao mesmo tempo que o levo um passo adiante, vejo a expropriação como outro terreno atrás do terreno, que possibilita a exploração. Quando adequadamente compreendida, a história de fundo da expropriação

---

políticas do capitalismo financeirizado, ver Wendy Brown, *Undoing the Demos: Neoliberalism's Stealth Revolution* (Brooklyn, Zone Books, 2015); Colin Crouch, *The Strange Non-Death of Neoliberalism* (Cambridge, Polity, 2011); Stephen Gill, "New Constitutionalism, Democratisation and Global Political Economy", *Pacifica Review*, v. 10, n. 1, 1998, p. 23-38; Wolfgang Streeck, *Buying Time: The Delayed Crisis of Democratic Capitalism* (Londres, Verso, 2014) [ed. bras.: *Tempo comprado: a crise adiada do capitalismo democrático*, trad. Marian Toldy e Teresa Toldy, São Paulo, Boitempo, 2018]; idem, "The Crises of Democratic Capitalism", *New Left Review*, v. 71, 2011, p. 5-29; idem, "Citizens as Customers: Considerations on the New Politics of Consumption", *New Left Review*, v. 76, 2012, p. 27-47; e Wolfgang Streeck e Nancy MacLean, *Democracy in Chains: The Deep History of the Radical Right's Stealth Plan for America* (Nova York, Viking, 2017). Ver, também, Nancy Fraser, "Legitimation Crisis? On the Political Contradictions of Financialized Capitalism", *Critical Historical Studies*, v. 2, n. 2, 2015, p. 1-33.

esclarece o lugar estrutural da opressão imperialista e racial na sociedade capitalista. Deixe-me explicar.

Expropriação é acumulação por outros meios. Enquanto a exploração transfere valor para o capital sob o disfarce da livre troca contratual, a expropriação dispensa todas essas sutilezas em favor de um bruto confisco – do trabalho, sem dúvida, mas também de terra, animais, ferramentas, minerais e depósitos de energia, bem como de seres humanos, suas capacidades sexuais e reprodutivas, seus filhos e seus órgãos corporais. As duas "ex" são igualmente indispensáveis à acumulação de capital, e a primeira depende da segunda, de modo que não se pode ter exploração sem expropriação. Esse é o primeiro passo de meu argumento. O segundo é que a distinção entre as duas "ex" corresponde a uma hierarquia de status. Enquanto aos trabalhadores explorados é concedido o status de indivíduos e cidadãos portadores de direitos, que desfrutam da proteção do Estado e podem utilizar livremente a própria força de trabalho, os sujeitos à expropriação são seres não livres e dependentes, despojados de proteção política e tornados desamparados – por exemplo, nos casos de escravos, sujeitos colonizados, "nativos", serviçais que trabalham para pagar dívidas, "ilegais" e criminosos condenados. (Relembrando o que insinuei sobre esse ponto quando discutimos a dupla liberdade do trabalhador.) O terceiro e último passo é que esse diferencial de status coincide com "raça". São populações muito racializadas, sem proteção política na sociedade capitalista e consideradas *inerentemente expropriáveis*.

Jaeggi: Entendo você afirmar que a expropriação é uma característica inerente ao capitalismo, uma característica estrutural e contínua, e que tem forte correlação com a opressão racial. Contudo, ainda não vejo como ela se relaciona com as divisões institucionais do capitalismo. Exatamente onde e como a distinção entre exploração e expropriação é ancorada em sua figura do capitalismo como ordem social institucionalizada? Você pareceu sugerir que a distinção não era apenas econômica, mas também política, que tinha uma correlação com a liberdade e a sujeição, com o acesso à e a privação da proteção política. Você está dizendo que a linha entre expropriação e exploração é desenhada politicamente? Que está ancorada na divisão entre economia/política, que é constitutiva do capitalismo tal como você o compreende?

Fraser: Sim, é exatamente isso. A distinção entre expropriação e exploração é, ao mesmo tempo, econômica e política. Num nível que chamarei de "econômico", esses termos dão nome a mecanismos de acumulação de capital, formas de valorizar o valor que, embora analiticamente distintas, estão interligadas. No caso da exploração, o capital paga pelo custo socialmente necessário da reprodução do trabalhador na forma de salários, enquanto se apropria do excedente criado por seu trabalho. Na expropriação, ao contrário, ele simplesmente toma para si o trabalho, as pessoas e a terra sem pagar por seus custos de reprodução. Esse é o cerne da distinção de uma perspectiva econômica. De uma perspectiva política, entretanto, trata-se de relações de poder hierárquico e diferenciais de status, que distinguem cidadãos e indivíduos portadores de direitos de povos subjugados, escravos não livres e membros dependentes de grupos subordinados. Na sociedade capitalista, como insistiu Marx e como nós mesmas notamos antes, trabalhadores explorados têm o status jurídico de indivíduos livres, autorizados a vender a própria força de trabalho em troca de salários. Separados dos meios de produção e proletarizados, eles são protegidos, ao menos *em teoria*, de (mais) expropriação. No que tange a isso, seu status se diferencia claramente do status daqueles cujo trabalho, propriedade e/ou pessoas ainda estão sujeitos ao confisco em benefício do capital. Longe de desfrutarem de proteção, essas últimas populações se encontram desamparadas perante à expropriação – de novo e de novo.

Essa diferença de status é forjada politicamente. As agências paradigmáticas que proporcionam ou negam proteção são os Estados, que também realizam o trabalho de subjetivação política. Eles codificam as hierarquias de status que distinguem cidadãos de pessoas subjugadas, nacionais de estrangeiros, trabalhadores com direitos de aproveitadores dependentes – todas essas categorias convidam à racialização. Tais distinções são essenciais a um sistema que busca a acumulação simultaneamente por dois caminhos. Elas constroem e demarcam grupos sujeitos à expropriação bruta e aqueles destinados à "mera" exploração. Ao codificarem e implementarem essas distinções, os Estados fornecem ainda outra condição indispensável à acumulação de capital.

Jaeggi: Posso ver como Estados estão engajados em codificar os status de sujeição que garantem, respectivamente, expropriação e exploração. Vejo como esses status estão conectados com raça. No entanto, você insistiu, ao longo de nossa discussão, que a ordem política do capitalismo é inerentemente geopolítica. Arranjos transnacionais não estão também envolvidos na subjetivação política e nas hierarquias raciais associadas a ela?

Fraser: Sim, isso é verdade. Não temos como entender as dinâmicas da racialização se limitamos nosso pensamento ao quadro nacional. Já dissemos que a economia do capitalismo sempre dependeu de poderes políticos transestatais para facilitar fluxos de valor nas fronteiras. Esses poderes, todavia, também estão envolvidos na fabricação dos status políticos essenciais à acumulação de capital. O sistema "westfaliano" de soberania dos Estados territoriais garante os controles de fronteira que distinguem residentes juridicamente legítimos de "estrangeiros ilegais", assim como os limites da comunidade política que distinguem cidadãos de não membros. Essas hierarquias de status são racialmente codificadas – pensemos nos atuais conflitos sobre migração e asilo. Mas isso não é tudo. A outra geografia, não oficial, do capitalismo, sua divisão imperialista entre "centro" e "periferia", também está em ação aqui. Historicamente, o centro capitalista apareceu como o coração emblemático da exploração, enquanto a periferia parecia ser o local icônico da expropriação. Essa geografia era explicitamente racializada desde o início, assim como a hierarquia de status associada a ela: cidadãos metropolitanos *versus* sujeitos coloniais, indivíduos livres *versus* escravos, "europeus" *versus* "nativos", "brancos" *versus* "negros". Então, você está certa. Para compreendermos as diferenças de status que estão na base das formações raciais no capitalismo, temos de dar conta, a um só tempo, de todos esses níveis: nacional/doméstico, internacional/"westfaliano" e colonial/imperialista.

Jaeggi: Certo. Esse ponto está claro. Agora me diga: qual é a relação entre sua visão de que a expropriação é central ao capitalismo e a concepção de Marx da acumulação primitiva? De acordo com ele, o capital era inicialmente estocado por meio do roubo direto de recursos, terra, animais, trabalho e bens comuns, sem qualquer simulação de contrato. Tais confiscos geravam a propriedade privada da classe capitalista ao mesmo tempo que separavam os trabalhadores dos meios de produção[40]. Pensadores subsequentes desenvolveram essa ideia. Tenho em mente o conceito de Rosa Luxemburgo de "anexação da terra" (*Landnahme*) e a ideia de David Harvey de "despossessão"[41]. Como você situaria sua visão de expropriação em relação a esses pensadores?

Fraser: Eu já disse que minha visão – a de que a exploração repousa sobre o terreno mais oculto da expropriação – é inspirada na concepção de Marx de "acumulação original" ou "primitiva", com a qual tem afinidades claras. O que defendo aqui, no entanto, é diferente em dois aspectos. Em primeiro lugar, a acumulação primitiva denota o processo "sangrento" por meio do qual o capital foi estocado no início do sistema[42]. A expropriação, em contraposição, designa um processo confiscatório

---

[40] Karl Marx, *Capital*, v. 1, cit., p. 704-7 [ed. bras.: *O capital. Crítica da economia política*, Livro I, cit., p. 785-8].

[41] David Harvey, *The New Imperialism* (Oxford, Oxford University Press, 2003) [ed. bras.: *O novo imperialismo*, trad. Adail Sobral e Maria Stela Gonçalves, São Paulo, Loyola, 2004]; Rosa Luxemburgo, *The Accumulation of Capital* (Nova York, Routledge, 2003 [1913]) [ed. bras.: *A acumulação do capital: contribuição para a explicação econômica do imperialismo*, trad. Marijane Vieira Lisboa e Otto Erich Walter Maas, 3. ed., São Paulo, Nova Cultural, 1988]; ver também Klaus Dörre, "Social Classes in the Process of Capitalist *Landnahme*: On the Relevance of Secondary Exploitation", *Socialist Studies*, v. 6, n. 2, 2010, p. 43-74.

[42] Para uma concepção que amplie o conceito de acumulação primitiva para além da estocagem inicial, ver Robin Blackburn, "Extended Primitive Accumulation", em *The Making of New World Slavery: From the Baroque to the Modern, 1492-1800* (Londres, Verso, 2010).

contínuo essencial à manutenção da acumulação num sistema propenso à crise. Estou mais próxima nesse aspecto de Luxemburgo e Harvey, que também enfatizam o caráter contínuo da assim chamada acumulação primitiva.

Há, todavia, um segundo aspecto em que me diferencio de Marx, que introduziu a acumulação primitiva para explicar a gênese histórica da divisão de classe entre trabalhadores sem propriedades e proprietários capitalistas dos meios de produção. A expropriação explica esse ponto, mas também traz à tona outra divisão social, igualmente profunda e plena de consequências, mas que não é sistematicamente teorizada por Marx – ou, no que diz respeito a isso, por Luxemburgo ou Harvey. Refiro-me à divisão social entre "trabalhadores livres", explorados pelo capital no trabalho assalariado, e sujeitos não livres ou dependentes, os quais ele canibaliza por outros meios. Historicamente, a segunda divisão se correlaciona, de maneira aproximada, mas inequívoca, com a linha de cor. A meu ver, a expropriação de "outros" racializados constitui uma condição necessária de fundo à exploração de "trabalhadores". De fato, eu diria que "raça" é justamente a marca que distingue os sujeitos livres da exploração daqueles dependentes da expropriação.

Jaeggi: Concordo que, em sentido histórico, haja verdade na ideia de Luxemburgo – que Harvey e, agora, você assumiram – de que a acumulação original e a despossessão ou a expropriação são características contínuas da história capitalista. Mas não há outra implicação, mais dramática, dessa modificação da ideia original de Marx? A imagem marxista original era a de que esses momentos de acumulação primitiva ou expropriação fossem enquadrados como características do passado distante do capitalismo, de forma que, sempre que essas coisas ocorressem hoje, se dariam apenas nas margens do capitalismo e não seriam mais determinantes a sua continuidade. Se, contudo, a expropriação não é só uma precondição, e sim uma condição contínua, então o capitalismo possui um imperativo contínuo de explorar mais e mais terrenos para expropriar. Ele tem de buscar sempre novas bases não apenas de acumulação de capital, mas de possível despossessão. Essa é, na verdade, uma mudança dramática com relação ao marxismo clássico.

Fraser: Sim, é dramática, não obstante talvez não o seja mais do que as outras histórias de fundo que propus, as quais tornam "terrenos ocultos" inteiros visíveis por trás da história oficial de Marx. Assim como podemos tomar como base ricos corpos de pensamento feminista, ecológico e político a fim de desenvolver essas outras histórias de fundo, aqui podemos nos apoiar na tradição, muito significativa, do pensamento "marxista negro", que passa por C. L. R. James, W. E. B. Du Bois, Eric Williams e Oliver Cromwell Cox, nas décadas de 1930 e 1940, até Stuart Hall, Walter Rodney, Cedric Robinson e Angela Davis, entre muitos outros nomes, no fim do século XX e no XXI[43]. Esses pensadores rejeitaram as convencionais suposições economicistas, essencialistas, de classe e cegas à cor do marxismo ortodoxo, mas sem jogar o bebê junto com a água do banho. Essa é também a posição que assumo.

    Partindo dessa ilustre tradição, reitero que, na sociedade capitalista, a expropriação sempre esteve entrelaçada com a exploração; que mesmo o capitalismo "maduro" depende de infusões regulares de capacidades e recursos exigidos, sobretudo de sujeitos racializados, tanto em sua periferia quanto em seu centro; que seu recurso a eles não é só esporádico, mas um aspecto comum dos negócios (*business-as-usual*). Em resumo, a conexão não é somente histórica. Pelo contrário, há razões estruturais para o contínuo recurso do capital à expropriação e, consequentemente, para seu entrelaçamento persistente com o imperialismo e a opressão racial.

Jaeggi: Você disse diversas vezes que a conexão é estrutural, mas não explicitou isso. Quais são exatamente os mecanismos estruturais que levam o capital a cultivar o terreno oculto da expropriação por trás da história marxiana da exploração?

Fraser: Bom, para começar, um sistema dedicado à expansão ilimitada e à apropriação privada do mais-valor confere aos proprietários do capital um profundo interesse em confiscar o trabalho e os meios de produção de populações subjugadas. Desse modo, eles obtêm insumos produtivos por cuja reprodução não pagam (integralmente). Sabemos que, na exploração, eles supostamente pagam pelos

---

[43] C. L. R. James, *The Black Jacobins* (Londres, Penguin, 1938) [ed. bras.: *Os jacobinos negros*, trad. Afonso Teixeira Filho, São Paulo, Boitempo, 2000]; W. E. B. Du Bois, *Black Reconstruction in America, 1860-1880* (Nova York, Harcourt, Brace, 1935); Eric Williams, *Capitalism and Slavery* (Chapel Hill, University of North Carolina Press, 1944) [ed. bras.: *Capitalismo e escravidão*, trad. Denise Bottmann, São Paulo, Companhia das Letras, 2012]; Oliver Cromwell Cox, *Caste, Class and Race: A Study of Social Dynamics* (Nova York, Monthly Review Press, 1948); Stuart Hall, "Race, Articulation and Societies Structured in Dominance", em Unesco, *Sociological Theories: Race and Colonialism* (Paris, Unesco, 1980), p. 305-45; Walter Rodney, *How Europe Underdeveloped Africa* (Washington, Howard University Press, 1981); Angela Y. Davis, *Women, Race, and Class*, cit.; Cedric Robinson, *Black Marxism* (Chapel Hill, University of North Carolina Press, 1999). Outras contribuições centrais à tradição negro-marxista incluem: Manning Marable, *How Capitalism Underdeveloped Black America* (Brooklyn, South End, 1983); Barbara Fields, "Slavery, Race and Ideology in the United States of America", *New Left Review*, v. 1, n. 181 (maio-jun. 1990), p. 95-118; Robin D. G. Kelley, *Hammer and Hoe: Alabama Communists during the Great Depression* (Chapel Hill, University of North Carolina Press, 1990), e *Race Rebels: Culture, Politics, and the Black Working Class* (Nova York, Free Press, 1996); David Roediger, *The Wages of Whiteness* (Brooklyn, Verso, 1999); Cornel West, "The Indispensability Yet Insufficiency of Marxist Theory" e "Race and Social Theory," ambos em *The Cornel West Reader* (Nova York, Basic Civitas, 1999), p. 213-30 e 251-67; Adolph Reed, Jr., "Unraveling the Relation of Race and Class in American Politics", *Political Power and Social Theory*, v. 15, 2002, p. 265-74; e Keeanga-Yamahtta Taylor, *From #Black Lives Matter to Black Liberation* (Chicago, Haymarket, 2016).

custos de reprodução dos trabalhadores livres, cuja força de trabalho adquirem em troca de salários. No entanto, seus custos de produção subiriam muito se também tivessem de pagar por todos os custos de reprodução de outros insumos, como energia e matérias-primas. Por isso, têm um forte incentivo para tomar para si a terra e a riqueza mineral, para recrutar o trabalho não livre de populações subjugadas ou escravizadas e para extrair reservas de energia fóssil que se formaram abaixo da superfície da Terra ao longo de centenas de milhões de anos. Taxas de lucro aumentam na medida em que o capital é capaz de surfar nesses processos, evitando responsabilidade por sua reposição.

Isso, entretanto, não é tudo. A expropriação também reduz os custos de reprodução do "trabalho livre". Jason W. Moore explica esse ponto com uma frase memorável: "Por trás de Manchester está o Mississippi"[44]. Ele quer dizer que bens (algodão, açúcar, café, tabaco) produzidos sob uma escravidão racializada baratearam o custo de vida dos trabalhadores industriais, permitindo que o capital lhes pagasse salários mais baixos e colhessem lucros mais altos. Polanyi conta uma história similar sobre a anulação das protecionistas Leis Britânicas dos Cereais no século XIX[45]. Com a permissão do livre comércio de cereais e grãos, interesses industriais e comerciais foram capazes de baratear o custo da comida e, portanto, reduzir os salários dos trabalhadores ingleses. Em outras palavras, ao confiscarem recursos e capacidades de sujeitos não livres ou dependentes, os capitalistas puderam explorar de forma mais lucrativa os "trabalhadores livres". Assim, aquilo que chamo de duas "ex" (exploração e expropriação) está entrelaçado.

Isso mostra que a expropriação é vantajosa ao capital em tempos "normais". E isso é ainda mais verdadeiro em períodos de crise, que ocorrem periodicamente e por motivos não acidentais no decorrer do desenvolvimento capitalista. Nesses tempos, o intensificado confisco de recursos serve como solução crítica, se temporária, para restabelecer a lucratividade e navegar na crise econômica. A expropriação também pode ajudar a neutralizar as crises políticas do capitalismo, que, por sua vez, podem, em algumas ocasiões, ser acalmadas ou evitadas mediante transferência do valor extraído de populações que parecem não ameaçar o capital para aquelas que ameaçam – outra distinção que muitas vezes tem correlação com "raça". Essas táticas de dividir-e-governar mobilizam aquelas hierarquias de status racialmente codificadas que distinguem cidadãos de pessoas subjugadas, nacionais de estrangeiros, indivíduos livres de escravos, "europeus" de "nativos", "brancos" de "negros", trabalhadores com direitos de aproveitadores dependentes.

---

[44] Jason W. Moore, *Capitalism in the Web of Life*, cit.
[45] Karl Polanyi, *The Great Transformation*, cit., p. 144-5 [ed. bras.: *A grande transformação*, cit., p. 169-70].

O que tudo isso mostra é que expropriação e exploração não são só processos paralelos separados. Ao contrário, as duas "ex" estão sistematicamente imbricadas; são aspectos profundamente entrelaçados de um mesmo sistema capitalista mundial. A conclusão a que chego é que a sujeição racializada daqueles que o capital expropria é uma condição de possibilidade oculta para a liberdade daqueles que ele explora. Isso nos diz que a opressão racial se encontra numa relação sistêmica, não acidental, com a sociedade capitalista; que a conexão entre elas é estrutural, não contingente.

Jaeggi: Concordo que os fenômenos associados à expropriação estão agora mais no primeiro plano, mas ainda temos de reter o *insight* marxista de que capitalismo não é roubo. Essa foi uma das contribuições mais importantes da teoria da exploração de Marx. Temos de resistir à ideia do marxismo ortodoxo de que qualquer coisa para além da exploração é apenas uma história lateral, porém devemos estar atentos para, do mesmo modo, não contarmos uma história pouco complexa a respeito de o capitalismo ser construído sobre ganância e roubo. Eu diria que o que torna sua leitura interessante é a forma pela qual mostra que estes dois lados da moeda – exploração sob o disfarce do contrato salarial, por um lado, e expropriação e coerção explícitas, por outro – são interdependentes. É isso que distingue a expropriação capitalista frente ao tipo que encontramos no feudalismo ou em antigas sociedades escravagistas, tipo este que não tem uma dimensão "acima do chão" ou "mais jurídica", da qual esse tipo de expropriação se alimenta e da qual depende.

Fraser: Certamente, concordo. A última coisa que quero é assimilar o capitalismo ao simples roubo, por isso defino expropriação como *confisco mais recrutamento para a acumulação*. O essencial, em outras palavras, é que as capacidades requeridas sejam incorporadas no processo de autovalorização que define o capital. O mero roubo não é suficiente. Diferentemente da pilhagem que precedeu em muito à ascensão do capitalismo, a expropriação no sentido visado por mim aqui canaliza a riqueza para os circuitos de acumulação de capital, onde se torna imbricada com a exploração. Essa imbricação constitui a especificidade da expropriação capitalista. Como eu disse, é apenas por meio do confisco de recursos e capacidades de sujeitos não livres ou dependentes que o capital pode explorar, de modo lucrativo, os "trabalhadores livres". A "ex" oficial da exploração repousa sobre a "ex" oculta da expropriação, o que significa dizer sobre uma "casta" racializada de sujeitos despojados de proteção política e tornados desamparados. Essa casta é a condição de possibilidade denegada da classe trabalhadora oficial, aqueles proletários livres "brancos" ou "europeus", construídos como indivíduos portadores de direitos e, eventualmente, como cidadãos políticos.

Devemos também notar, todavia, que muitas formas contemporâneas de expropriação são maquiadas com uma fachada de legalidade. Pense em prisões orientadas ao lucro e execuções de dívidas predatórias, incluindo as hipotecas *subprime* comercializadas especificamente para pessoas não brancas nos Estados Unidos. Pense também nas novas formas de trabalho precário e mal remunerado na área de serviço, os assim chamados McEmpregos, muito direcionados a minorias racializadas e a imigrantes, e que pagam menos do que os custos socialmente necessários para a reprodução dos trabalhadores. Eles também envolvem um elemento expropriativo, apesar da fachada contratual, e permitem acumulação por meio de processos distintos da exploração, ainda que imbricados nela.

Sistema econômico, gramática totalizadora ou ordem social institucionalizada?

Jaeggi: Retornemos à grande questão com a qual iniciamos: o que é capitalismo? Eu gostaria de saber como você responderia a essa questão agora, à luz de nossa discussão. Quando você utiliza as metáforas das histórias oficial e de fundo, o que elas de fato sugerem? Para tirar a ortodoxia da figura, é preciso elaborar um modelo que se diferencia do modelo ortodoxo base/superestrutura, na medida em que se livra de certo tipo de determinismo. Enquanto o primeiro plano econômico é visto como aquele que determina unilateralmente o plano de fundo e o plano de fundo é concebido, de algum modo, como relacionado ao primeiro plano econômico na qualidade de "necessidades funcionais", você ainda está no interior de um quadro um tanto ortodoxo. Minha posição é a de que precisamos reconceitualizar esse modo unidimensional de conceber a relação. Definitivamente, não é uma via de mão única, mas de pelo menos duas, o que significa dizer que é uma história um tanto complicada, com múltiplas dependências, em diversas direções. Além disso, o terreno escorregadio aqui pode ser o fato de, indo suficientemente para frente e para trás, percebermos que estamos em algum lugar de um círculo e toda a distinção entre frente e trás começa a cambalear. Não quero insistir nesse ponto, mas pergunto se você veria os dois níveis – o plano de fundo e o primeiro plano – ao menos como mutuamente imbricados e interagindo.

Fraser: Bom, até aqui eu não disse nada sobre como o primeiro plano interage com o plano de fundo. Dediquei-me, ao contrário, a identificar divisões topográficas-chave que estruturam a sociedade capitalista: produção/reprodução, economia/política e natureza humana/não humana. Meu objetivo não era mapear os fluxos causais entre essas divisões, e sim fornecer um mapa institucional que consiga situar e esclarecer o lugar "da economia" na sociedade capitalista.

Não quero, porém, desviar de sua questão. As implicações dessa visão vão na contramão do determinismo econômico. Ao situarmos "a economia" desse modo, nós a delimitamos. E, ao revelarmos sua dependência frente aos planos de fundo não econômicos da reprodução social, da ecologia e do poder público, enfatizamos o peso e a importância social desses últimos, assim como sua capacidade de ter impacto e desestabilizar regimes de acumulação historicamente arraigados. Mas o inverso também é verdadeiro: processos de primeiro plano de acumulação de capital impactam e muitas vezes desestabilizam as próprias estruturas do plano de fundo, das quais dependem. Então, não há determinismo econômico aqui.

Jaeggi: Justo. Mas, então, o que é exatamente o capitalismo nessa visão? É apenas um sistema econômico, a esfera econômica no interior de uma sociedade maior? Ou seu conceito de capitalismo inclui as esferas que você identificou como condições de possibilidade de fundo da economia?

Fraser: O capitalismo definitivamente não é só um sistema econômico. Reconheço que, à primeira vista, pode ter parecido que as principais características que identificamos fossem "econômicas". Essa aparência, no entanto, era enganosa. Tornou-se claro, no decorrer de nossa discussão, que essas não são características da economia capitalista, mas de uma *sociedade* capitalista. A peculiaridade da sociedade capitalista é que ela trata suas relações sociais definidoras e estruturantes centrais como se fossem "econômicas" e pertencessem a um subsistema separado da sociedade, uma "economia". Mas isso é apenas uma aparência. Vimos, muito rapidamente, que era necessário falar sobre as condições de fundo "não econômicas" que permitiram que esse sistema existisse e concluímos que tais condições não podem ser removidas da figura; ao contrário, precisam ser conceitualizadas e teorizadas como parte de nossa concepção de capitalismo, que, portanto, é algo maior do que uma economia.

Jaeggi: Essa figura "alargada" nos leva de volta à visão associada a György Lukács, que concebe o capitalismo como um único sistema totalizante, que imprime a forma mercadoria em toda parte, em todas as esferas da vida social? Lukács identificou o capitalismo com uma gramática de vida, baseada na forma mercadoria. Supostamente onipresente, a forma mercadoria forneceu um modelo para os objetos em geral e para todas as relações entre sujeitos e objetos. Nada na sociedade capitalista escapa a sua marca, nem mesmo o pensamento jurídico, científico e filosófico[46]. Sua visão caminha nessa direção?

---

[46] György Lukács, "Reification and the Consciousness of the Proletariat", em *History and Class Consciousness: Studies in Marxist Dialectics* (trad. Rodney Livingstone, Cambridge, MA, MIT Press, 1971), p. 83-222 [ed. bras.: *História e consciência de classe: estudos sobre a dialética marxista*, trad. Rodnei Nascimento, São Paulo, WMF Martins Fontes, 2003].

Fraser: Não, não e não. Essa não é, de forma alguma, a direção que quero tomar. Essa visão é muito totalizante e torna invisíveis importantes camadas da interação social que são componentes essenciais de uma sociedade capitalista, mas não são governadas por normas de mercado. Ela obscurece a especificidade das instituições sociais que fornecem as precondições indispensáveis à produção e à troca de mercadorias, mas que são, elas mesmas, organizadas em diferentes bases.

O objetivo da perspectiva primeiro plano/plano de fundo é relativizar a forma mercadoria. É insistir que esta, embora plena de consequências causais, não é, de forma alguma, onipresente na sociedade capitalista. De fato, ela é imediatamente visível do ponto de vista da troca e desempenha um papel significativo no próximo nível de Marx, o ponto de vista da produção, em que a compra e a venda de força de trabalho – aquela mercadoria bastante peculiar que gera o mais-valor – possibilitam a "autovalorização" do capital via exploração. Mas a forma mercadoria é descentrada quando passamos para os níveis de fundo ainda mais profundos que expusemos aqui. Lembrando que a mercadoria não era (e não é) a forma paradigmática do objeto na "acumulação primitiva". O mesmo vale para a reprodução social, a ecologia e a política. Também essas arenas são instituídas diferentemente, em termos diferentes, e operam de acordo com diferentes normas.

Jaeggi: Então, as zonas comodificadas do capitalismo dependem, para a própria existência, de zonas de não comodificação. Além disso, essas zonas não comodificadas – social, ecológica e política – não espelham simplesmente a lógica da mercadoria, mas também operam de acordo com uma lógica diferente. Somos confrontadas com uma variedade de dinâmicas distintas que têm suas próprias lógicas, mesmo que elas estejam, ao mesmo tempo, entrelaçadas. Podemos rastrear como informam uma a outra, possibilitam uma a outra ou mesmo pressupõem uma a outra – ou, num sentido fraco, como estão relacionadas por meio de afinidades eletivas. Isso com certeza levaria a uma figura complexa, uma compreensão interessante e "robusta" da rede de relações sociais e econômicas.

Fraser: Sim, e vale a pena explicitar isso. Estou de fato afirmando que os planos de fundo sociais, ecológicos e políticos que identifiquei não são integrados primariamente por meio das normas da economia de primeiro plano. Eu diria mais. Cada uma dessas arenas de fundo tem gramáticas normativas e ontológicas características. Por exemplo, algumas práticas orientadas à reprodução, em oposição à produção, tendem a engendrar ideais de cuidado, responsabilidade mútua e solidariedade, por mais hierárquicas e paroquiais que costumem ser. Do mesmo modo, práticas associadas às condições de fundo do capitalismo na natureza não humana tendem a fomentar valores como os de sustentabilidade, proteção, não dominação da natureza e justiça entre gerações, por mais românticos e sectários que possam ser. Por fim, práticas orientadas à política em oposição à economia muitas vezes fazem referência aos princípios da democracia, da cidadania igual e do interesse público, por mais restritivos e excludentes que estes possam ser.

Jaeggi: Uma vez mais, isso faz com que eu fique curiosa a respeito de qual seria exatamente a relação entre o primeiro plano e o plano de fundo. Há um jogo duplo de dependência funcional e contraste normativo? Qual é o papel específico que a "gramática" normativa do plano de fundo desempenha para você? Ela apenas ajuda de modo descritivo a distinguir os dois ou é um recurso para a crítica num sentido mais forte? Podemos pensar em normatividades conflitantes como resultado das contradições imanentes a dada forma de vida, mas podemos também desenhá-las como fragmentos de um passado mais harmonioso se reafirmando contra as forças corruptivas da racionalidade e da modernidade. As normatividades que você associa a esses domínios de fundo formam reservas "inocentes" das quais podemos nos valer para desenvolver nossa crítica do mundo brutal da economia?

Fraser: Não, essa não é, de forma alguma, a direção que estou tomando. Longe de querer idealizar essas normatividades "não econômicas", meu objetivo aqui é tão somente registrar sua divergência perante os valores associados ao primeiro plano do capitalismo, como crescimento, eficiência, troca igual, escolha individual, liberdade negativa e progresso meritocrático. A divergência faz toda a diferença na forma como conceitualizamos o capitalismo. Longe de gerar uma única lógica de reificação que perpassa tudo, a sociedade capitalista é normativamente diferenciada, englobando uma pluralidade determinada de ontologias sociais distintas, ainda que inter-relacionadas. O que ocorre quando elas colidem permanece algo a ser visto (no Capítulo 2). A estrutura que as sustenta, porém, já está clara: a topografia normativa que caracteriza o capitalismo resulta das relações que identificamos entre primeiro plano/plano de fundo. Se quisermos desenvolver uma teoria crítica dele, temos de substituir a visão lukácsiana do capitalismo, como um modo de vida ético uniformemente reificado por uma visão estrutural mais diferenciada.

Jaeggi: Ainda assim, ao enfatizar as distintas "normatividades" e "ontologias sociais" do primeiro plano e do plano de fundo, você parece reciclar alguma versão da distinção de Habermas entre sistema/mundo da vida, uma distinção que você mesma criticou no passado. Eu me tornei mais cética a respeito deste quadro: essa figura de "duas esferas" que tem forte influência sobre nós na teoria social. Acredito que essa seja a imagem errada para começar, porque solidifica uma visão por meio da qual a questão central é a *invasão* ou a "colonização" de outras áreas mais "inocentes" da vida social pela econômica. O problema com essa estratégia é que, ainda que ela vise a criticar a economia capitalista, a esfera econômica como tal é removida do domínio da crítica. Ela é tratada como algo autônomo, que se autoimpulsiona, que não é normativo e tem de ser aceito como mais ou menos dado. Como resultado, a teoria crítica é reduzida ao projeto de "domesticá-la" e proteger a vida social dela, em vez de confrontá-la diretamente. Esse tipo de quadro faz com que seja impossível repensar a própria economia, ao mesmo tempo que nos incita a encontrar estratégias que tornem desnecessário fazer isso.

Por isso é que venho defendendo uma teoria social monista, que compreenda a economia e outras áreas da vida como práticas. Isso, é claro, não nos permite mais opor a economia ao restante ou argumentar que certas esferas – culturais, sociais e pessoais – têm de ser protegidas da contaminação pela esfera econômica, em tese separada. Práticas econômicas não estão só "enraizadas" numa forma de vida ética circundante ou possibilitadora; pelo contrário, são *parte* da própria *forma de vida*, parte da ordem social e de sua respectiva dinâmica. Esse é um argumento no nível da ontologia social e tem como objetivo uma compreensão diferente da economia como tal. Para compreender a economia em sentido "mais amplo", seguindo a intuição de Horkheimer, devemos conceber as práticas econômicas como inter-relacionadas com outras práticas de modos que as tornam parte do tecido sociocultural da sociedade. Adotar uma perspectiva como essa é mais adequado a uma forma mais imanente de crítica, que pode cobrar das práticas econômicas as condições normativas de sua realização, imanentes a sua localização no interior de determinada forma de vida. Então, a questão não seria mais a invasão da sociedade pela economia, como na tese da colonização de Habermas, mas defeitos na forma e no conteúdo das próprias práticas econômicas[47].

Você mesma foi bastante crítica a respeito da distinção entre sistema e mundo da vida, então fico pensando como reconciliaria suas críticas anteriores àquele paradigma com essa distinção entre primeiro plano e plano de fundo, que soa, em alguns aspectos, bastante similar.

Fraser: Compartilho seu ceticismo acerca do quadro sistema/mundo da vida e não alterei em nada minha posição sobre isso! Mas a visão que delineei aqui é bastante diferente, pois não está baseada na ideia de que há duas "lógicas de ação" distintas, pertencentes a dois diferentes tipos de instituições. Ela também não implica que uma dessas lógicas de ação (o "sistema") esteja colonizando a outra (o "mundo da vida"). Ela certamente não assume que o "sistema" econômico da sociedade capitalista seja uma zona "livre de normas", desprovida de comunicação, cooperação e luta. Nem, ao contrário, assume que o domicílio, por exemplo, seja uma zona livre de poder e dinheiro, desprovida de cálculo estratégico e de dominação estrutural.

---

[47] Ver Rahel Jaeggi, "A Wide Concept of Economy", cit. Para a concepção, baseada na prática, das formas de vida, ver idem, *Critique of Forms of Life*, cit.

Ainda considero o quadro sistema/mundo da vida muito dualista e dicotomizante e, portanto, muito suscetível ao tipo de mistificação ideológica que critiquei em meu antigo artigo "O que há de crítico na teoria crítica?"[48].

A alternativa que estou delineando aqui supõe que sociedades capitalistas institucionalizam múltiplas (mais do que duas!) orientações normativas e ontológicas. Embora cada uma delas seja muitas vezes associada a determinada esfera institucional, nenhuma está estritamente vinculada a uma esfera específica. Pelo contrário, em várias ocasiões as normas em questão são utilizadas "incorretamente" – o que significa dizer na "esfera errada" – e podem ser mobilizadas num sentido incomum. Assim, não há "lógicas de ação" relativas a esferas específicas nitidamente definidas. Longe disso, há padrões sedimentados de ação e interpretação, eles mesmos sujeitos à contestação, à perturbação e à transformação.

É claro que tudo isso tem de ser desenvolvido de maneira muito mais detalhada, mas posso resumir minha visão desta forma: o capitalismo é mais bem concebido não como um sistema econômico ou como uma forma de vida ética reificada, e sim como uma *ordem social institucionalizada*, assim como o feudalismo, para dar um exemplo. Essa formulação sublinha suas divisões e suas separações institucionais. A meu ver, quatro dessas divisões são constitutivas. Em primeiro lugar, a separação institucional entre "produção econômica" e "reprodução social", marcada por um gênero que fundamenta formas especificamente capitalistas de dominação masculina, mesmo que também possibilite a exploração capitalista do trabalho, que fornece a base desse modo oficialmente sancionado de acumulação. Em segundo, a separação institucional entre "economia" e "política", que expulsa assuntos definidos como "econômicos" das agendas políticas dos Estados territoriais, ao mesmo tempo que liberta o capital para transitar numa transnacional terra de ninguém, na qual ele recolhe os benefícios de uma ordenação hegemônica, enquanto escapa do controle político. Terceiro, a divisão ontológica entre seu plano de fundo "natural" (não humano) e seu (aparentemente não natural) primeiro plano "humano", que é anterior ao capitalismo, mas intensificado sob ele. Por fim, temos a distinção institucionalizada entre exploração e expropriação, que fundamenta formas especificamente capitalistas de predação imperialista e opressão racial.

Se eu fosse contrastar essa abordagem com a visão prático-teórica que você acaba de delinear, diria que a minha é mais estrutural e institucional. Ao passo que a sua sugere uma visão do capitalismo como um agregado indefinido de práticas sociais mais ou menos interligadas, a minha implica uma topografia social determinada. Para mim, separações e divisões institucionalizadas pelo capitalismo conferem à sociedade um formato específico. É isso que quero dizer quando afirmo que o capitalismo deve ser compreendido como uma ordem social institucionalizada.

---

[48] Nancy Fraser, "What's Critical About Critical Theory?", cit.

Jaeggi: A expressão "ordem social institucionalizada" é bastante útil para resumir sua visão. Ela nos permite superar a lacuna teórico-social entre sistema e mundo da vida. É isso, precisamente, o que faço ao analisar formas de vida, ainda que, como você diz, eu não comece com o nível institucional. Ao contrário, eu me aproximo do assunto primeiro como uma questão de ontologia social e de compreensão a respeito de como as práticas sociais que constituem formas de vida se "solidificam" em instituições, as quais podem, por sua vez, assumir certa dinâmica, por meio da qual parecem arrogar uma vida própria. Uma das razões pelas quais é importante para mim começar nesse nível é que ele nos impede, metodologicamente, de perder de vista a base inteiramente *normativa* de práticas como a economia, mesmo que a organização capitalista da economia se apresente como algo "desenraizado" e "livre de normas". Uma vez que vemos que não pode haver uma prática social não normativa, o próprio modo pelo qual práticas como as associadas à economia parecem depender de sua aparência "livre de normas" nos diz que algo está errado. De novo, a divisão sistema/mundo da vida não nos oferece um caminho adequado para esse tipo de crítica.

Sua análise do capitalismo como ordem social institucionalizada também se afasta da concepção ortodoxa na medida em que não enxerga aquilo que está no plano de fundo como uma superestrutura determinada pela produção. Pelo contrário, é a produção que depende dele. Apesar disso, pode-se pensar que sua visão permanece muito ortodoxa nessa dependência funcional. Diferentemente de uma concepção baseada em formas-de-vida, que postula uma ontologia social de práticas, que é geral, você divide a sociedade em diferentes esferas. Na medida em que investe demais nas relações "funcionais" entre essas esferas, você corre o risco de reintroduzir o jargão do "livre de normas" por outros meios. Ao menos há uma preocupação de fechar, cedo demais, certos aspectos da vida social à investigação normativa quando atribuímos muito às relações de dependência funcional. Então, gostaria de vê-la amenizar algumas dessas preocupações.

Talvez pudéssemos chegar à questão a respeito de qual ontologia social você pressupõe, ao esclarecermos o estatuto das divisões institucionais que acabou de mencionar. Elas são porosas ou nitidamente delimitadas? São fixas ou sujeitas à mudança? Em geral, como você reconcilia a visão de que essas divisões institucionais são definitivas ao capitalismo com a visão que exprimiu no início, de que o capitalismo é intrinsecamente histórico e se desdobra ao longo do tempo?

Fraser: Na verdade, penso que minha visão sobre esses temas não é funcionalista. Para explicar por que, tenho de acrescentar um ponto importante. Embora eu considere essas divisões constitutivas do capitalismo, creio que não sejam dadas de uma vez por todas. Pelo contrário, eu diria que *o ponto em que* as sociedades capitalistas traçam precisamente a linha entre produção e reprodução, economia e política, natureza humana e não humana e exploração e expropriação é algo que varia historicamente sob os diferentes regimes de acumulação. De fato, essa variação pode fornecer a base para a construção de uma tipologia desses regimes. Na visão que elaboro aqui, o que distingue os regimes de acumulação são os modos pelos quais eles diferenciam as condições de primeiro plano do capitalismo e as condições de fundo e as relacionam entre si. Assim, podemos conceitualizar os capitalismos mercantil, liberal concorrencial, monopolista administrado pelo Estado e financeirizado globalizante como modos historicamente específicos de diferenciar a economia da política, a produção da reprodução, a natureza humana da não humana e a exploração da expropriação.

Eu também diria que a configuração precisa da ordem capitalista em qualquer tempo e lugar depende da política, da balança do poder social e do resultado das lutas sociais. Longe de estarem simplesmente dadas, as divisões institucionais do capitalismo muitas vezes se tornam lugares e assuntos de conflitos, na medida em que atores se mobilizam para desafiar ou defender as fronteiras estabelecidas que separam a economia da política, a produção da reprodução, a sociedade humana da natureza não humana, a exploração da expropriação. Na medida em que buscam realocar processos contestados no mapa institucional do capitalismo, os sujeitos do capitalismo se valem das perspectivas normativas associadas às várias zonas que identifiquei. Seus esforços para redesenhar as fronteiras institucionais incitam inevitavelmente esforços contrários, e essas *lutas de fronteiras*, como eu gostaria de denominá-las, moldam de maneira decisiva a estrutura das sociedades capitalistas. Elas são um tipo fundamental de conflito capitalista, tão fundamental quanto a luta de classes pelo controle da produção de mercadorias e da distribuição de mais-valor, que os marxistas privilegiaram. Eu gostaria de falar mais sobre elas adiante (ver Capítulo 4), mas por ora meu argumento é este: as divisões institucionais estabelecidas em dados momento e lugar são mais bem compreendidas como estabilizações provisórias do resultado de lutas anteriores, assim como o são os regimes de acumulação resultantes.

Jaeggi: Isso responde à minha preocupação de que sua visão fosse funcionalista. Afinal, você começou enfatizando que a reprodução, a ecologia, o poder político e a expropriação eram condições de fundo necessárias à história oficial econômica do capitalismo, além de sublinhar sua funcionalidade para a produção de mercadorias, a exploração do trabalho e a acumulação de capital. Mas agora parece que esse aspecto funcionalista não dá conta de capturar toda a complexidade das relações entre primeiro plano/plano de fundo do capitalismo. Ele parecer coexistir, porém, com outro "momento", mais político, que caracteriza as relações entre economia, sociedade, política e natureza na sociedade capitalista em termos de luta social.

Fraser: Sim, você tem razão. A visão que vim esboçando não é funcionalista, mas incorpora, sim, uma teoria da sociedade em dois níveis. Por um lado, ela contém uma perspectiva estrutural, que enfatiza a dependência do primeiro plano da economia frente ao plano de fundo "não econômico"; por outro, ela incorpora uma perspectiva da teoria da ação, que sublinha as autocompreensões e os projetos dos atores sociais. Sem comprar toda a teoria de Habermas, podemos tomar sua terminologia emprestada e dizer que essa segunda perspectiva pertence ao nível da integração "social", em oposição à "sistêmica". É uma perspectiva que proporciona acesso aos potenciais conflitos inerentes a uma sociedade capitalista. Ao revelar possibilidades internas de luta social, ela esclarece como é possível uma crítica do capitalismo de dentro dele.

Jaeggi: Ainda sou cética a respeito da necessidade de assumir essa terminologia de integração social *versus* integração sistêmica ou do nível da ação *versus* o nível do sistema, pelo menos na medida em que ela nos dá uma ontologia de dois domínios da vida social que são, em algum sentido, fundamentalmente opostos ou estranhos um ao outro. Eu concedo que uma visão sistêmica da economia parece ter a vantagem de ser capaz de compreender "mecanismos de integração da sociedade" que "não necessariamente coordenam ações por meio das intenções dos participantes, mas objetivamente, 'pelas [suas] costas'"[49]. A "mão invisível" do mercado é, então, o caso paradigmático desse tipo de regulação.

Apesar disso, creio que, com uma abordagem prático-teórica, a alternativa entre uma abordagem da teoria da ação e outra da teoria dos sistemas pode ser superada de modo significativo. Conceber a economia *como* um contexto de práticas sociais e *dentro de* um contexto de práticas sociais não significa dizer que ela decorre de ações e intenções ou do resultado delas. Práticas são apenas parcialmente intencionais, apenas parcialmente explícitas e apenas parcialmente decorrentes da vontade e das ações das pessoas. Elas não são planejadas com antecedência, mas emergem, o que significa que podem se solidificar em instituições, o que faz com que pareçam ter alcançado a própria dinâmica. Para as partes envolvidas, é difícil enxergar esse processo, que parece "sistêmico" ou uma "segunda natureza", mas pode ser frutífero reformular esses fenômenos aparentemente "sistêmicos" num quadro teórico prático e institucional, pois isso evitaria os efeitos indesejados de comprar essas aparências e compreender a economia como uma esfera não normativa.

Foi a isso que me referi como tentativa de compreender a economia "como parte da ordem social", não como seu "outro", para tomar emprestado de Jens

---

[49] Jürgen Habermas, *Between Facts and Norms: Contributions to a Discourse Theory of Law and Democracy* (trad. William Rehg, Cambridge, MA, MIT Press, 1996), p. 39-40.

Beckert[50]. Não é um sistema distinto, muito menos livre de normas, e sim uma aglomeração de práticas sociais relacionadas a outras instituições e práticas sociais econômicas e não econômicas, as quais podemos conceber como estados de práticas agregadas. Elas são conjuntos dentro de conjuntos. Outra implicação disso é que a própria distinção entre a economia e suas "precondições", até a forma de distinguir o que está dentro do que está fora da economia, se mostra menos informativa e útil do que havíamos pensado.

Fraser: Entendo seu ponto, mas não estou convencida de sua premissa subjacente, a de que é desejável superar a distinção entre as perspectivas sistêmico-estrutural e as de ação social. Eu diria que o problema com essa distinção surge apenas quando ela é ontologizada, tratada como se demarcasse dois domínios sociais substantivamente distintos ("sistema" *versus* "mundo da vida") que correspondem a dois tipos ontologicamente distintos de interação (ação "racional orientada a fins" ou "estratégica" *versus* ação "normativamente regulada" ou "comunicativa"). Foi precisamente isso que Habermas fez em *Teoria da ação comunicativa* e conferiu à distinção em questão uma reputação ruim. No entanto, acredito ser perfeitamente possível (e desejável) reter uma versão desontologizada da distinção entre a perspectiva sistêmico-estrutural e a de ação social. Nesse caso, a distinção não é tratada como ontológica, mas como *metodológica*. É uma distinção entre duas diferentes lentes que os teóricos críticos podem colocar para compreender *qualquer* domínio da realidade social ou tipo de interação social. Assim, é apropriado, a meu ver, utilizar a análise "social" para compreender a interação econômica e a análise "estrutural" a fim de esclarecer a interação no interior das famílias. De fato, essas orientações contraintuitivas são reveladoras, haja vista que explicitam processos que permanecem inacessíveis para observadores convencionais. Assim, ao contrário de você, não pretendo superar a distinção metodológica, e sim abraçá-la. Na verdade, eu diria que é precisamente ao combinar ou articular a perspectiva sistêmico-estrutural com a da ação social que uma teoria da sociedade capitalista pode se tornar *crítica*. Em outras palavras, ainda me subscrevo à visão que um dia chamei de "dualismo de perspectiva"[51]. Suponho que discutiremos esse assunto com maior profundidade posteriormente (no Capítulo 3).

---

[50] Ver Jens Beckert, "Die sittliche Einbettung der Wirtschaft. Von der Effizienz und Differenzierungstheorie zu einer Theorie wirtschaftlicher Felder", *Berliner Journal für Soziologie*, v. 22, n. 2, 2012, p. 247-66.

[51] Nancy Fraser, "Distorted Beyond All Recognition: A Rejoinder to Axel Honneth", em Nancy Fraser e Axel Honneth, *Redistribution or Recognition? A Political-Philosophical Exchange* (trad. Joel Golb, James Ingram e Christiane Wilke, Londres, Verso, 2003), p. 216-18.

Jaeggi: Sim, discutiremos. Ainda assim, deixe-me tentar outro ângulo. Sua concepção depende de uma tensão entre primeiro plano e plano de fundo, entre algo que é o "dentro" do capitalismo e o plano de fundo, tomado como necessário, mas situado "fora" dele. Entretanto, minha sensação é de que você também quer resistir à imagem "dentro/fora" da sociedade capitalista. Isso está correto?

Fraser: Você tem razão. *De fato*, quero resistir à imagem dentro/fora da sociedade capitalista, e aqui está o motivo. Tudo o que eu disse até este momento implica que seria errado construir a sociedade, a política e a natureza de forma romântica, como "fora" do capitalismo e inerentemente opostas a ele. Essa visão romântica é muito defendida hoje por um número razoável de ativistas e pensadores de esquerda, incluindo feministas culturais, ecologistas radicais e neoanarquistas, assim como por alguns defensores de uma economia "plural", "pós-crescimento", "solidária" e popular. Muitas vezes, essas correntes tratam "cuidado", "natureza", "ação direta" ou "compartilhamento" como intrinsecamente anticapitalistas. Como resultado, negligenciam o fato de que suas práticas favoritas são não só fontes de crítica, como também partes constitutivas da ordem capitalista.

Lembre que eu disse que a reprodução, a política e a natureza surgiram ao mesmo tempo que a economia, como os "outros" desta. É apenas em contraste com a economia que elas adquirem caráter específico. Reprodução e produção formam um par. Cada termo é definido em função do outro, de modo que nenhum faz sentido sem o outro. O mesmo é verdadeiro quanto a política/economia e natureza/sociedade. Todas essas três divisões e distinções são parte e parcela da ordem capitalista. Nenhum dos domínios "não econômicos" oferece um ponto de vista inteiramente externo que poderia garantir uma forma absolutamente pura e completamente radical de crítica. Pelo contrário, projetos políticos que apelam ao que eles imaginam ser o fora do capitalismo acabam, em geral, reciclando estereótipos capitalistas, na medida em que contrapõem o cuidado feminino à agressão masculina, a cooperação social espontânea ao cálculo econômico, o holismo organicista da natureza ao individualismo antropocêntrico. Essas oposições binárias são historicamente imprecisas, conceitualmente problemáticas e, de fato, ideológicas. Ancorar as lutas nelas não é desafiar, mas involuntariamente refletir, a ordem social institucionalizada da sociedade capitalista.

Jaeggi: Creio que, no nível da teoria social, a conexão entre primeiro plano e plano de fundo está agora bem detalhada. Ainda estou um tanto confusa a respeito de como isso se traduz para o nível normativo. Você rejeita a ideia de que existe um "fora" do capitalismo que garante a possibilidade da prática e da crítica radical, mas ao mesmo tempo sustenta que as normatividades de fundo do capitalismo proporcionam algum potencial crítico, mesmo que estejam "dentro" da ordem capitalista. Talvez pudéssemos dizer que elas são "intracapitalistas", mas "extraeconômicas". Essa é uma visão bastante complexa, que embaralha qualquer oposição fácil entre dentro/fora!

Fraser: Ela é complexa, e o é necessariamente, afinal uma concepção adequada das relações entre primeiro plano/plano de fundo do capitalismo tem de manter unidas três ideias distintas. Primeiro, os domínios "não econômicos" do capitalismo servem como condições de fundo que possibilitam sua economia, que, por sua vez, depende, para a própria existência, dos valores e dos insumos daqueles. Segundo, os domínios "não econômicos" do capitalismo têm peso e caráter próprios, os quais, sob certas circunstâncias, fornecem recursos para a luta anticapitalista. Entretanto – e este é o terceiro ponto –, tais domínios são parte e parcela da sociedade capitalista, constituídos historicamente em conjunto com sua economia e marcados pela simbiose com ela. Todas essas três ideias são necessárias a uma concepção adequada das relações entre primeiro plano/plano de fundo que constituem a sociedade capitalista. Nenhuma, sozinha, é suficiente. Todas têm de ser pensadas em conjunto, numa visão "alargada" do capitalismo como ordem social institucionalizada.

Unidade de análise e crítica

Jaeggi: Tenho uma última questão, inspirada por aquilo que dissemos na Introdução sobre a diferença entre uma teoria crítica da sociedade e uma teoria normativa independente. Concordamos que o que torna a teoria crítica distinta é a unidade entre análise e crítica. Isso significa que, em análise, a tentativa de compreender o que está acontecendo na vida social – a tentativa, por exemplo, de compreender a estrutura da integração social capitalista e suas transformações históricas – é parte crucial do que significa criticá-la. A análise forma parte da crítica, que forma parte da análise – a crítica se desdobra num processo que a análise coloca em movimento. Tudo isso, é claro, depende de a análise explicitar as contradições, os conflitos e as possibilidades emancipatórias inerentes a uma formação social. Ainda assim, se miramos nas profundas disfunções estruturais inerentes a nossa forma de vida, isso pode indicar uma mudança metodológica na teoria crítica contemporânea, um afastamento de preocupações mais "kantianas-rawlsianas" com deliberações e demandas por justiça e em direção a reflexões hegelianas de esquerda sobre as "tendências objetivas" de uma época. Se não substitui a orientação pelos movimentos e pelos atores sociais, esse foco nas crises ao menos complementa o foco nas lutas sociais.

Fraser: Bom, meu objetivo é desenvolver uma teoria crítica, e acho que ninguém poderia confundir o que apresentei aqui com uma teoria normativa independente. Ao propor uma concepção expandida de capitalismo, construí ao mesmo tempo um quadro para analisar a sociedade que habitamos agora. Tal quadro dirige nossa atenção para as divisões institucionais que estruturam essa sociedade – para as mudanças pelas quais estão passando agora e para os projetos de vários atores que buscam desafiar ou defender essas divisões. Ele nos convida a perguntar: como a forma atual de capitalismo (financeirizado, globalizado, neoliberal) está redesenhando as fronteiras entre produção de mercadorias e reprodução social, entre poder privado e público, entre seres humanos e o resto da natureza e entre exploração e expropriação? E quais são as implicações para as formas de dominação, injustiça e sofrimento características de nossa sociedade – formas que, nessa concepção, estão preocupadas não só com dominação de classe e exploração do trabalho, mas também com dominação de gênero e sexual, depredação ecológica, predação imperialista e opressão racial, bem como com exclusões e marginalizações baseadas na organização do poder público e na divisão do espaço político?

O quadro também nos convida a perguntar: como as "tendências de crise" inerentes ao capitalismo se expressam hoje? Quando visto desse modo alargado, o capitalismo abriga propensões à autodesestabilização para além daquelas identificadas por Marx, que foram concebidas como "contradições" internas a sua economia? Ele também abriga tensões sistemicamente incrustadas entre o primeiro plano econômico e o plano de fundo não econômico, entre economia e sociedade, entre economia e política, entre economia e natureza? E como essas "contradições do capitalismo" estão se desenvolvendo agora?

Por fim, essa perspectiva nos encoraja a perguntar: quais formas de luta social caracterizam o capitalismo do presente? A noção de "lutas de fronteira" serve para esclarecer os projetos políticos dos atores sociais de hoje? Ela propicia uma base para acessar seu potencial emancipatório? Acima de tudo, qual luz essa compreensão do capitalismo joga sobre as perspectivas de transformação social emancipatória?

Devemos, com certeza, lidar com essas questões na discussão que se segue. Quaisquer que sejam as respostas, elas vão compreender um "diagnóstico do tempo", no qual análise e crítica são unificadas. E, na medida em que for bem-sucedido, esse diagnóstico terá relevância prática. Ele não fornecerá um plano para a ação, certamente, mas pode propiciar o tipo de orientação que esclarece o contexto e guia a ação, um mapa no qual localizar (e compreender melhor) "lutas e desejos da época".

II
Historicizando o capitalismo

O capitalismo no tempo

Jaeggi: No capítulo anterior, conceitualizamos o capitalismo como uma ordem social institucionalizada e falamos sobre suas condições de fundo e de primeiro plano. O que abordarei neste capítulo é como conceber o capitalismo não apenas enquanto ordem social institucionalizada, mas também como ordem social *histórica*, que se altera com o tempo e cujas diferentes características significativas mudam à medida que as coisas evoluem ao longo da história. A primeira questão seria, então: o que significa de fato historicizar o capitalismo e por que temos de fazer isso? Como essa ideia da historicidade no capitalismo resulta daquela de que ele é uma ordem social institucionalizada?

Fraser: Sua questão sugere outro motivo para rejeitar a visão do capitalismo como um sistema econômico *simpliciter*. Essa visão é a-histórica, centrada numa "lógica sistêmica" que parece existir fora do tempo. Ela não nos diz como a "lógica do capital" é implantada em sociedades de fato nem como conectar "sistema" e história. Isso contrasta fortemente com a abordagem que proponho, que é desenvolvida para trazer essas conexões ao primeiro plano. Ao redefinir o capitalismo como ordem social institucionalizada, assumi que sua lógica econômica está "enraizada", para utilizar o termo de Polanyi, num quadro maior, que inclui as condições de fundo não econômicas do poder público, da reprodução social e da natureza. Isso nos conduz diretamente à história. O modo como a economia oficial está situada perante o poder público, a reprodução social e a natureza se altera historicamente, assim como o modo como essas coisas são organizadas.

Apesar disso, também é verdadeiro que havia algo "fora do tempo" em nossa discussão no capítulo anterior. Lá enfatizamos as características gerais de uma ordem social capitalista, mas só fizemos insinuações a respeito do desenvolvimento dessa ordem na história. Agora, devemos colocar nossa perspectiva *dentro* do tempo, conceitualizando a sociedade capitalista como algo que se desenvolve de maneira temporal, numa sequência de regimes historicamente específicos de acumulação. Nesses regimes, as relações entre Estado e economia assumem várias formas historicamente específicas, assim como o fazem as relações entre produção e reprodução social, por um lado, e entre sociedade e natureza, por outro.

Jaeggi: Vamos nos concentrar, por um segundo, na relação entre história e teoria ou na relação entre a lógica e a história do capitalismo. O que muda, de fato, aqui? É o plano de fundo, a "cama" na qual a economia está enraizada? Ou você acredita que haja dinâmicas em cada campo, bem como no interior da própria economia? Ou, ainda, é a relação que muda? O que produz realmente a dinâmica histórica que você tem em mente?

Fraser: No modelo que proponho, cada componente da ordem social institucionalizada, que é o capitalismo, é constituído em relação com os outros. Não podemos sequer conferir sentido à ideia de "uma economia" – exceto em oposição a uma "política" – nem à de uma "produção" – exceto em contraste com a "reprodução" –, tampouco à de uma "natureza" (não humana) exceto em contraste com a "sociedade" (humana). As fronteiras entre essas "esferas" se alteram historicamente, mas essas alterações fazem mais do que só mudar o lugar onde economia, produção e sociedade acabam e onde política, reprodução e natureza começam. Elas também introduzem mudanças qualitativas na natureza de cada termo no interior dessas relações. Por isso, pode-se dizer que a cama muda, mas muda também aquilo que está deitado nela. Nessa visão, não faria sentido, para nenhum desses termos, mudar sem que os outros mudem também, porque são mutuamente constituídos.

Jaeggi: Bom, então a distinção entre a lógica e a história do capitalismo ainda faz sentido? Ou você diria que devemos historicizar o capitalismo tão profundamente que a própria lógica é historicizada?

Fraser: No nível mais geral, *de fato* faz sentido falar da orientação à acumulação ilimitada de mais-valor – a assim chamada "lei do valor" – como uma força dinâmica e impulsionadora que opera, de uma forma ou de outra, em todas as sociedades que merecem o título de "capitalistas". Mas como essa força se expressa, as práticas por meio das quais funciona, as restrições e os limites em que esbarra e as estratégias que o capital desenvolve para contornar esses limites e lucrar com eles, tudo isso é historicamente específico. Então, sim, há uma constante aqui, mas ela é muito abstrata – tão abstrata que você não irá muito longe caso se mantenha nesse nível de análise.

Jaeggi: Como você sabe, então, se uma ordem social institucional específica ainda é capitalismo ou se já era capitalismo? Por exemplo, o capitalismo mercantil não se assemelha muito ao capitalismo de hoje, e poderíamos propor um conjunto de distinções conceituais de acordo com as quais eles estão mais distantes um do outro do que de outras ordens sociais não capitalistas, e assim por diante. Se você é crítica de algumas compreensões a respeito de uma lógica imutável do capitalismo, no interior da multiplicidade de capitalismos, tanto historicamente quanto ao redor do mundo, que tipo de padrão conceitual ainda usaria para identificar uma ordem social como capitalista?

Fraser: Há duas diferentes questões aqui. Até este momento, falei do capitalismo como sequência de regimes de acumulação, que tem uma trajetória e se desdobra diacronicamente na história. Agora, você introduziu as variedades sincrônicas de capitalismo, que existem ao lado umas das outras numa mesma época. Esse é um ponto um tanto diferente. Gostaria de propor que, neste momento, coloquemos de lado a questão sincrônica e foquemos a diacrônica. Assim, podemos responder a como sabemos que ainda é capitalismo retornando ao que dissemos no Capítulo 1. Defendo a análise feita ali, que apresentou uma visão expandida do capitalismo, que abarca a economia oficial e suas condições de fundo. Essa constelação de primeiro plano e plano de fundo serve como concepção geral que distingue sociedades capitalistas de sociedades não capitalistas. Ao contrário das primeiras, as últimas não institucionalizam separações entre economia e política ou produção e reprodução, assim como suas divisões entre natureza e sociedade são muito menos claras. A meu ver, essas separações são a especificidade do capitalismo, sobretudo porque correspondem às precondições indispensáveis a uma "economia" sujeita à direção da "lei do valor". Sem elas, tal "economia" não existiria. Essa é a visão que venho desenvolvendo. Agora, no entanto, quero historicizá-la, considerando como foi concretamente instanciada em diferentes regimes de acumulação.

OS REGIMES DE ACUMULAÇÃO DO CAPITALISMO

Jaeggi: No primeiro capítulo, identificamos quatro características básicas do capitalismo; agora iremos historicizá-las, dizendo que as instanciações históricas de cada um desses momentos são cambiantes e que, embora diferentes umas das outras, ainda são instanciações dessas características.

Agora, quando falamos sobre a história do capitalismo, tendemos a propor estágios mais ou menos bem definidos, ainda que acadêmicos possam discordar sobre os detalhes.

Fraser: Os estágios que vou propor aqui são bastante familiares, são os mesmos invocados por muitos historiadores do capitalismo. Primeiro, capitalismo mercantil ou comercial, seguido pelo assim chamado capitalismo "liberal" (concorrencial); em seguida, pelo capitalismo administrado pelo Estado (ou social-democrata); e, por fim, pelo capitalismo financeirizado. Nesse nível, não tenho nada de original a acrescentar às discussões convencionais. Novo é o modo como proponho distinguir esses regimes. A maioria dos acadêmicos enfatiza como Estados e mercados se relacionam em cada um deles, mas negligencia a relação entre produção e reprodução, por um lado, e entre natureza (não humana) e sociedade (humana), por outro. No entanto, essas últimas relações são igualmente plenas de consequências e definidoras das sociedades capitalistas; portanto, também pertencem ao centro de nossa análise. Podemos ir longe na compreensão da história do capitalismo enfatizando como a reprodução social e a natureza estão organizadas em cada uma de suas fases e como se dá a organização do poder político. Para qualquer período, até que ponto e de que forma o "cuidado" e a "natureza" são comodificados? Até que ponto e de que forma são internalizados como objetos de administração política e/ou empresarial? Até que ponto e de que forma a responsabilidade por eles é delegada aos lares e/ou às vizinhanças, às comunidades de base e/ou à sociedade civil? Espero contribuir com algo de novo para as discussões sobre a historicidade do capitalismo ao redescrever cada uma de suas fases familiares como uma constelação historicamente específica de todas essas relações entre primeiro plano e plano de fundo.

Jaeggi: Certo. Nesse caso, temos quatro estágios, sobre os quais conversaremos adiante. Antes, eu gostaria de perguntar: o que você realmente entende por estágio ou fase?

Fraser: Por fase, entendo um *regime de acumulação*, uma matriz institucional relativamente estabilizada, na qual a dinâmica de acumulação é moldada e canalizada por uma organização específica de suas condições de fundo. Essa forma é dada, a princípio, por uma organização específica do poder público em nível estatal e geopolítico, incluindo pertencimento político, direitos de cidadania, hierarquias de subjetivação política e relações centro/periferia. Na sequência, por determinada organização da reprodução social, incluindo formas familiares e ordens de gênero. Por fim, por uma organização ecológica específica, que inclui formas características de gerar energia, extrair recursos e descartar lixo. Em conjunto, esses elementos canalizam a dinâmica de acumulação. Implantando-a numa ordem social institucionalizada, dão uma forma definida e estabilidade relativa a algo que, de outro modo, seria selvagem e anárquico.

Claro que a estabilidade nunca é perfeita, e o capitalismo está mudando o tempo todo. Ainda assim, há uma diferença entre períodos de desenvolvimento histórico "normal" – nos quais a mudança se desdobra numa ordem dada, cujos parâmetros básicos permanecem relativamente fixos – e momentos "anormais", em que um regime está se desmantelando. No segundo caso, ao contrário do que ocorre no primeiro, os parâmetros básicos estão em disputa. (Devo esclarecer que utilizo os termos "normal" e "anormal" aqui num sentido inspirado por Thomas Kuhn e Richard Rorty.)[1]

Dinâmicas no nível do sistema

Jaeggi: Então, nesse nível abstrato – logo abordaremos as coisas em termos mais concretos –, o que leva de um estágio a outro quando uma dessas situações mais ou menos estabilizadas em ordens sociais institucionalizadas deixa, de algum modo, de ser estável? Marx tinha uma ideia bastante específica a respeito dessa dinâmica, e estou interessada em ouvir um pouco mais sobre os modos de transformação social e de mudança que estão operando aqui.

Fraser: Aqui, quero distinguir entre uma explicação no nível do "sistema" e outra no nível do "social". Um exemplo da primeira é a ideia marxiana de que "relações de produção" arraigadas passam a agir como "grilhões" sobre as "forças de produção" em desenvolvimento. Com o tempo, assim continua a história, as "forças" erodem as "relações", desmantelando o regime e pavimentando o caminho para sua substituição por um novo. Essa *não* é a explicação que quero propor, já que é muito tecnológica, determinista e monocausal. Quero, sim, desenvolver uma concepção que opere no mesmo nível e esclareça o papel das contradições sistêmicas nas transições históricas.

Eis a alternativa que tenho em mente: sustento, primeiro, que cada regime de acumulação representa um modo provisório de lidar com algumas tensões inerentes a toda sociedade capitalista, tensões entre produção econômica e reprodução social, entre economia e política e entre sociedade e natureza. Segundo, insisto que

---

[1] Thomas Kuhn, *Structure of Scientific Revolutions* (2. ed., Chicago, University of Chicago Press, 1962) [ed. bras.: *A estrutura das revoluções científicas*, 13. ed., trad. Beatriz Vianna Boeira e Nelson Boeira, São Paulo, Perspectiva, 2018]; Richard Rorty, *Philosophy and the Mirror of Nature* (Princeton, Princeton University Press, 1979), p. 320-32 [ed. bras.: *A filosofia e o espelho da natureza*, trad. Antonio Transito, Rio de Janeiro, Relume-Dumará, 1994].

essas tensões são "tendências à crise" que se encontram acima e para além daquelas teorizadas por Marx. Enquanto suas tendências à crise eram localizadas *no interior* da economia capitalista, essas surgem nas *fronteiras* que separam a economia de suas condições não econômicas de possibilidade. Poderíamos chamá-las de tendências à crise (quase) "polanyianas", em oposição às "marxianas", uma vez que surgem ao longo das fronteiras institucionais estabelecidas, as quais estruturam dado regime de acumulação. Então, eu diria que as sociedades capitalistas estão sempre situadas sobre uma pluralidade de tendências à crise com potencial de ruptura: políticas, ecológicas e social-reprodutivas. No entanto, isso não descarta a existência das contradições marxianas. Reitero que sociedades capitalistas também apresentam tendências a crises que são internas à economia e expressas de formas especificamente econômicas, como queda das taxas de lucro, ciclos de crescimento-falência, desemprego em massa, transferência do capital da produção à finança e outras semelhantes. Em alguns períodos, de fato, esses dois tipos de tendências à crise convergem. Neles, as tensões marxianas e polanyianas do capitalismo se acirram e se combinam para criar "crises sistêmicas" que excedem, em muito, as dificuldades de "tempos normais". Periodicamente, elas atingem um ponto de gravidade em que as pessoas reagem, e é aqui que passamos ao nível *social* de explicação.

Jaeggi: Posso interrompê-la por um momento, antes de começarmos a falar sobre o outro nível, e retornar a Marx? Para ele, ou ao menos em algumas versões do marxismo ortodoxo, só há uma dinâmica: aquela que decorre do desenvolvimento das forças produtivas. Como se sabe, ele afirmou, em *A ideologia alemã*, que a ideologia não tem história[2]. Talvez, então, ele compreenda todas essas outras dinâmicas sociais que você tem em mente como coisas sem história, que apenas *refletem* dinâmicas que decorrem do domínio econômico. Claro, isso seria um marxismo bastante ortodoxo, mas, nessa versão ortodoxa, todo o resto giraria de algum modo em torno do desenvolvimento das forças produtivas. Por isso, temos a ideia poderosa das relações de produção como os "grilhões" das forças produtivas. É aqui que a música toca: todo o resto é secundário para essa "dinâmica dominante" e depende dela, por assim dizer.

De fato, mesmo em Marx as coisas não são tão simples. Ainda assim, penso que devemos buscar uma figura multidirecional, na qual cada uma das esferas, cada uma das partes de uma ordem social institucionalizada (ou forma de vida), seja compreendida como tendo dinâmicas próprias que interagem de algum modo. Ainda gosto da

---

[2] Karl Marx e Friedrich Engels, *The German Ideology* (1845-1846), em Karl Marx e Friedrich Engels, *Collected Works*, v. V (Londres, Lawrence & Wishart, 2010), p. 36-7 [ed. bras.: *A ideologia alemã*, trad. Rubens Enderle, Nélio Schneider e Luciano Cavini Martorano, São Paulo, Boitempo, 2007, p. 94]. Ver também Louis Althusser, "Ideology and Ideological State Apparatuses", em *Lenin and Philosophy and Other Essays* (Nova York, Monthly Review Press, 1971) [ed. bras.: *Aparelhos Ideológicos de Estado*, trad. J. A. Guilhon de Albuquerque e Maria Laura Viveiros de Castro, Rio de Janeiro, Graal, 1987].

ideia de bloqueio ou de que a mudança e a crise ocorrem porque há incompatibilidade entre as dinâmicas dessas esferas, bem como da ideia de que, por vezes, pode haver uma mudança tecnológica que desestabilize outras dimensões da vida social. Assim, não me oponho, de forma alguma, à ideia de que uma dinâmica pode ser bloqueada ou de que essas diferentes esferas do social podem estar numa relação de compatibilidade ou incompatibilidade, mas eu preferiria uma figura mais complexa. Imagino que você também prefira uma figura mais complexa a respeito das crises, assim como das dinâmicas de transformação.

Fraser: Com certeza. Eu assinaria embaixo, palavra por palavra, da formulação que você acabou de oferecer. A figura que desenvolvemos no capítulo anterior incluía a ideia de que diferentes elementos da ordem capitalista têm as próprias normatividades e ontologias sociais. Isso implica a possibilidade de desenvolvimentos "relativamente autônomos" que não são meros "reflexos" dos desenvolvimentos econômicos ou tecnológicos, mesmo que possam ser afetados por estes – e vice-versa. Vejamos, por exemplo, a surpreendente queda no tamanho dos domicílios que ocorreu em muitas sociedades europeias no início do período moderno. Esta mudança, de arranjos residenciais de parentesco estendido para domicílios centrados no conjugal, antecedeu em muito a emergência do capitalismo industrial e parece ter facilitado o desenvolvimento do último, motivo pelo qual as mais sofisticadas histórias materialistas e marxianas da família reconhecem a relativa autonomia da esfera do parentesco frente à da produção oficial – por exemplo, o livro *Sexo e poder*, de Göran Therborn[3]. Portanto, a visão do capitalismo como ordem social institucionalizada tem de rejeitar o modelo base/superestrutura. Também gosto de sua ideia de incompatibilidades, nas quais diferentes aspectos de nossa vida se desenrolam em ritmos distintos. Essa concepção introduz a possibilidade de interferências ou distúrbios mútuos – ou, novamente, como eu preferiria denominá-los, "tensões de fronteira". Estas surgem das relações contraditórias entre plano de fundo/primeiro plano que discutimos no último capítulo – do fato de que a economia do capitalismo necessita e, ao mesmo tempo, desestabiliza suas condições de possibilidades "não econômicas". Quando essas contradições "polanyianas" se intensificam, as pessoas enfrentam dificuldades para navegar o terreno social. Portanto, estamos na mesma página a respeito disso.

Jaeggi: Para retornarmos, então, à metáfora do enraizamento, não é que a "cama" seja estável e a economia seja dinâmica. Temos uma multiplicidade de dinâmicas.

---

[3] Göran Therborn, *Between Sex and Power: Family in the World, 1900-2000* (Nova York, Routledge, 2004) [ed. bras.: *Sexo e poder: a família no mundo (1900-2000)*, trad. Elisabete Dória Bilac, São Paulo, Contexto, 2006].

Fraser: De acordo. Essa é uma boa forma de dizer o que há de errado com Polanyi. Ele *realmente* supõe que haja uma cama estável (a "sociedade") e que então essa dinâmica econômica ruim chega e bagunça tudo. O que estou dizendo, em contraposição, está mais próximo de Weber e Habermas, que afirmam que a sociedade capitalista abarca uma pluralidade de "esferas de valor", cada qual com a própria "lógica interna" de desenvolvimento[4]. Minha visão se assemelha a essa ideia, porém se diferencia num ponto crucial: para mim, as "esferas" em questão não são naturais, e sim artefatos do capitalismo. Cada uma delas recebe sua qualidade específica (sua normatividade, sua ontologia social) da posição que ocupa na estrutura institucional mais ampla – da forma que é separada dos, e entra em contraposição com os, outros elementos constitutivos dessa estrutura, incluindo a economia capitalista. Portanto, minha visão é muito mais historicista e antiessencialista do que a de Habermas.

Dinâmicas no nível do social

Jaeggi: Tudo bem, então conversamos um pouco sobre o lado sistêmico da questão. Uma vez que você ainda prefere falar dos lados do sistema e da teoria da ação, talvez queira nos dar uma ideia de como compreender o lado não sistêmico da questão. Trataremos agora da esfera da ação e da luta social, correto?

Fraser: Exatamente. Um rápido comentário preliminar: não é que eu prefira a linguagem da "teoria do sistema" e da "teoria da ação". Reconheço plenamente, como você, por que ela é problemática. Uso essas expressões entre aspas, a fim de enfatizar que uma explicação adequada da "mudança de regime" capitalista tem de abarcar (ao menos) dois diferentes níveis. Eu ficaria feliz, todavia, em utilizar outros termos para designá-los – por exemplo, os níveis estrutural-institucional e de ação-social ou capacidade intersubjetiva de agir.

Em todo caso, estamos agora entrando no nível do social, da experiência e da ação social. Nada conta inteiramente como uma crise, como defendeu Brian Milstein, até que seja experienciado como tal[5]. Aquilo que parece uma crise para um observador externo não se torna historicamente produtivo até que os participantes na sociedade o vejam como uma crise. É só quando uma massa crítica de

---

[4] Max Weber, "Religious Rejections of the World and Their Directions", em H. H. Gerth e C. Wright Mills (orgs.), *From Max Weber: Essays in Sociology* (Nova York, Oxford University Press, 1946), p. 323-59; Jürgen Habermas, *The Theory of Communicative Action*, v. I (trad. Thomas McCarthy, Boston, Beacon, 1984 [1981]), p. 243-71 [ed. bras.: *Teoria do agir comunicativo*, v. 1: *Racionalidade da ação e racionalização social*, trad. Paulo Astor Soethe, São Paulo, WMF Martins Fontes, 2012].

[5] Brian Milstein, "Thinking Politically about Crisis: A Pragmatist Perspective", *European Journal of Political Theory*, v. 14, n. 2, 2015, p. 141-60.

pessoas conclui que não pode continuar no mesmo caminho e algo precisa *ceder* que você tem uma ação social que transgride os limites da ordem social estabelecida e abre a possibilidade de uma grande mudança institucional.

Voltemos a Marx para ilustrar o que quero dizer com um nível social de explicação da mudança histórica. Marx acreditava que, na medida em que modos de produção deparassem com dificuldades sistêmicas "objetivas", lutas de classe se acirrariam e se ampliariam progressivamente, assumindo por vezes uma forma revolucionária e transformando a ordem estabelecida. Ele também acreditava que, nesses momentos, a classe dominante estabelecida perderia a confiança e que a iniciativa passaria para a classe insurgente, a qual eventualmente refaria a ordem social por meio da luta revolucionária. Claro que isso soa determinista e excessivamente unitário, encobrindo distinções importantes entre diferentes atores, diferentes formas de luta e os vários processos pelos quais eles podem (ou não!) convergir num novo bloco hegemônico. E, claro, não estamos falando aqui nem sobre a mudança do feudalismo para o capitalismo nem sobre a do capitalismo para o socialismo, e sim sobre as principais transformações *no interior* da história do capitalismo. Portanto, temos de pensar as dinâmicas de transição da perspectiva da ação social de forma um tanto diferente. Mas precisamos, sim, desse nível de explicação.

Proponho começar com a afirmação de que lutas de classe – entre trabalho e capital em torno da taxa de exploração e da distribuição do mais-valor – são de fato características de sociedades capitalistas, que aparecem, de uma forma ou de outra, em quase todas as fases do desenvolvimento. No entanto, esse tipo marxiano de conflito não é o único que é próprio da sociedade capitalista. Igualmente endêmicas são aquelas que denominei de "lutas de fronteira", que irrompem nos locais das divisões institucionais constitutivas do capitalismo: onde a economia encontra a política, a sociedade encontra a natureza e a produção encontra a reprodução. Nessas fronteiras, atores sociais se mobilizam periodicamente para contestar ou defender o mapa institucional da sociedade capitalista – e muitas vezes são bem-sucedidos ao redesenhá-lo. Assim, a meu ver, as sociedades capitalistas são inerentemente propensas a gerar os dois tipos de luta: a de classe, no sentido marxiano, e as de fronteira, num sentido que remete a Polanyi. A questão-chave é como esses dois tipos de luta se relacionam um com o outro – acima de tudo, naqueles momentos históricos de transformação, quando um regime de acumulação dá lugar a outro. Para compreender tais transformações, precisamos de uma ideia de "crise geral" em que, não só uma ou duas, mas *todas* as (*ou a maioria das*) contradições inerentes ao capitalismo – econômicas, sociais, políticas e ecológicas –, se entrelaçam e agravam uma a outra. Não quero dizer apenas "objetivamente", mas também intersubjetivamente, como quando lutas de classe e lutas de fronteira convergem e se combinam para produzir uma nova contra-hegemonia. Essa é minha compreensão da "mudança de regime", do lado da "ação social".

As lógicas da mudança

Jaeggi: Tendo esses dois níveis no horizonte, vamos retornar à questão a respeito de como um estágio leva a outro. Já estamos circulando em torno da ideia de crise nos níveis objetivo e subjetivo. Marx explicitou que revoluções e transformações sociais dependem tanto de momentos passivos quanto de momentos ativos. Podemos definir estes como os momentos de luta de classe e de lutas de fronteira e aqueles como os momentos mais "objetivos" de crise e contradição. No que diz respeito ao último lado, aquilo que você descreveu como nível do sistema, certas práticas e instituições se tornaram disfuncionais, ao passo que, no que concerne ao lado das lutas de classe e lutas de fronteira, trata-se mais de indignação. E mesmo do lado das lutas de classe – o nível subjetivo ou, em seus termos, social – não se trata *apenas* de indignação, e certamente ela não depende só de uma vontade revolucionária voluntarista. Marx junta esses dois lados. O *insight* dele foi o de que crises criam certo tipo de potencial para a emergência daqueles movimentos e o de que há condições sociais objetivas necessárias ao surgimento de movimentos emancipatórios.

Trazendo isso de volta a nossa discussão sobre crises: qual modelo você tem em mente? É o de que cada um desses regimes se depara com um tipo de problema no nível do sistema, que precisa ser resolvido por uma transformação iniciada no nível social? Nesse caso, ao falar desses quatro regimes, deveríamos também explicitar como, em certo ponto, algo simplesmente não funcionou mais; como, em certo ponto, práticas e instituições erodiram, tornaram-se inabitáveis, instáveis, deslegitimadas, e uma nova solução e um novo conjunto de instituições precisaram ser produzidos. Isso, no entanto, somente nos leva à próxima questão, que é como conceber esses tipos de transformação. Trata-se, como alguns foucaultianos poderiam dizer, de uma questão de contingência e descontinuidade? Em meu próprio trabalho, por exemplo, defendo uma concepção mais poderosa – levemente hegeliana, levemente dialética – das dinâmicas, que é cumulativa de algum modo, isto é, marcada pelo fato de que novos regimes reagem a crises do antigo regime e de que essas crises demandam que os problemas trazidos por elas sejam resolvidos no mesmo plano em que são colocados[6]. Assim, mesmo que um estágio não leve necessariamente a outro e que haja mais do que uma "lógica da história", há algum tipo de racionalidade em ação.

Fraser: Definitivamente, há algo mais em ação além de mera contingência. Concordo que Foucault pode servir como explicação negativa do objeto, um exemplo de como *não* pensar a transformação social. Embora rejeitando corretamente o

---

[6] Para uma discussão aprofundada dessas dinâmicas de resolução de problemas, ver Rahel Jaeggi, *Critique of Forms of Life* (trad. Ciaran Cronin, Cambridge, MA, Harvard University Press, 2018), esp. parte 2, cap. 4, e parte 4.

determinismo histórico e a teleologia, ele ultrapassou o alvo, terminando numa visão igualmente problemática de que coisas mudam de repente e sem razão. Nessa visão radicalmente descontínua da história, uma episteme arraigada ou um regime de poder/conhecimento simplesmente termina, não sabemos por que, e um novo aparece de uma hora para outra, de um modo e de uma forma inteiramente não motivados. É como se qualquer coisa pudesse acontecer a qualquer momento. Isso é muito diferente da visão que quero propor. Para mim, em contraposição, cada novo conjunto de possibilidades tem seus fundamentos numa situação em que há um problema concreto, em que arranjos existentes deparam objetivamente com dificuldades e são subjetivamente experienciados como problemáticos. Nesse tipo de situação, atores sociais enfrentam a urgente questão de como, concretamente, alterar a organização da sociedade. Eles buscam arranjos que podem lidar de maneira satisfatória com os problemas historicamente específicos que foram gestados pelo antigo regime, mas que não podem ser resolvidos por ele. Assim, a transformação se assemelha aqui com a ideia hegeliana da determinação negativa, com a exceção de que eu insistiria que cada situação de crise concreta abriga uma pluralidade de caminhos possíveis, não apenas um, como Hegel pareceu supor. Por outro lado, o número de possibilidades real é relativamente pequeno, e algumas coisas simplesmente não são possíveis. Você não tem como ir de repente de um capitalismo global financeirizado para uma Espanha medieval – essa não é uma sequência inteligível nem um caminho histórico genuinamente possível.

Com base nessa perspectiva, além disso, é possível reconstruir, em retrospecto, a história da sociedade capitalista como uma sequência de diferentes regimes que tem uma trajetória. Cada regime emerge da situação específica de crise do regime anterior e busca superar os impasses do último. Mas cada um também introduz, por conta própria, novos problemas que é incapaz de resolver e é, por sua vez, substituído. Até o presente, ao menos, sempre foi assim, e é provável, penso, que no futuro também o seja. Vista desse modo, a sequência faz sentido e parece ter direcionalidade.

Regimes de política e economia

Jaeggi: Vamos começar a olhar para esses regimes de acumulação com mais detalhes. Penso que uma forma interessante de contar a história desses quatro estágios é se referir às relações cambiantes entre economia e política. Muitas vezes, o capitalismo é pensado como a ordem institucional em que economia e política, economia e Estado se tornaram separados. É quase um truísmo que a economia capitalista seja, de algum modo, independente do resto da sociedade. Ao mesmo tempo, isso também não é verdade, e essa ideia de uma economia independente do Estado é, em grande medida, um produto da ideologia. Portanto, o que me interessa aqui é a dependência e a independência, a conexão e a separação. Como isso é explicitado nesses diferentes estágios e regimes? Como, nessa imagem historicizada, essas relações evoluíram? O assunto não parece tão simples quanto resumir que primeiro havia unidade e depois havia separação.

Fraser: A ideia geral que você acaba de esboçar está bastante de acordo com minha visão de que a economia do capitalismo se encontra numa relação complexa com suas condições de fundo. Ela é, por um lado, institucionalmente separada delas, como ressaltei no início. Ao mesmo tempo, depende delas para vários "insumos", incluindo pessoas, e para várias formas de organização política e social sem as quais não poderia produzir e vender mercadorias de modo lucrativo, acessar e explorar o trabalho e acumular e apropriar o mais-valor de modo sustentável e contínuo. Então, sim, há tanto separação quanto dependência.

Isso, entretanto, não é tudo. A economia capitalista também se encontra numa relação de *negação* frente às suas condições de fundo. Ela denega sua dependência delas, tratando a natureza, a reprodução social e o poder público como "brindes gratuitos", inesgotáveis, sem valor (monetário) e que podem ser apropriados *ad infinitum* sem qualquer preocupação com reposição. Como resultado, a relação é potencialmente contraditória e propensa a crises, porque o impulso incessante por uma acumulação sempre em expansão desestabiliza as condições de fundo das quais a dinâmica do primeiro plano depende. Considerando tudo, trata-se de uma relação de *divisão-dependência-denegação*, o que é uma fonte constitutiva de possível instabilidade, uma receita para crises periódicas (ver Capítulo 3).

Note, todavia, que venho descrevendo as relações entre primeiro plano/plano de fundo do capitalismo de um modo que vale não só para economia/política, mas também para produção/reprodução e sociedade/natureza. Eventualmente, eu gostaria de me valer dessa concepção para historicizar o capitalismo ao longo desses três eixos de modo integrado. Pode ser necessário discuti-los em separado agora, mas quero ao menos registrar que isso é menos do que ideal e gostaria de repetir o que disse antes. A maioria das compreensões, incluindo aquelas da Escola de Regulação, enfatiza, de forma unilateral, as relações entre Estado/economia[7]. Com toda a certeza, essa é uma parte importante da história, mas somente uma, e ela tem de ser vinculada às outras dimensões, igualmente importantes, que dizem respeito às relações entre produção/reprodução e entre sociedade/natureza. Tais relações

---

[7] Alain Lipietz, "Behind the Crisis: The Exhaustion of a Regime of Accumulation", *Review of Radical Political Economics*, v. 18, n. 1-2, 1986, p. 13-32; Robert Boyer, *La Théorie de la régulation: une analyse critique* (Paris, La Découverte, 1986) [ed. bras.: *Teoria da regulação: os fundamentos*, trad. Paulo Cohen, São Paulo, Estação Liberdade, 2009]; Robert Boyer e Yves Saillard (orgs.), *Regulation Theory: The State of the Art* (Nova York, Routledge, 2002); Michel Aglietta, *A Theory of Capitalist Regulation: The US Experience* (trad. David Fernbach, Londres, Verso, 2015 [1976]).

são fundamentais para o capitalismo como ordem social institucionalizada. Periodizações que as negligenciem podem conduzir apenas ao erro. Uma concepção expandida de capitalismo precisa tornar a ecologia e a reprodução social tão centrais quanto as ordens políticas em seus esquemas de historização. Um propósito importante de meu projeto é trazer esses aspectos negligenciados para a figura e colocá-los na frente e no centro da história do capitalismo.

Jaeggi: Certo, trata-se de um projeto de fato ambicioso, pois você tem de encontrar um vocabulário holista de como essas esferas se relacionam diferentemente em tempos diversos, o que é complicado, porque uma historização minuciosa também afetaria a definição dessas mesmas esferas. No entanto, você concordou que também há dinâmicas autônomas em jogo em cada uma delas, pelo menos quando enfatizamos as transições que mais nos interessam, aquelas que têm a ver com o capitalismo. Assim, tendo em mente que as peças dessa figura têm de ser encaixadas, vamos começar com pequenos passos e nos concentrar mais uma vez na separação entre economia/política e, na sequência, nas outras separações institucionais. Qual formato a relação entre economia e política assumiu sob esses regimes de acumulação e como se alterou em cada um?

Fraser: Vou começar com a fase inicial do capitalismo, a mercantil, que foi dominante por cerca de duzentos anos, mais ou menos do século XVI ao XVIII. Nessa fase, a economia do capitalismo era apenas parcialmente separada do Estado. Nem a terra nem o trabalho eram de fato uma mercadoria, e normas econômico-morais ainda governavam a maioria das interações cotidianas, mesmo em municípios e cidades dos países do coração da Europa. Governantes absolutistas usavam seus poderes para regular o comércio internamente, dentro de seus territórios, ainda que lucrassem com pilhagem externa e comércio de longa distância, organizados de modo capitalista, por meio de um mercado mundial de mercadorias de luxo em expansão. Portanto, havia uma divisão entre interno/externo: regulação comercial dentro do território do Estado, "a lei do valor" fora dele. Essa divisão se manteve por um tempo, mas foi eventualmente rompida, na medida em que a lógica do valor que operava internacionalmente começou a entrar no espaço doméstico dos Estados europeus, alterando as relações sociais entre proprietários de terra e seus dependentes, fomentando novos ambientes profissionais e empresariais em centros urbanos, que se tornaram as sementes do pensamento liberal e mesmo revolucionário. Igualmente corrosivo – e pleno de consequências – foi o crescente endividamento dos governantes. Precisando de receita, alguns deles foram forçados a convocar corpos protoparlamentares, que não conseguiriam controlar ao fim. Em diversos casos, isso levou à revolução.

Jaeggi: E a um novo regime?

Fraser: Sim. Graças a essa combinação de corrosão econômica com turbulência política, o capitalismo mercantil foi suplantado no século XIX por um novo regime, frequentemente denominado de "capitalismo liberal". Nessa fase, os principais Estados capitalistas europeus não se valiam mais diretamente do poder público para regular o comércio interno. Pelo contrário, construíram "economias" nas quais a produção e a troca pareciam operar de forma autônoma, livres de controle político aberto, por meio do mecanismo "puramente econômico" da "oferta e da demanda". O que deu base a essa construção foi uma nova ordem jurídica, que valorizou a supremacia do contrato, da propriedade privada, dos mercados que estabelecem preços e dos associados direitos subjetivos dos "indivíduos livres", vistos como pessoas que, mantendo distância, fazem transações maximizadoras de utilidade. O efeito foi institucionalizar, no nível nacional, uma divisão aparentemente aguda entre o poder público dos Estados, por um lado, e o poder privado do capital, por outro. Mas, é claro, os Estados, durante todo o tempo, utilizavam poder repressivo para sacramentar as expropriações de terra que transformaram as populações rurais em proletários "duplamente livres". Assim, estabeleceram as precondições de classe para a exploração em larga escala do trabalho assalariado, as quais, quando combinadas com a energia fóssil, alimentaram a decolagem massiva da manufatura industrial. Enquanto isso, na periferia, poderes coloniais europeus abdicavam de qualquer pretensão de abstinência política. Conjugando força militar para assegurar o saqueamento das populações subjugadas, consolidaram o domínio colonial na base do "imperialismo do livre-comércio", sob hegemonia britânica, o que levanta dúvidas quanto à expressão "capitalismo liberal". Além disso, quase desde o início, esse regime foi destruído pela instabilidade econômica e política. Seu modo de institucionalizar a separação entre economia/política deu origem a periódicas depressões, crises e pânicos, por um lado, e a intensos conflitos de classe, lutas de fronteira e revoluções, por outro – tudo isso enquanto alimentava o caos financeiro internacional, as rebeliões anticoloniais e as guerras interimperialistas. Por volta do século XX, as múltiplas contradições do capitalismo "liberal" haviam se metastasiado numa prolongada crise geral, finalmente resolvida no rescaldo da Segunda Guerra Mundial, com a instalação de um novo regime.

Jaeggi: Suponho que você queira dizer o capitalismo administrado pelo Estado. Como essa formação refez a relação entre economia e política?

Fraser: Bom, nesse regime, os Estados do centro começaram a utilizar o poder público de modo mais proativo em seus próprios territórios, a fim de evitar ou mitigar crises. Fortalecidos pelo sistema Bretton Woods de controle de capital, estabelecido sob hegemonia dos Estados Unidos, eles investiram em infraestrutura, assumiram alguns dos custos da reprodução social, promoveram o pleno emprego e o consumo da classe trabalhadora, aceitaram sindicatos de trabalhadores como parceiros em negociações empresariais trilaterais, controlaram ativamente o desenvolvimento econômico, compensaram por "falhas do mercado" e, de maneira geral, disciplinaram o capital para seu próprio bem. Todos esses esforços visavam a assegurar as condições para uma acumulação sustentável de capital privado e esvaziar a revolução. Embora isso tenha estabilizado as coisas por algumas décadas, o capitalismo administrado pelo Estado também esbarrou nas próprias contradições econômicas e políticas. Salários crescentes e generalização dos ganhos da produtividade, combinados com menores taxas de lucro nas manufaturas no centro, levaram a novos esforços da parte do capital para liberar as forças do mercado da regulação política. E uma Nova Esquerda global surgiu para enfrentar opressões, exclusões e predações nas quais todo o edifício se baseava. Seguindo o curso, o regime do capitalismo administrado pelo Estado foi, por sua vez, substituído pelo atual regime.

Jaeggi: E esse regime é o capitalismo financeirizado.

Fraser: Sim. O atual regime reformulou de novo a relação entre economia/política. Enquanto seu predecessor empoderou os Estados para subordinar os interesses de curto prazo das empresas ao objetivo de longo prazo de acumulação sustentável, este autorizou o capital financeiro a disciplinar Estados e públicos segundo os interesses imediatos dos investidores privados. O desmantelamento de Bretton Woods, incentivado pelos Estados Unidos, abriu caminho para isso. Ausentes os controles de capital do período precedente, os Estados perdem a capacidade de controlar as próprias moedas e suas economias por meio do financiamento do déficit. Eles estão agora à mercê de agências credoras e de classificação de títulos internacionais. Ironicamente, nesse regime, a capacidade do Estado é usada para construir estruturas de governança transnacionais que dão poder ao capital a fim de disciplinar cidadãos e públicos, para os quais o poder público deveria, em tese, prestar contas! Organizações como o Fundo Monetário Internacional (FMI), a Organização Mundial do Comércio (OMC) e o acordo TRIPS (acordo sobre aspectos dos direitos de propriedade intelectual relacionados ao comércio) estabelecem muitas das regras do jogo, globalizando e liberalizando a economia mundial segundo os interesses do capital. Além disso, a dívida desempenha um papel central na governança do capitalismo financeirizado. Nesse regime, é em geral por meio da dívida que o capital expropria populações no centro e na periferia e impõe austeridade sobre os cidadãos, a despeito das preferências políticas que eles expressam nas eleições. Ainda assim, também esse regime é muito instável. Tendo esvaziado o poder público do qual a acumulação depende, o capitalismo financeirizado atingiu o ponto de crise – não só a do sistema econômico, sinalizada pela quase destruição da ordem financeira global em 2007--2008, mas também a político-hegemônica, sinalizada pelo Brexit, por Trump etc.

Trata-se de um esboço grosseiro das principais mudanças no vínculo entre economia/política, o qual nos mostra que a forma geral do capitalismo, como ordem social institucionalizada, passou por sucessivas transformações no decorrer da história. Em cada fase, as condições políticas da economia capitalista assumiram uma forma institucional diferente, tanto no nível do Estado-territorial quanto no âmbito geopolítico. Em todos os casos, a contradição política da sociedade capitalista assumiu um disfarce diferente e encontrou expressão num conjunto diferente de fenômenos de crise. Em cada regime, por fim, a contradição política do capitalismo incitou formas diferentes de luta social.

Jaeggi: Outro ponto é que a relação entre economia/política não diz respeito apenas a cada Estado e sua economia, mas também a como cada ordem política internacional é organizada quanto à economia capitalista global.

Fraser: Exatamente. Ao fazer um esboço dessas transformações, procurei sublinhar os arranjos geopolíticos e os processos políticos nas fronteiras estatais. Penso que o nível internacional é importante, pois o capital é inerentemente expansionista e tem um impulso para transgredir fronteiras, o que coloca a lógica econômica, que é intrinsecamente transterritorial, em potencial conflito com a lógica moderna do domínio político, que é territorial. Cada regime de acumulação teve de administrar essa contradição – em geral, autorizando um poder hegemônico a construir espaços políticos transnacionais ou internacionais. Por isso, aliás, prefiro não falar de relações entre Estado-mercado, e sim da relação entre o *poder privado* do capital e o *poder público*. Essa formulação é melhor porque inclui, além dos Estados, as hegemonias geopolíticas e as estruturas transestatais de governança que sempre moldaram o desenvolvimento capitalista. É importante notar, por exemplo, que a transição do capitalismo liberal para o capitalismo organizado pelo Estado incluiu uma passagem da hegemonia britânica para a americana, bem como do padrão-ouro, do imperialismo do livre-comércio do século XIX e do início do XX, para o controle de capital de Bretton Woods do período do pós-guerra, enquanto a passagem mais recente para o capitalismo financeirizado parece, ao menos por ora, ter preservado a hegemonia dos Estados Unidos, ainda que de maneira enfraquecida e sem muita autoridade moral.

A governança no nível transestatal é especialmente importante no regime atual. O capitalismo financeirizado não diz respeito, de forma alguma, à simples desregulamentação. Pelo contrário, envolve a construção de uma nova camada de governança para além do nível dos Estados, constituída largamente por instituições financeiras globais, como aquelas que mencionei antes: FMI, Banco Mundial, OMC e TRIPS. A essas, devemos acrescentar os bancos centrais e as agências de classificação de títulos. Nenhuma dessas instituições presta contas politicamente. Ainda assim, todas estão ativamente engajadas na criação de regras, com autoridade e em grande escala. As regras que criaram estão impregnadas de interpretações tipicamente neoliberais sobre propriedade privada e livre-comércio, que hoje governam amplas camadas de interação social em todo o mundo. Alçadas a um nível superior e capazes de passar por cima de leis domésticas, elas estabelecem limites rígidos sobre o que os Estados podem ou não fazer em questões como direitos trabalhistas e proteções ambientais – e esses limites não podem ser alterados pela ação política em nível estatal. Por essa razão, Stephen Gill fala de um "novo constitucionalismo"[8]. Uma lógica desdemocratizante similar está em ação no nível regional, sobretudo na União Europeia. Imperativos provindos da Comissão e do Banco Central Europeu (BCE) assumem o peso e a autoridade de dispositivos "constitucionais" incontestáveis, como vimos no caso da Grécia. Em 2015, como se sabe, o povo grego elegeu um governo comprometido com a rejeição da austeridade apenas para ver aquele compromisso se tornar insignificante face aos imperativos impostos de forma transnacional, os quais são imunes à prestação política de contas e podem invalidar práticas oficiais de formação política da vontade. Essa é, em resumo, a nova relação entre economia/política no capitalismo financeirizado.

A ASCENSÃO DO NEOLIBERALISMO

Jaeggi: Isso não é, então, a ausência da política, e sim a nova forma que a política assumiu. Muitas pessoas diriam que o neoliberalismo significa que, enfim, nos livramos do Estado, de qualquer forma de influência política. Isso, obviamente, não é verdade.

Fraser: Sim. Em primeiro lugar, foram os Estados – acima de tudo, Estados poderosos, em especial os Estados Unidos – que construíram essa ordem. Boa parte dela foi engendrada por meio do mecanismo de tratados interestatais. Alguns Estados se beneficiam muito com isso, mas mesmo aqueles que estão na ponta que perde são bastante ativos na elaboração de estratégias para estabelecer nichos no seu interior. Longe de se comportarem como vítimas passivas, alguns Estados periféricos criam zonas de processamento de exportação para atrair investimento estrangeiro direto, já outros encorajam a emigração de trabalhadores com vistas a remessas de dinheiro. Obviamente, nem todos os Estados têm o mesmo poder no capitalismo financeirizado. Mas quando tiveram? Em toda fase da história do capitalismo, temos de distinguir os Estados que podem pressionar outros dos que recebem tal pressão.

---

[8] Stephen Gill, "New Constitutionalism, Democratisation and Global Political Economy", *Pacifica Review*, v. 10, n. 1, 1998, p. 23-38.

Concordo, portanto, com você: o capitalismo financeirizado não dispensou, e sim reconfigurou, a regulação política de sua economia, estabelecendo uma nova arquitetura política/financeira internacional, que restringe e canaliza as ações dos Estados de modo distinto do que fazia o antigo regime Bretton Woods. Em geral, o que os Estados podem ou não fazer sempre depende, em parte, da ordem internacional estabelecida. Como Immanuel Wallerstein já insistiu há bastante tempo, é crucial que o capitalismo tenha se desenvolvido na ausência de um Estado mundial. Nele, um *sistema econômico mundial* foi combinado com um *sistema internacional de Estados*[9], o qual sempre foi composto por uma multiplicidade de Estados territoriais organizados, de modo mais ou menos frouxo, por uma sucessão de poderes hegemônicos. Cada hegemonia teve de administrar colônias e clientes, rivais e aliados, no contexto de equilíbrios (e desequilíbrios!) de poder historicamente específicos. Cada uma delas também assumiu a liderança na organização do espaço geopolítico de um modo que pudesse fomentar uma acumulação expandida de capital. Vemos aqui um ponto enfatizado por David Harvey: a lógica política do capitalismo é distinta de sua lógica econômica[10]. Esta, por si mesma, iria para todos os lugares, simplesmente ignorando e transgredindo as fronteiras, como se estas não existissem. Mas fronteiras *existem*, e o espaço transnacional no qual o capital opera tem de ser politicamente construído.

Jaeggi: Deixe-me fazer mais uma indagação sobre a transição do terceiro para o quarto estágio, do capitalismo administrado pelo Estado para o financeirizado. Qual foi o problema que não tinha como ser resolvido no capitalismo de Estado? Qual foi a crise? Em que sentido o capitalismo neoliberal, financeirizado, foi uma reação ou um tipo de solução para problemas que emergiram do capitalismo administrado pelo Estado?

Fraser: Essa formação entrou em seu período de crise nos anos 1970 e foi substituída, pouco a pouco, quase furtivamente, pelo capitalismo global neoliberal financeirizado. Isso corresponde a um contraste impressionante com transformações prévias. Como vimos, a mudança do capitalismo mercantil para o liberal transcorreu por meio de eventos dramáticos, como as revoluções inglesa e francesa, e a mudança desse regime para o capitalismo administrado pelo Estado foi igualmente dramática, envolvendo duas guerras mundiais, uma revolução comunista, a ascensão do fascismo e uma luta no mundo inteiro para produzir uma nova forma de

---

[9] Immanuel Wallerstein, *The Modern World-Systems Analysis* (Durham, Duke University Press, 2004).

[10] David Harvey, "The 'New' Imperialism: Accumulation by Dispossession", *Socialist Register*, v. 40, 2014, p. 63-87.

capitalismo democrático. Em contraposição, a transição atual é muito mais obscura. Houve, certamente, recessões econômicas e, mais recentemente, a crise financeira de 2007-2008. Também houve mudanças eleitorais dramáticas que levaram Thatcher e Reagan ao poder no Reino Unido e nos Estados Unidos. Mas, mesmo assim, muitas das mudanças estruturais foram instituídas de maneira imperceptível e por baixo do radar. Graças a Nancy MacLean, estamos hoje tomando consciência do papel, pouco conhecido, mas repleto de consequências, da teoria da escolha pública da "Escola de Virgínia", liderada por James Buchanan e financiada pelos irmãos Koch na concepção, na divulgação e na instalação de lógicas economicistas no coração do corpo do governo dos Estados Unidos, tudo com o objetivo de desestabilizar a fiscalização e o controle democráticos[11]. Colin Crouch revelou transformações furtivas relacionadas no Reino Unido[12].

Nossa compreensão dessa transição é fragmentária – e é, em grande medida, um trabalho em andamento. As concepções com maior circulação são economicistas; portanto, da perspectiva que esboçamos aqui, não são suficientes. Elas invocam a crise da lucratividade, a queda nas taxas de lucro, em alguns casos graças à elevação dos custos com o trabalho no centro capitalista. Também falam do excesso de acumulação de capital, da saturação de mercados no centro, da busca por novos mercados e pontos de investimento em outros lugares. Visões desse tipo buscam explicar por que a manufatura foi realocada do centro à semiperiferia. Tudo isso é relevante, claro, mas permanece bastante parcial, focado exclusivamente em considerações econômicas, concebido em termos sistêmicos, abstraído da política e da ação social.

Jaeggi: A tese de Streeck em *Tempo comprado* sugere que a fase do capitalismo gerido pelo Estado era inerentemente instável, pois desde o início este tomava recursos que não poderia repor[13].

Fraser: A abordagem de Streeck é muito interessante, haja vista que ele rejeita a visão padrão de que democracia e capitalismo combinam, em função de algum tipo de afinidade eletiva. Para ele, ao contrário, os dois sistemas estão em tensão um com o outro e pareceram ser compatíveis por pouco tempo, no período excepcional que se seguiu à Segunda Guerra Mundial. Essa aparência pôde ser mantida apenas enquanto o regime de acumulação do capitalismo de Estado foi

---

[11] Nancy MacLean, *Democracy in Chains: The Deep History of the Radical Right's Stealth Plan for America* (Nova York, Viking, 2017).

[12] Colin Crouch, *Post-Democracy* (Cambridge, Polity, 2004).

[13] Wolfgang Streeck, *Buying Time: The Delayed Crisis of Democratic Capitalism* (trad. Patrick Camiller, Londres, Verso, 2014) [ed. bras.: *Tempo comprado: a crise adiada do capitalismo democrático*, trad. Marian Toldy e Teresa Toldy, São Paulo, Boitempo, 2018].

bem-sucedido ao encobrir a própria contradição interna, entre dois princípios intrinsecamente incompatíveis de distribuição: "justiça de mercado" e "justiça social". Para Streeck, era só uma questão de tempo até que as tensões surgissem. Ele relata uma série de arranjos políticos, começando nos anos 1960, que visavam a mantê-las escondidas – por exemplo, inflação controlada pelos salários, dívida soberana e "keynesianismo privado", o que quer dizer a promoção da dívida do consumidor. No entanto, cada arranjo apenas criava problemas novos e mais difíceis, até que o regime como um todo entrou em crise aberta, desmoronou e foi substituído pelo capitalismo financeirizado.

O que admiro nessa abordagem é que ela junta os aspectos econômicos e políticos num mesmo quadro. Isso é um avanço sobre as concepções economicistas usuais, que localizam a fonte do problema exclusivamente dentro "da economia". Acredito, entretanto, que podemos e devemos ir mais longe do que Streeck foi ao desenvolver a vertente especificamente política da crise do capitalismo administrado pelo Estado. Eu enfatizaria não só dilemas políticos, como também as lutas dos movimentos sociais, que colocaram desafios sérios e agudos a esse regime, ao menos desde os anos 1960. Estou pensando na Nova Esquerda, nas lutas pela descolonização e pela "igualdade racial" e em movimentos pela libertação das mulheres, os quais articulavam expectativas e aspirações que rompiam os limites do senso comum social-democrata. Com o tempo, os desafios colocados por eles convergiram não apenas um com o outro, mas também com aqueles de um partido "neoliberal", determinado a liberar as "forças do mercado" do controle do Estado e a globalizar a economia capitalista. Foram esses dois golpes em um, dos movimentos sociais emancipatórios somados ao neoliberalismo, que destruíram a hegemonia da social-democracia e, eventualmente, o regime do capitalismo de Estado.

Jaeggi: Pode-se incluir a crítica de esquerda ao Estado de bem-estar social como um fator nessa transformação. A crítica da sociedade disciplinar, do poder administrativo, sempre enfatizou as tendências normalizadoras do Estado de bem-estar, a burocratização, e assim por diante. Mas você também enxerga uma versão dessa crítica em Habermas, em sua concepção da "juridificação" e da "colonização do mundo da vida"[14]. Então, o que ocorreu não foi que, em certo momento, a crítica de esquerda e o neoliberalismo, de algum modo, se deram as mãos ou convergiram? Em certo ponto, o partido verde e a ideia de subsidiariedade, e mesmo a de sociedade civil, podem ter sido parte da deslegitimação do Estado de bem-estar, ao dizerem: "Vamos nos organizar em movimentos sociais, cuidar de nossas próprias

---

[14] Jürgen Habermas, *The Theory of Communicative Action*, v. II (trad. Thomas McCarthy, Boston, Beacon, 1987 [1981]), p. 356-73 [ed. bras.: *Teoria do agir comunicativo*, v. 2: *Sobre a crítica da razão funcionalista*, trad. Flavio Beno Siebeneichler, São Paulo, WMF Martins Fontes, 2012].

questões". Vinte anos após esse movimento, é possível ver seu lado negativo: o lado negativo da crítica ao Estado que estava em ação aqui.

Fraser: Sim, concordo. Esses desenvolvimentos de fato desempenharam um papel na deslegitimação do Estado de bem-estar. Seu resultado foi colocar o uso e a organização do poder público numa luz negativa, sobretudo porque muitos dos atores que você mencionou permaneceram relativamente calados sobre a questão do poder *privado*. Ao concentrarem a munição exclusivamente no Estado, eles tiraram a corda do pescoço do poder do capital e das empresas, e os neoliberais foram rápidos em perceber a abertura e explorá-la.

O que é particularmente interessante para mim, entretanto, é a dimensão sociológica desse processo. Eu diria, parafraseando Marx, que a social-democracia criou seus próprios coveiros e acabou desativando as mesmas forças sociais que, historicamente, a sustentaram. Esse foi, certamente, o caso dos Estados Unidos, onde a lei G. I.* promoveu uma onda de suburbanização, no pós-guerra, ao subsidiar a compra de casas para os veteranos que estavam retornando [da Segunda Guerra Mundial], ao menos para os "brancos". O efeito foi o de dividir os bairros de imigrantes trabalhadores, que tinham sido os baluartes do New Deal. Na medida em que "etnias brancas" se mudaram para casas monofamiliares no subúrbio, a vida delas se tornou mais consumista e menos solidária. Muitos, mais tarde, se tornaram "democratas que apoiaram Reagan". Esse é apenas um exemplo norte-americano de como o Estado de bem-estar ajudou a destruir sua própria base de sustentação. Há muitos outros.

Devemos também considerar, no entanto, a ascensão de novos sujeitos políticos, cujas preocupações rompiam os limites da cultura política social-democrata. Por exemplo, a "juventude" emergiu como sujeito político pela primeira vez na história graças em parte à expansão dramática das universidades e à nova centralidade da ciência e da tecnologia no capitalismo da Guerra Fria. O fim da Segunda Guerra Mundial viu, do mesmo modo, uma renovação da luta contra o Jim Crow**, na medida em que veteranos negros e, sobretudo, estudantes universitários desenvolveram novas formas de ação direta militante para reivindicar direitos civis e políticos,

---

* Assinada pelo presidente estadunidense Franklin D. Roosevelt em 22 de junho de 1944, a Servicemen's Readjustment Act [lei de reajustamento dos militares], também conhecida como G. I. Bill, estabeleceu uma série de benefícios para os veteranos da Segunda Guerra Mundial. G. I., iniciais de *galvanized iron* [ferro galvanizado], é como costumam ser chamados soldados e veteranos das Forças Armadas dos Estados Unidos. (N. E.)

** São chamadas "Jim Crow" as leis que oficializaram o sistema de segregação racial vigente entre 1876 e 1965 nos estados do Sul dos Estados Unidos. Ver Silvio Luiz de Almeida e Pedro Davoglio, "Nota sobre a tradução", em Michelle Alexander, *A nova segregação: racismo e encarceramento em massa* (trad. Pedro Davoglio, São Paulo, Boitempo, 2017), p. 9. (N. E.)

negados havia muito tempo, que o capitalismo administrado pelo Estado também falhara em entregar. Da mesma forma, mulheres com educação universitária se rebelaram contra o isolamento da vida de dona de casa suburbana, por um lado, e contra a subserviência aos homens "no movimento", por outro. Tudo isso se encaixou com uma nova cultura de massa e uma contracultura (TV, rock and roll, música de protesto), que moldou uma nova compreensão do que significava ser uma pessoa moderna. Isso agitou o universo político. Um imaginário político social-democrata, centrado em questões de salário e trabalho, não conseguia mais conter essas novas energias e estruturas de sentimento; muitas das quais adentraram, depois, no imaginário do "reconhecimento", que surgia. Por vezes, as políticas de reconhecimento tiveram uma fertilização cruzada com o que restara da crítica da Nova Esquerda ao paternalismo burocrático e com as críticas neoliberais ao Estado babá.

Jaeggi: Uma bela astúcia da história.

Fraser: Sim. E, se pensarmos sobre isso nesses termos, podemos construir uma concepção que combina o lado da ação com o estrutural.

Regimes de produção e reprodução

Jaeggi: Vamos retornar à nossa questão central: a historização do capitalismo no tocante às diferentes esferas. Como você conceberia as mudanças que observamos na esfera da reprodução social no decorrer desses quatro regimes de acumulação?

Fraser: Se queremos rastrear mudanças históricas nessa área, temos de perguntar como atividades de reprodução social se situam em relação às separações institucionais constitutivas do capitalismo. Em quais arenas institucionais da sociedade essas atividades estão localizadas? Elas aparecem prioritariamente em domicílios e vizinhanças ou em redes amplas de parentesco? São comodificadas, organizadas ou reguladas pelos Estados? E como estão posicionadas as pessoas que se engajam em atividades sociorreprodutivas? Como membros da família, domésticas pagas trabalhando em domicílios privados, trabalhadoras de empresas que têm lucro, ativistas da comunidade ou "voluntárias" em associações da sociedade civil, serventes civis assalariadas? Em cada fase do capitalismo, essas questões recebem respostas diferentes e a fronteira entre reprodução social e produção é traçada de maneira distinta. Em função disso, em cada fase, a contradição social da sociedade capitalista assume uma forma distinta, assim como o fazem as lutas em torno dela.

Podemos ver diferenças se olharmos mais uma vez para os quatro principais regimes de acumulação, tomando cuidado para distinguir, como fizemos antes, entre desenvolvimentos no centro e na periferia. Aqui está, em poucas palavras, a história. No centro capitalista, o capitalismo mercantil deixou as atividades de criação e manutenção de vínculos sociais quase como eram antes: localizadas em vilarejos, domicílios e redes estendidas de parentesco, reguladas localmente pelo costume e pela igreja, bem distantes da ação estatal nacional e quase intocadas pela lei do valor. Ao mesmo tempo, esse regime transformou violentamente os vínculos sociais pré-capitalistas na periferia, saqueando camponeses, escravizando africanos, expropriando povos indígenas, tudo com um indiferente desprezo pelas sutilezas da família, da comunidade e do parentesco.

O ataque massivo à sociabilidade periférica continuou sob o assim chamado capitalismo liberal, enquanto Estados europeus consolidavam o domínio colonial. Contudo, as coisas na metrópole se alteraram muito. Lá, a "produção econômica" foi desacoplada da "reprodução social", de modo a se constituírem como duas esferas "distintas", espacialmente separadas uma da outra: a "fábrica" em contraposição à "casa". Como resultado desse desacoplamento e do impulso total para extrair o máximo de mais-valor possível na produção de mercadorias, a contradição sociorreprodutiva inerente ao capitalismo assumiu uma forma aguda, tornando-se uma centelha de crise e um risco de luta. O processo, por sua vez, assumiu uma forma icônica nos primeiros centros manufatureiros – pense na Manchester de Engels, onde os industriais arrastaram a população recém-urbanizada e proletarizada, incluindo mulheres e crianças, para trabalhos esgotantes, mal remunerados e inseguros nas fábricas e nas minas. Essa configuração do capital alojou os trabalhadores em cortiços fétidos e superlotados, em distritos muito poluídos. Tudo somado, destruiu as condições sociais necessárias ao sustento das famílias e à reposição do trabalho. Os Estados assistiram de longe, não oferecendo nenhum apoio, enquanto pessoas da classe trabalhadora sofriam, lidavam com isso e começavam a se organizar. Foram sobretudo reformadores de classe média que assumiram a liderança no enfrentamento dessa crise, a qual eles acreditavam destruir a "família" e "dessexualizar" as mulheres proletárias. Os vitorianos defenderam uma "legislação protetiva", que limitava a exploração de mulheres e crianças no trabalho assalariado, mas não forneciam nenhum auxílio material ou compensação pelos salários perdidos[15]. Dificilmente seria uma solução para a crise sociorreprodutiva! Apesar disso, essa forma de capitalismo foi culturalmente produtora. Ao desacoplar a reprodução social de formas mais amplas de vida comunitária e restabelecê-la como o domínio das mulheres na família privada, o regime liberal inventou um novo imaginário burguês, centrado numa diferença de gênero intensificada e num novo ideal das

---

[15] Ava Baron, "Protective Labor Legislation and the Cult of Domesticity", *Journal of Family Issues*, v. 2, n. 1, 1981, p. 25-38; Nancy Woloch, *A Class by Herself: Protective Laws for Women Workers, 1890s-1990s* (Princeton/Nova Jersey, Princeton University Press, 2015).

"esferas separadas". A esmagadora maioria das pessoas, porém, foi privada por ele de realizar esse ideal!

O regime liberal encarnou a contradição social do capitalismo de maneira bastante aguda, criando um conflito direto entre os imperativos econômicos da produção e as exigências sociais da reprodução. Longe de garantir estabilidade, esse arranjo acirrou lutas em torno da reprodução social já em curso. Essas lutas eram de fronteira no sentido que expliquei aqui, mas, ao mesmo tempo, eram lutas de classe e de gênero, as quais por vezes convergiam em lutas em torno da produção e do poder político. O resultado foi uma crise geral, que primeiro paralisou e depois dissolveu o regime liberal.

Jaeggi: E o resultado, suponho, foi o capitalismo administrado pelo Estado.

Fraser: Sim, e esse regime enfrentou a contradição entre produção-reprodução de modo diferente, recrutando o poder estatal para o lado da reprodução. É sabido que o capitalismo administrado pelo Estado era baseado na produção em massa e no consumo em massa – as linhas de montagem fordistas mais o Modelo T. Devemos, porém, acrescentar que esse regime socializou parcialmente a reprodução por meio do "bem-estar social" por parte do Estado e das empresas: aposentadoria para os mais velhos e pensões para famílias. Essa foi uma grande mudança, já que o Estado passou a assumir alguma responsabilidade pela reposição do trabalho e pela manutenção da vida familiar nos países do centro. Na realidade, internalizou funções sociais que antes haviam sido deixadas de fora dos domínios oficialmente administrados da sociedade capitalista. O "Estado de bem-estar social" foi uma conquista histórica, obtida em muitos casos mediante uma luta democrática de bases amplas, encabeçada por estratos da classe trabalhadora organizada. Ao mesmo tempo, a responsabilidade pública pela reprodução serviu para reforçar a acumulação e assegurar a legitimidade do capitalismo. Enquanto isso, também o imaginário de gênero se alterou. O ideal da "separação de esferas" do capitalismo liberal parecia cada vez mais exótico e rapidamente deu lugar à nova norma, mais "moderna" e "democrática", do salário familiar. De acordo com esse ideal, que teve forte apoio de movimentos de trabalhadores e da maior parte das mulheres da classe trabalhadora, o homem que trabalha na indústria deve receber o suficiente para sustentar toda a família, permitindo que a esposa se dedique em tempo integral aos filhos e ao lar. De novo, apenas uma minoria privilegiada pôde atingir esse ideal, que era uma aspiração para muitos, ao menos nos Estados ricos no Norte do Atlântico, pertencentes ao centro do capitalismo. É desnecessário dizer que populações periféricas foram excluídas desses arranjos, que se baseavam na continuidade da predação do Sul global. Nos Estados Unidos e em outros países, havia assimetrias raciais incrustadas, pois trabalhadores domésticos e rurais eram excluídos da seguridade social e de outras formas de providência pública. Por definição, o salário familiar institucionalizava a dependência das mulheres e a heteronormatividade. Ou seja, o capitalismo administrado pelo Estado não foi nenhuma era de ouro. Ainda assim, foi bem-sucedido, pelo menos para alguns e por algum tempo, em neutralizar a tensão, inerente ao capitalismo, entre produção e reprodução.

Jaeggi: Eu gostaria de ouvir um pouco mais acerca do que estava acontecendo na periferia durante essa fase. Obviamente, lá as pessoas não tinham direito aos benefícios que fluíram para os cidadãos de Estados nacionais de bem-estar no centro capitalista. Mas como a reprodução *deles* foi socialmente organizada? E como foi impactada quando países colonizados conquistaram a independência? Os Estados pós-coloniais também internalizaram a reprodução social como uma responsabilidade pública e/ou empresarial? E qual foi o efeito do imperialismo sobre a reprodução social, tanto antes quanto depois da independência?

Fraser: Boa pergunta. Como já dissemos, o capitalismo administrado pelo Estado também foi o período da descolonização, e movimentos pela independência esperavam transformar a raiz e os galhos das sociedades periféricas. No período, contudo, os Estados pós-coloniais dedicaram uma parcela muito maior de seus limitados recursos à produção do que à reprodução. No fogo cruzado da Guerra Fria, concentraram-se particularmente no "desenvolvimento", o qual equipararam a uma industrialização que substituía importações e que deveria ser alcançada por meio de projetos de larga escala. Esses projetos, assim como as empresas coloniais que os precederam, utilizaram trabalho que fora produzido "externamente", no campo, onde arranjos tradicionais de parentesco persistiam. Para a ampla maioria, portanto, a reprodução social permaneceu fora do alcance da ação estatal; populações rurais tinham de cuidar de si mesmas. Nas cidades, em contraposição, alguns regimes buscaram modernizar as estruturas familiares e as ordens de gênero, enquanto outros demandavam a restauração das ordens pré-coloniais tradicionais, o que em geral significava reforçar a diferença de gênero e a dominação masculina. Há excelentes concepções disso no fascinante livro *Family Politics*, de Paul Ginsborg[16].

Jaeggi: Entendo. De qualquer modo, o regime administrado pelo Estado se desmantelou. Qual papel a reprodução social desempenhou nessa crise?

Fraser: Sim, ele se desmantelou. Embora o regime administrado pelo Estado tenha sido bem-sucedido em pacificar as tendências de crise do capitalismo no centro por

---

[16] Paul Ginsborg, *Family Politics: Domestic Life, Devastation and Survival, 1900-1950* (New Haven, Yale University Press, 2014).

diversas décadas, não poderia controlá-las definitivamente. Dos anos 1960 em diante, começaram a aparecer rachaduras no edifício: a "crise de produtividade", "a crise fiscal do Estado" e uma crise de legitimação de larga escala. Já discutimos a emergência de novos sujeitos políticos, incluindo mulheres de classe média, para as quais o salário familiar parecia ultrapassado e o emprego acenou como rota para a autorrealização. Além disso, como argumentou Streeck, um novo *éthos* de individualismo consumista colocou o aprovisionamento público sob uma luz desfavorável – como desajeitada, padronizada, conformista[17]. Sob o disfarce dessa "crítica artística", como Boltanski e Chiapello a denominaram[18], o capital também se rebelou – contra os impostos sobre os ganhos empresariais e de capital que tinham ajudado a financiar o Estado de bem-estar. Ao fim, como expliquei há pouco, prevaleceu uma convergência contraintuitiva de forças: de um lado, movimentos provindos da Nova Esquerda global, que mobilizou jovens, mulheres, pessoas não brancas, sujeitos periféricos e imigrantes, todos buscando emancipação não apenas do racismo, do imperialismo e do sexismo, mas também do consumismo, do familismo e do paternalismo burocrático; de outro, um ascendente partido "neoliberal" de defensores do livre mercado, que buscou desvencilhar as forças do mercado das "travas burocráticas" do governo, liberando a criatividade empreendedora e globalizando a economia capitalista. Quando esses dois improváveis companheiros de cama juntaram forças sob a bandeira da emancipação, o resultado foi o estilhaçamento da aliança da mercantilização e da proteção social. O que surgiu no lugar foi aquilo que chamei de "neoliberalismo progressista", uma nova aliança na qual os defensores da mercantilização recuperaram as correntes dominantes dos movimentos pela emancipação para se juntar e, eventualmente, eliminar os partidários da proteção social[19].

Jaeggi: E o resultado foi o capitalismo financeirizado... Como a ordem de gênero se alterou sob esse regime e para que tipo de crise ele deveria ser uma solução?

Fraser: A ordem de gênero do capitalismo financeirizado foi construída sobre as ruínas do salário familiar no centro histórico. Esse arranjo sucumbiu a um duplo golpe. Primeiro, a uma queda acentuada nos salários reais, ancorada na passagem

---

[17] Wolfgang Streeck, "Citizens as Customers", *New Left Review*, v. 76, 2012, p. 27-47.
[18] Luc Boltanski e Ève Chiapello, *The New Spirit of Capitalism* (trad. Gregory Elliott, Londres, Verso, 2013) [ed. bras.: *O novo espírito do capitalismo*, trad. Ivone Castilho Benedetti, São Paulo, WMF Martins Fontes, 2009].
[19] Nancy Fraser, "The End of Progressive Neoliberalism", *Dissent*, 2 jan. 2017, disponível em: <https://www.dissentmagazine.org/online_articles/progressive-neoliberalism-reactionary-populism-nancy-fraser> [ed. bras.: "O fim do neoliberalismo 'progressista'", *Brasil de Fato*, 27 jan. 2017, disponível em: <brasildefato.com.br/:2017/01/27/o-fim-do-neoliberalismo-progressista/>].

do trabalho manufatureiro sindicalizado para os McEmpregos, o que tornou virtualmente impossível para todos, com exceção de uns poucos privilegiados, sustentar uma família com um único salário. Depois, ao carisma do feminismo, que deslegitimou a dependência das mulheres de um provedor masculino. O que surgiu no lugar foi outro ideal, mais moderno: a "família com dois assalariados". Parece simpático, não é mesmo? Assim como o ideal do salário familiar, no entanto, esse também é uma mistificação. Aquilo que ele obscurece é o acentuado aumento do número de horas de trabalho pago necessário para sustentar um domicílio. Por definição, isso é problemático para famílias com somente um assalariado em potencial. Ele também não tem como funcionar para os demais. Dada a retração contemporânea de aprovisionamento público, quase nenhum domicílio da classe trabalhadora ou da classe média cujos membros incluam crianças, idosos, enfermos ou deficientes consegue sobreviver com os vencimentos de um emprego. Praticamente todos são obrigados a transferir tempo e energia antes dedicados à reprodução para o trabalho "produtivo" (isto é, pago). Entre o maior número de horas de trabalho e os cortes no serviço público, o regime do capitalismo financeirizado espreme a reprodução social a um ponto de ruptura.

Vemos os efeitos dessa pressão em todo um conjunto de estratégias confusas, que visam a transferir o trabalho do cuidado para outros. Há, por exemplo, "redes globais de cuidado" amplamente discutidas, por meio das quais trabalhadoras dos países do centro, que estão com dificuldades, descarregam o trabalho reprodutivo em migrantes de regiões pobres (muitas vezes mulheres racializadas), que deixam as próprias famílias sob os cuidados de mulheres ainda mais pobres, que precisam, por sua vez, fazer o mesmo, e assim por diante[20]. Longe de resolver "a crise do cuidado", esse arranjo o desloca do Norte global para o Sul global, incluindo os países que eram comunistas, e introduz uma organização dual do trabalho de cuidado, tornado mercadoria para aqueles que podem pagá-lo e privatizado para aqueles que não podem, com alguns nessa segunda categoria realizando trabalho reprodutivo para aqueles na primeira em troca de (baixos) salários. Nos Estados Unidos, outros mecanismos muito usados por mulheres pobres-em-tempo para lidar com isso incluem congelamento de óvulos (oferecido como benefício lateral pelo Exército e por empresas no setor de TI) e bombas mecânicas para extração de leite (fornecidas gratuitamente por alguns planos de saúde empresariais e pelo Affordable Care Act)[21]. Essas são as "soluções" de

---

[20] Arlie Russell Hochschild, "Love and Gold", em Arlie Russell Hochschild e Barbara Ehrenreich (orgs.), *Global Woman: Nannies, Maids, and Sex Workers in the New Economy* (Nova York, Henry Holt and Co., 2003), p. 15-30.

[21] Nancy Fraser, "Contradictions of Capital and Care", *New Left Review*, v. 100, 2016, p. 99-117; Courtney Jung, *Lactivism: How Feminists and Fundamentalists, Hippies and Yuppies, and Physicians*

escolha num país com alta taxa de participação do trabalho feminino, nenhuma licença-maternidade ou parental paga obrigatória e um caso de amor com a tecnologia. Na ausência de uma institucionalização sustentável da divisão entre produção/reprodução, as responsabilidades da reprodução social foram relegadas aos interstícios e às brechas da vida, que o capital insiste que precisam ser dedicadas primeiro e acima de tudo à acumulação.

"O paraíso num mundo sem coração"

Jaeggi: Certo. Você esboçou agora quatro ordens de reprodução social e produção econômica na história do capitalismo: a do parentesco estendido sob o capitalismo mercantil, a das "esferas separadas" sob o capitalismo liberal concorrencial, a do "salário familiar" sob o capitalismo administrado pelo Estado e a da "família com dois assalariados" sob o capitalismo neoliberal ou financeirizado. Isso é esclarecedor. Antes de seguirmos adiante, porém, eu gostaria de esclarecer um pouco mais o papel do lar com um salário – ou, melhor, do ideal da classe média de que uma família decente é aquela em que a mulher ficava em casa. Parece-me que esse ideal subjaz tanto ao capitalismo liberal quanto ao administrado pelo Estado, mesmo que assuma formas diferentes em cada um. Suspeito que ele ainda tenha alguma ressonância, sob o neoliberalismo, apesar da proliferação de famílias com dois assalariados. Se for assim, o que devemos fazer da persistência desse ideal homem-provedor/mulher-dona de casa no decorrer da *longue durée* da história do capitalismo? Qual papel a família, como "paraíso num mundo sem coração", desempenha no capitalismo? E qual é a relação entre a ideologia da família de classe média e a realidade de fato da classe trabalhadora? Você acredita que essa ideologia

---

and Politicians Made Breastfeeding Big Business and Bad Policy (Nova York, Basic Books, 2015), esp. p. 130-1; Sarah Kliff, "The Breast Pump Industry Is Booming, Thanks to Obamacare", *Washington Post*, 4 jan. 2013, disponível em: <https://www.washingtonpost.com/news/wonk/wp/2013/01/04/the-breast-pump-industry-is-booming-thanks-to-obamacare/>; Mark Tran, "Apple and Facebook Offer to Freeze Eggs for Female Employees", *The Guardian*, 15 out. 2014, disponível em: <https://www.theguardian.com/technology/2014/oct/15/apple-facebook-offer-freeze-eggs-female-employees>; Anna North, "Is Egg Freezing Really a Benefit?", *The New York Times*, 15 out. 2014, disponível em: <https://op-talk.blogs.nytimes.com/2014/10/15/is-egg-freezing-really-a-benefit/>; Michael S. Schmidt, "Pentagon to Offer Plan to Store Eggs and Sperm to Retain Young Troops", *The New York Times*, 4 fev. 2016, disponível em: <https://www.nytimes.com/2016/02/04/us/politics/pentagon-to-offer-plan-to-store-eggs-and-sperm-to-retain-young-troops.html>; Rebecca Mead, "Cold Comfort: Tech Jobs and Egg Freezing", *The New Yorker*, 17 out. 2014, disponível em: <https://www.newyorker.com/news/daily-comment/facebook-apple-egg-freezing-benefits>; Natalie Lampert, "New Fertility Options for Female Soldiers", *The Atlantic*, 29 fev. 2016, disponível em: <https://www.theatlantic.com/health/archive/2016/02/fertility-women-sol diers/471537>.

da família tenha desempenhado uma função no desenvolvimento do capitalismo? Ela serviu para estabilizar e legitimar a sociedade capitalista? Ou forneceu um espaço para crítica?

Fraser: Na verdade, não estou certa de que o ideal homem-provedor/mulher-dona de casa tenha se mostrado tão durável quanto você sugere. Existem *de fato* algumas continuidades que perduram na variada história do capitalismo. Há a tendência, de *longue durée*, a reduzir o tamanho do domicílio, a nuclearizar a família, a construí-la como unidade especializada em reprodução social, a enfatizar a diferença de gênero e a tomar a reprodução como trabalho das mulheres. Tudo isso se segue da separação institucional do capitalismo entre produção e reprodução. Na medida em que constitui a reprodução como terreno oculto centrado na mulher, que possibilita a acumulação ao repor o trabalho, o capitalismo cria a "família" como a contrapartida complementar do "mercado".

Os parâmetros estabelecidos pelo quadro geral, todavia, são relativamente amplos e possibilitam algumas diferenças gritantes. Nas regiões do centro, o desenvolvimento capitalista andou de mãos dadas com o processo que Maria Mies chamou de "aumento das donas de casa" [*housewification*][22]. Originalmente uma invenção burguesa que servia como estratégia de distinção de classe, o ideal das "esferas separadas" logo se espalhou pelas classes médias, enquanto também exercia atração nas pessoas da classe trabalhadora no centro capitalista. Esse último grupo, porém, não o engoliu como um todo. Pelo contrário, as classes trabalhadoras o utilizaram para propósitos próprios, como argumento a favor de melhores trabalhos e como estratégia para a incorporação política e a democratização. Elas transformaram criativamente a norma burguesa vitoriana das "esferas separadas" no ideal social-democrata do "salário familiar". E nem essa adaptação foi universal. Nos Estados Unidos, os afro-americanos elaboraram imaginários de gênero alternativos, que validaram a prática de mulheres negras de combinar trabalho assalariado com atividades domésticas não pagas e comunitárias. Igualmente importantes, como insistiu Mies e como já notei, desenvolvimentos na periferia divergiram muito daqueles ocorridos no centro. Longe de criar donas de casa no Sul global, o advento do capitalismo transformou algumas mulheres em reprodutoras escravizadas, mulas de carga, e outras em fazendeiras rurais que vivem longe dos maridos, empregados no trabalho urbano assalariado, ao mesmo tempo que deixou outras em comunidades baseadas no parentesco estendido. Além disso, o "aumento das donas de casa" chegou ao fim hoje, mesmo para as classes média e trabalhadora do centro, graças à força combinada da crítica feminista à dependência das mulheres e da transformação neoliberal

---

[22] Maria Mies, *Patriarchy and Accumulation on a World Scale: Women in the International Division of Labor* (Londres, Zed, 1998).

dos mercados de trabalho. Qualquer apoio a ela que ainda persiste é uma expressão contra-histórica de nostalgia ou um resíduo de culpa da parte das mulheres que não têm o tempo, a energia e os recursos necessários para realizar as atividades reprodutivas pelas quais ainda se sentem responsáveis.

Jaeggi: Eu estava perguntando, no entanto, se o "aumento das donas de casa" como realidade e como ideal foi funcional para o capitalismo e, em caso positivo, se continua a ser.

Fraser: Certo, entendi. Minha resposta é "sim" e "não". No que diz respeito ao "sim", o aumento das donas de casa na forma do salário familiar surgiu como resposta à tendência à crise sociorreprodutiva inerente ao capitalismo. Ao contrário de sua predecessora burguesa, a variante desse ideal na classe trabalhadora levou a um grande esforço para superar os efeitos cruéis e desestabilizadores do imperativo estrutural à acumulação ilimitada, que de outro modo simplesmente mastigava as pessoas e as cuspia. Nesse sentido, ao sustentar famílias e repor o trabalho, ela permitiu que a acumulação continuasse e se expandisse. No que tange ao "não", tanto em suas variantes de classe média e da classe trabalhadora, esse ideal permitiu a elaboração de valores "extraeconômicos" que continham um "excedente normativo" e poderiam servir, sob circunstâncias favoráveis, de força para a crítica. O "não", no entanto, tem de ser qualificado com cuidado. A crítica baseada em normas sociorreprodutivas de solidariedade e cuidado é uma faca de dois gumes: potencialmente transformadora, ainda que facilmente recuperável em estereótipos essencialistas de gênero. Em seu melhor, o ideal de uma esfera doméstica protegida foi uma afirmação de valores não mercadológicos, um afastamento frente à demanda do capital pelo máximo de lucro. Entretanto, esse ideal foi definido nos termos daquilo a que se opunha, como o outro lado da racionalidade do "livre" mercado e como a razão da dependência das mulheres. No fim, sua força crítica mais que tranformar o sistema, se conformou a ele.

Jaeggi: Sim, ele é o outro lado, mas não poderia ser visto também como algo que cria potencialmente algumas atitudes contraditórias e necessidades emocionais? E não poderia ser o caso de isso acontecer hoje?

Fraser: Normas reprodutivas são definitivamente contraditórias, assim como as experiências a que estão vinculadas. Normas e experiências são expressões da tendência profunda do capitalismo à crise reprodutiva. Então, não surpreende que encarnem todas as tensões e as ambivalências da contradição entre produção/reprodução. A questão é: sob quais condições é provável que seu lado crítico-transformador venha ao primeiro plano? Pensando em nossos dias, eu diria que as perspectivas são confusas. Pelo lado positivo, talvez agora seja possível – como não o era antes, quando as ideias feministas tinham menor aceitação – desvincular os valores da solidariedade e do cuidado do ideal, marcado por gênero, da esfera doméstica e da mãe que fica em casa. Em princípio, um novo tipo de anticapitalismo feminista poderia nos permitir reivindicar esses valores e, ao mesmo tempo, rejeitar as formas institucionalizadas que deram corpo a eles até hoje, formas nas quais eles estão entrelaçados com a dominação masculina. Tal perspectiva poderia nos inspirar a imaginar modos alternativos de institucionalizar esses valores, reinventando o vínculo entre produção/reprodução. Contudo, essa possibilidade não está, de maneira alguma, garantida. Também é possível que as fortes pressões sobre a reprodução social hoje tragam à tona o pior nas pessoas. Muitos podem responder se esquivando e construindo muros, tanto emocionais quanto físicos. O círculo de solidariedade pode diminuir, e as linhas que separam o "nós" do "eles" podem endurecer. Esse é, pelo menos, o impulso por trás das atuais formas de populismo reacionário que representam, até hoje, a principal alternativa ao neoliberalismo progressista. Certamente, essa não é a alternativa que queremos ou aquela de que precisamos. A análise que desenvolvo aqui aponta para uma direção diferente, para o projeto de um populismo progressista, ao menos transicionalmente, como uma estação no caminho para um socialismo democrático.

Jaeggi: Esse é um interessante diagnóstico dos atuais problemas políticos no capitalismo financeirizado, mas acho que podemos deixar essa discussão para o Capítulo 4, quando discutirmos "Contestando o capitalismo".

As naturezas históricas do capitalismo

Jaeggi: Agora, por contraste, devemos nos voltar para a "natureza". Vejo alguns paralelos interessantes entre o terceiro "terreno oculto" e o que consideramos há pouco. Discutir a reprodução social a partir de uma perspectiva feminista nos torna muito conscientes de sua natureza histórica e socialmente maleável. Marxistas e o próprio Marx foram cegos ao papel sistemático do trabalho reprodutivo, e seu próprio sexismo fez com que eles abraçassem uma ideia muito restrita de luta de classes, que culminou numa grande contradição. Porém, poderíamos também dizer que, de certo modo, uma metodologia marxista ou histórico-materialista já parte de preocupações antiessencialistas muito semelhantes às preocupações feministas. Se pensamos em *A ideologia alemã*, por exemplo, seres humanos são animais que produzem as condições da própria vida[23]. Tudo aquilo que se refere ao que somos, a nossas habilidades, é trabalho passado materializado. O mesmo vale para os ambientes em que vivemos: também são trabalho materializado, têm uma história.

---

[23] Karl Marx e Friedrich Engels, *The German Ideology*, cit., p. 31 [ed. bras.: *A ideologia alemã*, cit., p. 87].

Portanto, poderíamos dizer que uma metodologia marxista chega perto de desnaturalizar até a natureza, exceto pelo fato de que, ao longo de seu trabalho, Marx parece nunca colocar em questão a função da natureza como fonte inesgotável. Benjamin tem uma ótima passagem sobre como a ideia de a natureza "existir de graça" serve como "complemento à concepção corrompida de trabalho"[24]. Discutimos, no Capítulo 1, como você confronta essa tendência de tomar a natureza como dada, ao descrevê-la como condição de fundo necessária ao capitalismo. Você também historicizaria essa relação? Ou se trata de algo que permanece constante?

Fraser: Precisamos, sem dúvida, "desnaturalizar a natureza", e você tem razão, pois a orientação do marxismo pela historicização é útil aqui, mesmo que não tenha sido usada de maneira sistemática para esse fim até pouco tempo, quando emergiu uma nova geração de marxistas ecologistas. No entanto, quero defender Marx da acusação de que ele tenha tomado a natureza como dada, como recurso infinitamente disponível com o qual se poderia contar livremente, sem qualquer consideração com a reposição. Graças à pesquisa de John Bellamy Foster, agora sabemos que Marx não sustentou a visão de que o trabalho humano é a única fonte de riqueza. Pelo contrário, distinguiu "riqueza", entendida como forma geral de fonte de "valor", criada em conjunto pela natureza e pelo trabalho, reservando o termo "valor" para a forma limitada e historicamente distorcida que a riqueza assume no capitalismo. Em outras palavras, não foi Marx, e sim a sociedade capitalista, que institucionalizou "a teoria do valor do trabalho" (não da riqueza!) e, com isso, ocultou a contribuição da natureza. Também sabemos, graças mais uma vez a Bellamy Foster, que Marx tinha uma compreensão crítica da propensão do capitalismo para a predação ecológica. Em seu período, essa propensão se manifestava no rompimento do ciclo de nutrição do solo, tal como teorizado pelo químico alemão Justus Liebig. Marx acompanhou o trabalho de Liebig de perto e relacionou a compreensão que o cientista tinha da química do esgotamento do solo com a própria análise sócio-histórica do capitalismo industrial. Este sistema introduziu uma agricultura insustentável, orientada ao lucro, para alimentar as massas proletárias nas cidades, mas falhou em devolver ao solo os nutrientes extraídos. Em vez disso, descarregou lixo orgânico em canais urbanos, exaurindo terras agrícolas e poluindo cidades num único golpe[25]. Marx notou essas consequências

---

[24] Walter Benjamin, "Theses on the Philosophy of History", em *Illuminations: Essays and Reflections* (org. Hannah Arendt, trad. Harry Zohn, Nova York, Schocken, 2007 [1950]), p. 253-64 [ed. bras.: "Sobre o conceito de história", em *Obras Escolhidas*, v. 1, trad. Sérgio Paulo Rouanet, São Paulo, Brasiliense, 1987, p. 222-34].

[25] John Bellamy Foster, "Marx's Theory of Metabolic Rift: Classical Foundations for Environmental Sociology", *American Journal of Sociology*, v. 105, n. 2, 1999, p. 366-405.

da "fenda metabólica" entre cidade e campo no século XIX. Longe de ter sido ecologicamente negligente, lidava com a contradição ambiental do capitalismo *avant la lettre*.

Jaeggi: Justo. Estou disposta a conceder a Marx o benefício da dúvida nesses dois pontos. Entretanto, como você destacou, ele não desenvolveu uma crítica sistemática da "contradição ecológica" do capitalismo no sentido que você elaborou no Capítulo 1. Então, diga-me agora, de sua própria perspectiva, como historicizar essa contradição? E sua abordagem requer que historicizemos a própria natureza?

Fraser: Sim, ela requer a historicização da natureza. Você lembra quando, há pouco, supôs que eu talvez assumisse uma visão romântica de uma natureza intocada e imaculada, que o capitalismo espoliou? E lembra que, em resposta, ofereci uma interpretação histórica da contradição ecológica do capitalismo? Eu disse que o capital surfa na *forma historicamente específica* da natureza, que fornece suas condições de possibilidade de fundo *em dado período e em dada região*, e que, ao falhar em repor essa forma específica de natureza, ele a desestabiliza, colocando potencialmente em risco as próprias condições de possibilidade tal como elas existem naquele tempo e naquele espaço. Meu argumento era que a contradição ecológica do capitalismo é sempre expressa historicamente, como um conjunto específico de tensões entre determinado regime econômico e as formas de natureza histórica associadas a ele. Portanto, concordo com pensadores como Jason W. Moore, que insiste em não falar de Natureza com "N" maiúsculo, e sim de "naturezas históricas", no plural, e com "n" em letra minúscula.

Jaeggi: Suponho que a ideia seja que cada forma de "natureza histórica" já esteja marcada por uma atividade humana prévia, que conferiu a ela certo formato histórico. Mas o que se segue disso? Se a "Natureza" como tal não existe, tudo é reduzido, afinal, à "sociedade" ou à "história humana"?

Fraser: Não exatamente. A ontologia que quero defender é mais complexa. Ela evita o dualismo metafísico, implícito em sua questão, que toma a "Natureza" – vista como inerte, objetiva e a-histórica – como a antítese da "Humanidade" – vista como dinâmica, "espiritual" (*geistig*) e histórica. Essa dicotomia é um artefato do capitalismo, que se desenvolveu numa relação de afinidade eletiva com a revolução científica do século XVII. Ao fortalecer distinções herdadas da filosofia grega e do cristianismo, a visão mecânica da natureza substituiu suposições prévias acerca da proximidade socionatural por um abismo ontológico, expulsando a "Natureza" do universo da "Subjetividade e da Sociabilidade Humanas", universo que foi simultaneamente construído como uma forte antítese da Natureza. A visão de mundo resultante *externalizou* a natureza e foi vista, por vezes, como autorização a seu "estupro"[26]. No entanto, o problema não é só a dicotomia natureza/sociedade ter facilitado um extrativismo brutal. Ela também é conceitualmente enganosa em dois sentidos: os seres humanos são parte da natureza, assim como a natureza não humana é histórica, completamente imbricada nos processos sociais de vida de animais humanos e não humanos.

Jaeggi: Ao dizer isso, porém, você não se arrisca a acabar com a distinção entre seres humanos e natureza? Nesse caso, não acaba desenvolvendo outra metafísica, igualmente dúbia e tão politicamente problemática quanto aquela a que se opõe? Se a última autoriza o extrativismo, a sua poderia legitimar aquilo que Heidegger denominou *Gelassenheit*, a atitude de esperar passivamente enquanto a doença devasta as populações humanas.

Fraser: Não, essa não é minha visão. Rejeitar a dicotomia Natureza/Humanidade não é acabar com a distinção entre animais humanos e não humanos nem é o mesmo que fundir as sociedades humanas nos ecossistemas de que fazem parte. O objetivo é, sim, relativizar e historicizar essas distinções. Tanto a sociedade humana quanto a natureza não humana são históricas, e os dois termos são internamente relacionados. Cada um deles limita, adapta-se a, molda e desestabiliza o outro ao longo do tempo. Gosto da expressão "relações socioecológicas", porque sugere a profundidade do entrelaçamento entre natureza/sociedade, ao mesmo tempo que ainda nos permite distinguir entre elas em cada contexto.

Deixe-me ilustrar o argumento me referindo ao trabalho de William Cronon, que desconstrói de modo brilhante o abismo ontológico que, em tese, separa a "natureza externa" da "história humana". Em *Nature's Metropolis*, Cronon mostra como o pequeno assentamento de Chicago, composto no início do século XIX por uma mistura de euro-ameríndios, foi transformado em poucas décadas no mais importante armazém para troca de madeira serrada, grãos e pecuária; como a cidade reconstruiu toda a paisagem para o oeste enquanto *sua* área dos fundos na medida em que esta se direcionava a suprir o leste; como o impulso de seus mercados transformou suas pradarias com biodiversidade em fazendas de monocultura e em terras para pasto; como seus produtos se tornaram padronizados e sujeitos à abstração na

---

[26] Philippe Descola oferece uma concepção brilhante disso, assim como Carolyn Merchant, em seu livro clássico, no qual explicita a dimensão de gênero desses desenvolvimentos. Ver Philippe Descola, *Beyond Nature and Culture* (trad. Janet Lloyd, Chicago/Londres, University of Chicago Press, 2014) [ed. bras.: *Outras naturezas, outras culturas*, trad. Cecília Ciscato, São Paulo, Editora 34, 2016], e Carolyn Merchant, *The Death of Nature: Women, Ecology, and the Scientific Revolution* (San Francisco, Harper One, 1990 [1980]).

compra e na venda de futuros; como fortunas foram feitas e perdidas; como elos entre cidade/campo, poder político, relações de classe e ecossistemas regionais foram transformados numa simbiose integrada[27]. Na compreensão de Cronon, "Natureza" e "Sociedade" estão intrinsecamente vinculadas uma à outra. Ainda assim, nenhuma se reduz à outra. O que temos, então, é uma concepção precisa, dialética e rigorosamente histórica da socioecologia do capitalismo nos Estados Unidos no século XIX. A meu ver, esse é o ponto de partida ontológico correto para uma teoria ecocrítica da sociedade capitalista.

Jaeggi: Como você aplicaria essa ontologia à sua compreensão da tendência à crise ecológica, inerente ao capitalismo? Como, em outras palavras, historicizaria a divisão entre sociedade/natureza da sociedade capitalista?

Fraser: Meu pensamento sobre essa questão deve muito a James O'Connor, pioneiro na abordagem quase polanyiana que elaborei aqui. Como se sabe, ele teorizou a "segunda contradição do capitalismo", pela qual se referia à tendência do capital a solapar as próprias "condições naturais de produção", sobretudo ao esgotar os recursos e expelir resíduos de modos que ameaçassem a lucratividade de uma produção contínua[28]. Minha abordagem se baseia nessa ideia, mas, à diferença de O'Connor, não enfatizo só os danos ao capital nem pressuponho que haja uma quantidade fixa de "recursos naturais" que são progressivamente esgotados. No que tange a esse último ponto, meu pensamento tem algumas afinidades com a teoria da ecocrise mais recente de Jason W. Moore, que localiza o cerne da contradição no fato de que a demanda do capital por "naturezas baratas" cresce mais rápido do que podemos assegurá-las[29]. Por "naturezas baratas" ele quer dizer "matérias-primas" cuja reprodução não é paga pelo capital. Essa ideia constitui um paralelo com aquilo que venho dizendo sobre o uso indiscriminado que o capital faz da reprodução social e da expropriação racializada. Isso vale também, sem dúvidas, para a "natureza", tendo em vista que o capital quase nunca paga todo o custo de reprodução ecológica que suas atividades geram. Moore, porém, tem algo mais específico em mente. Ele está focado, acima de tudo, nas naturezas históricas ainda não "capitalizadas" e que podem ser "apropriadas" gratuitamente ou muito abaixo do custo. Emquanto pode se apossar dessas "novas" naturezas

---

[27] William Cronon, *Nature's Metropolis: Chicago and the Great West* (Nova York, W. W. Norton & Co., 1992).

[28] James O'Connor, "Capitalism, Nature, Socialism: A Theoretical Introduction", *Capital, Nature, Socialism*, v. 1, n. 1, 1998, p. 11-38.

[29] Jason W. Moore, *Capitalism in the Web of Life: Ecology and the Accumulation of Capital* (Londres, Verso, 2015).

e canalizá-las para a produção, o capital lucra com um "mais-valor ecológico" para além e acima do lucro que extrai da exploração do trabalho assalariado. A bonança resultante oferece forte incentivo para localizar, mapear e se apropriar das novas naturezas que estão distantes da "fronteira" histórica dada, que separa naturezas já capitalizadas daqueles territórios desconhecidos que poderiam se tornar sujeitos a apropriação. Aqui está o ponto. Uma vez que parte da "natureza barata" foi apropriada, ela entra na zona capitalizada, torna-se uma mercadoria, é submetida à lei do valor e, em pouco tempo, não é mais barata[30]. É como o destino das inovações tecnológicas na produção capitalista, que, depois de gerar inicialmente lucros extraordinários, se espalham por determinada indústria e se tornam parte do custo normal de fazer negócio, levando as taxas de lucro a retomar seu declínio, até que a eclosão da crise abra caminho para um novo regime de acumulação e um novo salto de inovação.

Moore adapta esse familiar cenário marxiano para teorizar a historicidade da contradição ecológica do capitalismo. Ele também compreende a história do capitalismo como uma sequência de regimes de acumulação historicamente específicos, que solucionam uma crise do regime precedente antes de sucumbir a uma que lhe é própria. E, vindo, como ele vem, da escola de Binghamton, segue Immanuel Wallerstein e Giovanni Arrighi ao dividir cada regime numa fase "A", expansiva e ascendente, e numa "B", de estagnação e declínio. Na primeira, novas naturezas baratas são localizadas e apropriadas, expandindo com isso o excedente ecológico. Na medida em que o capital se vale desse excedente, sua produtividade aumenta e seus lucros crescem. Na segunda, entretanto, as naturezas apropriadas são capitalizadas, trazidas à esfera oficial e monetarizada da economia capitalista e, efetivamente, normalizadas. O excedente ecológico diminui e é eventualmente exaurido – um processo que pode, mas não precisa, coincidir com o esgotamento físico das naturezas, não mais baratas, em que aquele regime se baseava. O que se segue, em qualquer um dos casos, é uma crise desse regime, e isso configura o estágio para a emergência de um novo regime, baseado em novas naturezas baratas.

Jaeggi: Isso ainda soa economicista. Em sua concepção, tudo parece depender de questões de lucratividade para o capital. Então, trata-se de uma visão da crise que é funcionalista ou fundamentada na "teoria dos sistemas", para utilizar uma expressão sua. Não vejo qualquer referência à crise hegemônica ou à luta social. Onde está a dimensão baseada na teoria da ação?

Fraser: Sim, você apontou para uma grande deficiência da teoria de Moore, e meu quadro teórico foi moldado para evitá-la. Deixe-me explicar minha estratégia ao

---
[30] Idem.

contrastar a noção desenvolvida por ele, de um *limite* que separa a natureza capitalizada da não capitalizada, com minha visão da *fronteira* entre natureza/sociedade. As duas concepções assumem uma divisão institucionalizada constitutiva da sociedade capitalista, uma divisão que tende à crise e está sujeita a transformações históricas. Todavia, aqui termina a semelhança. A ideia de Moore pertence exclusivamente ao nível sistêmico, como você acabou de dizer. Onde, exatamente, se encontra o limite e quando ele se move é algo ditado pela lei do valor, não pela ação social. Essa também não é entendida como uma questão moral e cultural. Para mim, em contrapartida, as fronteiras ecológicas do capitalismo não são apenas enredos de uma crise do sistema, mas também constelações de sentido e valor, experienciadas e disputadas como tal na interação. Como e onde a "natureza" se separa de e é incorporada à "economia" tem a ver tanto com conflitos em torno do senso comum quanto com a taxa de lucro. Assim como as demais fronteiras do capitalismo, aquela que separa esses domínios está em questão nos *conflitos sociais*, é contestada por uma ampla variedade de atores, que se mobilizam de diversos modos para preservá-la, aboli-la ou mudá-la de lugar. É claro que eu nunca negaria que lógicas de acumulação, que têm uma trajetória, estabelecem os parâmetros com base nos quais as empresas desenvolvem suas estratégias de investimento, desenvolvimento, aquisição e utilização de fontes de energia e matérias-primas. Ainda assim, tais lógicas também têm de lidar com aqueles que agem por motivos inteiramente distintos, como defender hábitats da comunidade ou acabar com o aquecimento global. Esses últimos atores correspondem à gama de movimentos sociais que se opõem à perfuração, à mineração, ao agronegócio e à pesca industrial, além de associações da sociedade civil como os cientistas que formam o IPCC (Painel Intergovernamental sobre Mudanças Climáticas), os governos que estabelecem políticas energéticas e ambientais em resposta a pressões cruzadas de lobistas empresariais e da opinião pública e, por fim, as agências internacionais que visam a regular as emissões de carbono e a biotecnologia por meio de esquemas de comércio e leis de patente que geram novas formas de propriedade e renda. Quando esses atores enfrentam o capital, transformam a fronteira entre natureza/sociedade num grande espaço e tema de luta nas sociedades capitalistas. Essa fronteira se torna particularmente problemática em períodos de crise, quando impasses sistêmicos parecem intratáveis e as hegemonias estabelecidas são desfeitas. Em tais períodos, quando os contornos básicos da existência social estão em aberto, lutas ambientais podem confluir com lutas políticas e reprodutivas, perpassadas por classe, raça e gênero, a fim de redesenhar a fronteira entre natureza/sociedade. Se temos esperança de esclarecer essas situações, teóricos críticos precisam conceber essa fronteira como algo que opera simultaneamente em dois níveis – não apenas no dos sistemas, como pensado por Moore, mas também no da ação social.

Regimes socioecológicos de acumulação

Jaeggi: Isso ajuda a esclarecer as questões conceituais, mas eu ainda gostaria de ouvir sua concepção acerca da sequência histórica de regimes ecossociais e das crises sistêmicas e sociais que formam os momentos de transição entre eles. Você poderia dizer algo sobre como isso se parece para cada uma de nossas quatro fases: o capitalismo mercantil, liberal, administrado pelo Estado e financeirizado?

Fraser: Claro. Vamos começar mais uma vez com o capitalismo mercantil e a questão da energia. Nessa era, a agricultura e a manufatura ainda dependiam quase inteiramente do músculo animal, tanto do humano quanto do de outros (bois, cavalos etc.). Foi isso que J. R. McNeill denominou de regime "somático", ou seja, a conversão da energia química em energia mecânica ocorria *dentro dos corpos* de seres vivos na medida em que eles digeriam a comida, que provinha da biomassa[31]. Isso significava que, assim como em épocas precedentes, o único modo de aumentar a energia disponível era por meio da conquista. Apenas com a anexação de terras e o recrutamento de um suprimento adicional de trabalho era que os poderes capitalistas mercantis podiam aumentar suas forças de produção. E, como vimos, eles fizeram amplo uso desses métodos, testados pelo tempo, mas em escala bastante expandida, que abarcava o "Novo Mundo", assim como o "velho". Das minas de prata em Potosí às fazendas com escravos em São Domingos, os poderes capitalistas mercantilistas usaram terra e trabalho a ponto de exaustão, não realizando qualquer esforço para repor aquilo que gastavam[32]. Enquanto isso, na Inglaterra, o capital se ampliava por outros meios. O cercamento forçado de terras facilitou a conversão de terras para agricultura em pasto para ovelhas, possibilitando a manufatura de produtos têxteis mesmo na ausência da mecanização. Como mencionei, foi também durante a era mercantilista que a revolução científica incubou uma visão nova e mecânica da natureza como algo radicalmente distinto da sociedade humana e externo a ela. Poderíamos dizer, com o benefício do olhar retrospectivo, que nessa era o capital estava juntando forças epistêmicas e bióticas, cujo maior potencial produtivo só se tornaria visível depois, com o advento do novo regime socioecológico de acumulação.

Esse regime começou a tomar forma na Inglaterra do início do século XIX, que foi pioneira na mudança histórico-mundial para a energia fóssil. O motor a vapor movido a carvão, invenção de Watt, abriu caminho para o primeiro regime

---

[31] Sobre a divisão entre regimes de energia "somáticos" e "exossomáticos", ver J. R. McNeill, *Something New Under the Sun: An Environmental History of the 20th Century* (Nova York, W. W. Norton, 2000), p. 10-6.

[32] Jason W. Moore, "Potosí and the Political Ecology of Underdevelopment, 1545-1800", *Journal of Philosophical Economics*, v. 4, n. 1, 2010, p. 58-103.

"exossomático" do mundo, o pioneiro em pegar a energia solar carbonizada debaixo da crosta terrestre e convertê-la em energia mecânica *fora dos corpos vivos*. Vinculado apenas indiretamente à biomassa, esse regime parecia liberar as forças de produção das restrições da terra e do trabalho. Ao mesmo tempo, deu vida a uma nova natureza histórica. O carvão, que antes tinha interesse somente local, como substância a ser queimada para aquecer, se tornava uma mercadoria comercializada em todo o mundo. Extraídos de terras confiscadas e transportados em massa por longas distâncias, depósitos de energia que foram formados ao longo de centenas de milhares de anos foram consumidos, num piscar de olhos, para alimentar a indústria mecanizada, sem preocupação com a reposição ou a poluição. Igualmente importante, a energia fossilizada forneceu aos capitalistas um meio para remodelar as relações de produção em seu benefício. Nos anos 1820 e 1830, os produtores britânicos de têxteis, ainda cambaleantes em decorrência de greves nos moinhos, passaram grande parte de suas operações dependentes da energia hidráulica, que se encontra presa a um local, para o vapor, que é móvel, o que também significou uma passagem do campo para a cidade. Assim, conseguiram utilizar suprimentos concentrados de trabalho proletarizado – trabalhadores com menos acesso aos meios de subsistência e mais tolerantes à disciplina da fábrica do que os trabalhadores rurais[33]. Ao que tudo indica, o custo do carvão – que, ao contrário da água, tinha de ser comprado – foi superado pelos ganhos com uma exploração intensificada.

A produção alimentada por fósseis no centro capitalista se expandiu por toda a era do capitalismo liberal, mas a aparência de libertação perante à terra e ao músculo animal era uma ilusão. A industrialização exossomática na Europa e na América do Norte se baseava num terreno oculto de extrativismo somático na periferia. O que fazia as fábricas de Manchester cantarolarem era a importação massiva de "naturezas baratas" extraídas de terras colonizadas por massas de trabalho não livre e dependente: algodão barato para alimentar os moinhos; açúcar, tabaco, café e chá baratos para estimular as "mãos" daqueles que os operavam. Assim, a aparente economia de trabalho e terra foi, na verdade, um modo de "deslocamento da carga ambiental", uma mudança nas demandas por biomassa do centro para a periferia[34]. Os poderes coloniais aceleraram o processo por meio de esforços calculados para acabar com a manufatura em suas colônias. Destruindo deliberadamente a produção têxtil no Egito e na Índia, a Grã-Bretanha reduziu esses países a fornecedores de algodão para seus moinhos e a mercados cativos de seus produtos. Teóricos e historiadores do ecoimperialismo só agora estão reconhecendo toda a extensão

---

[33] Andreas Malm, "The Origins of Fossil Capital: From Water to Steam in the British Cotton Industry", *Historical Materialism*, v. 21, 2013, p. 15-68.

[34] Alf Hornborg, "Footprints in the Cotton Fields: The Industrial Revolution as Time-Space Appropriation and Environmental Load Displacement", *Ecological Economics*, v. 59, n. 1, 2006, p. 74-81.

dessa mudança de custos³⁵, ao mesmo tempo que revelam a relação do anticolonialismo com o protoambientalismo. As lutas rurais contra a predação colonial também foram "ambientalismos para os pobres", lutas por "justiça ambiental" *avant la lettre*³⁶, lutas em torno do significado e do valor da natureza, na medida em que imperialistas europeus, criados em meio a concepções "científicas" distanciadas, buscavam subjugar comunidades que não distinguiam claramente natureza de cultura. Na verdade, o capitalismo "liberal" redesenhou periodicamente essa fronteira, primeiro ao conjurar e depois ao se apropriar de uma matança de novas naturezas históricas. Na realidade, a "Natureza" que o regime mercantilista externalizou de maneira epistemológica, como o Outro da Humanidade, foi agora quase internalizada, comodificada e trazida para o "interior" da economia capitalista.

Indícios de outro tipo de internalização apareceram na era seguinte, a do capitalismo administrado pelo Estado. Nesse caso, a ideia era trazer a natureza para o "interior" do domínio do político, onde se tornaria um objeto de regulação estatal. O líder aqui não era ninguém menos do que aquele que é hoje o principal retardatário ambiental e negacionista da mudança climática: os Estados Unidos. Ao substituírem a Grã-Bretanha como hegemonia global, os Estados Unidos foram os pioneiros no fordismo, criando um novo complexo exossomático-energético-industrial em torno do motor de combustão interna, alimentado por petróleo refinado. O resultado foi a era do automóvel, ícone de uma liberdade consumista, catalisador da construção de estradas, possibilitador da suburbanização, gerador de emissões de carbono e remodelador da geopolítica. Assim, a "democracia do carbono"³⁷, alimentada pelo carvão, deu lugar nos Estados Unidos a uma nova variante alimentada por petróleo.

Ao mesmo tempo, os Estados Unidos também geraram forte movimento ambiental, centrado originalmente na proteção das áreas selvagens – o ambientalismo dos ricos – e, na sequência, em questões de poluição e no despejo de resíduos tóxicos – o ambientalismo da regulação estatal do capitalismo industrial. Fundada em 1970, no fim do regime, a Agência de Proteção Ambiental (EPA), um tipo de agência semelhante às do New Deal que fomentavam a reprodução social, foi o

---

[35] Ver, por exemplo, Mike Davis, "The Origins of the Third World", *Antipode*, v. 32, n. 1, 2000, p. 48-89; Alf Hornborg, "The Thermodynamics of Imperialism: Toward an Ecological Theory of Unequal Exchange", em Alf Hornborg, *The Power of the Machine: Global Inequalities of Economy, Technology, and Environment* (Lanham, AltaMira, 2001), p. 35-48; Joan Martinez-Alier, "The Ecological Debt", *Kurswechsel*, v. 4, 2002, p. 5-16; John Bellamy Foster, Brett Clark e Richard York, "Imperialism and Ecological Metabolism", em Foster et al., *The Ecological Rift: Capitalism's War on the Earth* (Nova York, Monthly Review Press, 2011), p. 345-74.

[36] Joan Martinez-Alier, *The Environmentalism of the Poor: A Study of Ecological Conflicts and Valuation* (Cheltenham, Edward Elgar, 2003).

[37] Timothy Mitchell, "Carbon Democracy", *Economy and Society*, v. 38, n. 3, 2009, p. 399-432.

último grande esforço do regime para neutralizar uma crise sistêmica transformando "externalidades" em objetos de regulação estatal. A joia na coroa da EPA foi o superfundo, cuja tarefa era limpar lugares com lixo tóxico com os centavos do capital. Financiado sobretudo por impostos sobre as indústrias de petróleo e químicas, o fundo realizava o princípio de "aquele que polui paga" por meio da agência coercitiva do Estado capitalista, não de esquemas de mercado como o atual mercado de carbono. Ainda que progressista no que diz respeito a isso, a regulação da natureza feita pelo capitalismo administrado pelo Estado, assim como a da reprodução social, se ancorava em terrenos ocultos não tão simpáticos, como racismo ambiental no centro – o despejo desproporcional de "ecoexternalidades" em comunidades não brancas pobres –, um contínuo extrativismo somático e um deslocamento da carga ambiental para a periferia. Os diversos *coups d'État* patrocinados pelos Estados Unidos na América Latina e no golfo Pérsico, os quais asseguravam os lucros e a posição das grandes companhias de frutas e petróleo, também foram parte constitutiva desse regime. Claramente, a contraparte de uma social-democracia doméstica abastecida a petróleo era um regime oligárquico imposto militarmente no exterior[38]. Por último, mas não menos importante, o regime administrado pelo Estado produzia o tempo todo emissões de carbono, as quais aumentavam exponencialmente.

Todos esses "pontos ruins" permanecem e estão cada vez mais fortes hoje, na era do capitalismo financeirizado, mas sobre uma base alterada. A realocação da manufatura para o Sul global mexeu com a geografia energética prévia. Formações somáticas e exossomáticas coexistem agora lado a lado por toda a Ásia, a América Latina e em algumas áreas do sul da África. Enquanto isso, o Norte global se especializa cada vez mais na tríade "pós-material" de TI, serviços e finança – na verdade, Google, Amazon e Goldman Sachs. De novo a aparência de liberação perante a natureza é enganosa. O "pós-materialismo" do Norte se ancora no materialismo do Sul – mineração, agricultura, indústria –, e seu consumo de energia é intenso, ainda alimentado por carvão e petróleo, agora complementados por perfuração e gás natural, enquanto a adição dos renováveis aqui e ali pouco faz para reduzir a pegada de carbono no total. O efeito geral é sobrecarregar o Sul com uma parcela ainda mais desproporcional da carga ambiental global: poluição extrema nas cidades, hiperextrativismo no campo e vulnerabilidade aos impactos cada vez mais letais do aquecimento global, como aumento do nível do mar e clima extremo, que criam migrações induzidas pelo clima e refugiados ambientais em escala crescente.

Essas assimetrias são constituídas por novos modos financeirizados de regulação, baseados em novos imaginários neoliberais a respeito da natureza. Com a deslegitimação do poder público, surge a nova/velha ideia de que o mercado pode servir, ele mesmo, como principal mecanismo de governança efetiva, encarregado de salvar

---

[38] Idem.

o planeta reduzindo emissões de carbono. *Ecce* mercado de carbono. Na realidade, esses esquemas só afastam o capital do tipo de investimento maciço coordenado que é necessário para desfossilizar a economia global e transformar sua base energética. Em vez disso, o dinheiro flui para o comércio especulativo de "licenças de emissão", "serviços de ecossistema", "créditos de carbono" e "derivativos ambientais"[39]. O que possibilita essa "regulação", e é também fomentada por ela, é uma nova ontologia da natureza. O capitalismo financeiro economiciza a natureza mesmo quando não a mercantiliza diretamente. A ideia de que uma fábrica que expele carvão aqui pode ser compensada com "créditos" gerados por uma plantação de árvores lá supõe uma "natureza" composta de unidades fungíveis e comensuráveis, cujos traços qualitativos e significados experienciados, bem como especificidade espacial, são pouco importantes e podem ser desconsiderados[40]. O mesmo é verdadeiro para os cenários hipotéticos de leilão, adorados por economistas ambientais, que visam a conferir valor a um "ativo natural" conforme a disposição dos diferentes atores para pagar para realizar suas "preferências" conflitantes com relação a ele. As comunidades indígenas estão suficientemente "investidas" na preservação de suas reservas de pesca para oferecer um lance maior do que as empresas multinacionais que ameaçam esgotá-las? Caso não estejam, o uso racional do "ativo" seria permitir sua exploração comercial[41]. Esses cenários "capitalistas verdes" representam outro modo de internalizar a natureza. Produzida por uma abstração epistêmica, a natureza financeirizada é, ao mesmo tempo, um instrumento de expropriação.

Sob essas condições, a gramática da luta ambiental também está mudando. As correntes orientadas ao Estado, do período anterior, perderam muita força, senão toda, graças ao carisma do mercado e à popularidade da governança transnacional. Ao mesmo tempo, a corrente mais antiga, da proteção das áreas selvagens, se dividiu, com uma porção gravitando para o "capitalismo verde", e a outra, para a "justiça ambiental". Então, também os "ambientalismos dos pobres" do Sul estão se transnacionalizando – vinculando-se não só entre si, mas também com correntes do Norte que tomam o "racismo ambiental" como alvo. Alguns desses ativistas se opõem ao capital empresarial e financeiro, assim como aos Estados que fazem os lances para eles, ao passo que outros se opõem ao "trabalho" – a saber, se opõem à camada da classe trabalhadora cujo sustento depende do "desenvolvimento". Em todo caso, as lutas contemporâneas em torno da "natureza" ocorrem

---

[39] Larry Lohmann, "Financialization, Commodification and Carbon: The Contradictions of Neoliberal Climate Policy", *Socialist Register*, v. 48, 2012, p. 85-107.

[40] Idem.

[41] Martin O'Connor, "On the Misadventures of Capitalist Nature", em Martin O'Connor (org.), *Is Capitalism Sustainable? Political Economy and the Politics of Ecology* (Nova York, Guilford, 1994), p. 125-51; Joan Martinez-Alier, *The Environmentalism of the Poor*, cit.

simultaneamente em duas dimensões: como contestações em torno do significado da "natureza" e como conflitos em torno das bases materiais da vida.

Regimes de acumulação racializada

Jaeggi: Bom, isso é um esboço muito interessante da sequência de regimes socioecológicos na história do capitalismo. Mas voltemos, por fim, ao terreno oculto da expropriação. No capítulo anterior, você argumentou que a história oficial da exploração dependia de uma história de fundo da expropriação, que é denegada. Da mesma forma, disse que a divisão estrutural entre essas duas "ex" está na base do entrelaçamento persistente do capitalismo com o imperialismo e a opressão racial ao longo de toda a história. Tive a impressão de que você acredita que esse entrelaçamento tenha assumido diferentes formas em períodos distintos. Assim, você não gostaria agora de historicizar a relação entre exploração e expropriação? Em caso afirmativo, como exatamente faria isso? Como descreveria as formas características que essas relações assumem em nossos quatro regimes de acumulação?

Fraser: Quero, de fato, historicizá-la. Em algumas fases do capitalismo, as duas "ex" estavam separadas uma da outra, tanto geográfica quanto demograficamente, com a exploração concentrada no centro europeu, reservada à "aristocracia do trabalho" (homens brancos), e a expropriação localizada em especial na periferia e imposta sobre pessoas não brancas. Porém, mais recentemente, essas separações foram borradas: alguns sujeitos dependentes parecem ter progredido da expropriação à exploração; ainda assim, sua expropriação não desapareceu por completo. Enquanto isso, pessoas livres, que desfrutavam antes do estatuto de serem "apenas" exploradas, se encontraram cada vez mais sujeitas à expropriação. É assim que eu descreveria a situação que enfrentamos hoje.

Para compreender essas variações, proponho que descrevamos mais uma vez a história do capitalismo como sequência de *regimes de acumulação racializada*. Isso significa sublinhar as relações historicamente específicas entre expropriação e exploração em cada uma de nossas quatro fases. Para cada regime, temos de especificar a geografia e a demografia das duas "ex". Em que medida estão separadas uma da outra, situadas em diferentes regiões, e são atribuídas a populações distintas? Como estão mutuamente imbricadas e qual é o peso relativo de cada uma na configuração geral? Quais formas de subjetivação política caracterizam determinada fase? E como a hierarquia de status interage com outras características para gerar dinâmicas de racialização específicas a cada regime?

Jaeggi: Certo. Vamos, então, percorrer a sequência de regimes mais uma vez, começando pelo capitalismo mercantil.

Fraser: O capitalismo mercantil era a fase que Marx tinha em mente quando cunhou a expressão "acumulação primitiva". O que ele registrava, creio, era o fato de que o principal motor da acumulação nessa fase do capitalismo não era a exploração, e sim a expropriação. Confisco era o nome do jogo, e ele se manifestava tanto no cercamento de terras no centro quanto na conquista, na pilhagem e na "caça comercial de peles negras" em toda a periferia[42]. Tudo isso precedeu em muito a ascensão da indústria moderna. Antes da exploração em larga escala dos trabalhadores na fábrica, veio a expropriação massiva dos corpos, do trabalho, da terra e da riqueza mineral, na Europa e na Ásia, mas, sobretudo, na África e no "Novo Mundo". A expropriação encolheu a exploração no capitalismo comercial, o que teve implicações importantes na hierarquia de status. Por um lado, esse regime gerou os precursores das subjetivações racializantes que se tornaram plenas de consequências nas fases seguintes: "europeus" *versus* "nativos", indivíduos livres *versus* escravos, "brancos" *versus* "negros". Por outro lado, essas distinções eram muito menos agudas num período em que praticamente *todas* as pessoas sem posses detinham o status de sujeitos, não o de cidadãos portadores de direitos. Nesse contexto, praticamente *ninguém* tinha proteção política frente à expropriação, e a condição da maioria não era de liberdade, mas de dependência. Como resultado, esse status não carregava o estigma especial que adquiriu em fases subsequentes do capitalismo, quando os trabalhadores homens da maioria étnica no centro adquiriram direitos liberais mediante lutas políticas. Somente depois, com a democratização (parcial) das metrópoles e a ascensão da exploração em larga escala do *livre* trabalho assalariado na fábrica, foi que o contraste entre "raças livres e subjugadas" se acentuou, dando origem às ordens raciais que caracterizam o capitalismo moderno.

A passagem do capitalismo mercantil para o liberal no século XIX gerou uma nova configuração, tornando as duas "ex" mais equilibradas e interconectadas. Como vimos, o confisco da terra e do trabalho continuou em ritmo acelerado, uma vez que Estados europeus consolidavam seu domínio colonial, enquanto os Estados Unidos perpetuavam sua "colônia interna", primeiro por meio da extensão da escravidão racial e depois, após a abolição, por meio da transformação de pessoas libertas em servos que trabalhavam para pagar dívidas por meio do sistema de servidão. Agora, no entanto, a contínua expropriação na periferia se vinculou à exploração lucrativa no centro. O que havia de novo era a ascensão de uma manufatura de larga escala nas fábricas, que forjou o proletariado imaginado por Marx, virando meios de vida tradicionais de cabeça para baixo e gerando conflitos de classe. Vez ou outra, lutas para democratizar as metrópoles entregaram uma

---

[42] Karl Marx, *Capital*, v. I [1867], trad. Samuel Moore e Edward Aveling, em Karl Marx e Friedrich Engels, *Collected Works*, v. XXXV (Londres, Lawrence & Wishart, 2010), p. 739 [ed. bras.: *O capital. Crítica da economia política*, Livro I, cit., p. 821].

versão da cidadania, que se conformava ao sistema, para os trabalhadores explorados (homens). Ao mesmo tempo, a repressão brutal das lutas anticoloniais garantiu a continuidade da sujeição na periferia. Desse modo, o contraste entre dependência e liberdade se acirrou e foi cada vez mais racializado. Nos Estados Unidos, por exemplo, o estatuto de trabalhador-cidadão adquiriu muito da aura de liberdade que legitima a exploração, em contraposição à condição de dependência e degradação de escravos e povos indígenas, que viam suas terras e seus pares serem repetidamente confiscados impunemente[43]. Na verdade, estes dois estatutos – o de *livre trabalhador-cidadão explorável*, por um lado, e o de *sujeito dependente expropriável*, por outro – foram mutuamente constituídos, codefiniram-se.

A racialização foi reforçada pela aparente *separação* entre exploração e expropriação no capitalismo liberal. Nesse regime, as duas "ex" pareciam situadas em diferentes regiões e ser atribuídas a populações distintas, uma colonizada e a outra "livre". Na verdade, essa divisão nunca foi tão clara e inequívoca, uma vez que algumas indústrias extrativistas empregavam sujeitos coloniais no trabalho assalariado e apenas uma minoria dos trabalhadores explorados no centro do capitalismo foi bem-sucedida em escapar por completo da contínua expropriação. Além disso, apesar de parecerem separados, os dois mecanismos de acumulação se encontravam sistemicamente imbricados, formando um *nexo exploração-expropriação*. Nesse nexo, como já vimos, foi a expropriação de populações na periferia – incluindo a periferia do centro – que fornecia comida, têxteis, minério e energia baratos, sem os quais a exploração dos trabalhadores industriais metropolitanos não teria sido lucrativa. No período liberal, portanto, as duas "ex" eram motores distintos, mas mutuamente calibrados, de acumulação num único sistema capitalista global.

Isso nos leva, então, ao capitalismo administrado pelo Estado. Nessa fase, a separação entre as duas "ex" começou a se atenuar, embora não tenha sido abolida. Sua atenuação acarretou algo de novo. Agora, parecia que a expropriação não mais impedia a exploração, mas poderia ser combinada com ela. Estou pensando no desenvolvimento de mercados de trabalho segmentados no centro capitalista. Nesses contextos, o capital extraiu um prêmio do confisco dos trabalhadores assalariados racializados, pagando a eles menos do que aos "brancos" – e menos do que os custos socialmente necessários à sua reprodução. Nesse caso, a expropriação se articula diretamente com a exploração, entrando na constituição interna do trabalho assalariado. Foi o que ocorreu nos Estados Unidos no século XX, quando afro-americanos deslocados pela mecanização da agricultura foram em massa para as cidades do norte, onde muitos se juntaram ao proletariado industrial, mas em geral como

---

[43] Judith Shklar, *American Citizenship: The Quest for Inclusion* (Cambridge, Harvard University Press, 1991).

trabalhadores de segunda classe, que recebiam menos do que os "brancos" e eram designados para empregos mais sujos e servis. Nesse período, sua exploração era sobrepujada pela expropriação, já que o capital não pagava a eles todo o custo de sua reprodução. Essa condição foi reforçada por sua contínua sujeição política sob Jim Crow. Ao longo do período do capitalismo administrado pelo Estado, afro--americanos foram privados de proteção política, posto que a segregação, a privação de direitos e outras incontáveis humilhações institucionalizadas continuavam negando-lhes uma cidadania plena. Mesmo quando empregados em fábricas, ainda não eram indivíduos plenamente livres e portadores de direitos. Além de serem explorados, eles eram expropriados

Jaeggi: Concordo que afro-americanos tenham sido relegados a um estatuto inferior, mas me pergunto se você poderia esclarecer precisamente por que isso ainda deve ser classificado como expropriação em oposição a, digamos, uma versão mais extrema de exploração. Trata-se do resultado do regime de segregação e do fato de que direitos civis e políticos lhes eram sistematicamente negados? Ou tem a ver com as duradouras consequências, que têm uma trajetória, provindas da história da escravidão? Não contesto a tese, mas devemos ter consciência de que um dos perigos do conceito de despossessão ou expropriação é que ele pode se tornar muito amplo. Harvey, por exemplo, tende a alargar excessivamente o conceito até um ponto em que não fica mais inteiramente claro como todas as coisas que descreve como "despossessão" se juntam ou quais características compartilham. Colocando a questão de outro modo: como você determina o ponto em que a exploração se torna expropriação?

Fraser: Para mim, as duas "ex" se distinguem de dois modos: um "econômico" e o outro "político". O primeiro ponto, "econômico", é que na exploração o capital assume os custos de reposição do trabalho que emprega na produção, enquanto na expropriação ele não assume. A segunda diferença, "política", é que os trabalhadores explorados são indivíduos livres e cidadãos portadores de direitos com acesso à proteção estatal, ao passo que sujeitos expropriados são seres dependentes, que não podem recorrer ao poder público para defendê-los da predação e da violência. O que distingue a situação de afro-americanos é que ela ultrapassa a linha nos dois casos. Primeiro, o trabalhador racializado no capitalismo administrado pelo Estado recebia um salário, mas menor do que a média do custo socialmente necessário a sua reprodução. Segundo, afro-americanos tinham nesse regime o status formal de pessoas livres e de cidadãos americanos, mas não podiam recorrer aos poderes públicos para reivindicar seus direitos; pelo contrário, aqueles que deveriam supostamente protegê-los da violência eram muitas vezes quem a perpetrava. Nos dois pontos, portanto, a situação da classe trabalhadora de negros americanos combinava elementos de expropriação com elementos de exploração. Ela é mais bem compreendida deste modo, como um amálgama ou um híbrido dessas duas "ex", que pelo conceito mais familiar de "superexploração"[44]. Embora esse termo seja inegavelmente sugestivo, ele se concentra apenas no caráter econômico da diferença salarial racial, ao mesmo tempo que ignora o diferencial de status. Minha abordagem, ao contrário, busca expor o entrelaçamento da *predação econômica* com a *sujeição política*, com o intuito de compreender tanto as características estruturais de um dado regime de acumulação racial quanto as dependências de trajetória que vinculam essas características estruturais a regimes anteriores.

Jaeggi: Falamos antes sobre centro e periferia, e essa relação foi importante para seu modo de descrever a despossessão e a expropriação sob os dois primeiros regimes de acumulação. Claro, o que chamamos de capitalismo administrado pelo Estado é também o período em que tivemos uma grande onda de lutas por liberação colonial. Mas, obviamente, esse não foi o fim do imperialismo ocidental sobre essas regiões. Você descreveria a situação pós-colonial nesses mesmos termos, como um tipo de "híbrido" no qual a exploração é obscurecida pela expropriação?

Fraser: Sim, eu a descreveria exatamente nesses termos. Como você disse, lutas por descolonização explodiram ao longo da era do capitalismo administrado pelo Estado, intensificando-se nos anos que se seguiram à Segunda Guerra Mundial. O efeito foi alterar ainda mais a configuração das duas "ex". Com o advento da independência política, alguns pós-coloniais foram bem-sucedidos em elevar seu status de sujeitos expropriáveis para trabalhadores-cidadãos exploráveis, ainda que de modo precário e em termos inferiores. Numa economia global, calcada na "troca desigual", a exploração deles também se encontrava impregnada de expropriação, haja vista que regimes comerciais, que tendiam contra eles, desviavam valor para o centro, a despeito da derrubada do domínio colonial. É claro, porém, que mesmo esse progresso limitado não valeu para todos. Muitos dos sujeitos mais periféricos permaneceram fora do nexo salarial e sujeitos a um confisco aberto. Agora, contudo, os expropriadores não eram só governos estrangeiros e firmas transnacionais, mas também Estados pós-coloniais. Amplamente focadas na industrialização para substituição de importação, as estratégias de "desenvolvimento" desses últimos muitas vezes envolviam a expropriação de "sua própria" população indígena. Nem esses Estados em desenvolvimento, que fizeram sérios esforços para melhorar a condição dos camponeses e dos trabalhadores, tinham como ser de todo bem-sucedidos. A combinação de recursos estatais limitados,

---

[44] Ver, por exemplo, Ruy Mauro Marini, *Dialéctica de la dependencia* (Cidade do México, Era, 1973) [ed. bras.: *Dialética da dependência*, São Paulo, Vozes, 2000].

regimes neoimperialistas de investimento e de comércio, bem como uma contínua despossessão de terras, assegurou que a linha entre as duas "ex" permanecesse borrada no pós-colônia.

Esse é o ponto que quero enfatizar aqui. No capitalismo administrado pelo Estado, a exploração não parecia mais ser tão separada da expropriação. Pelo contrário, nesse regime, os dois mecanismos de acumulação se tornaram articulados – no trabalho industrial racializado, por um lado, e na cidadania pós-colonial, por outro. Apesar disso, a distinção entre as duas "ex" não desapareceu, e variações "puras" de cada uma delas persistiram no centro e na periferia. Populações consideráveis ainda eram pura e simplesmente expropriadas, quase todas não brancas; outras eram "meramente" exploradas, em sua maioria europeias e "brancas". O que havia de novo, entretanto, era a emergência de casos híbridos nos quais algumas pessoas estavam sujeitas, ao mesmo tempo, à expropriação e à exploração. Tais pessoas continuaram a ser minoria sob o capitalismo administrado pelo Estado, mas eram os arautos de um mundo vindouro. Quando nos voltamos para o período atual, vemos uma vasta expansão do híbrido expropriação/exploração.

Jaeggi: Então, o que você está dizendo é que a distinção entre expropriação e exploração, de alguma forma, se desfaz aos poucos, primeiro sob o capitalismo administrado pelo Estado, mas ainda mais nos dias de hoje. Quão central é isso para o atual regime do capitalismo financeirizado? Em quais aspectos o atual regime ainda depende do racismo e de relações de raça?

Fraser: O capitalismo financeirizado se apoia num novo vínculo entre expropriação e exploração, que se distingue por duas características centrais. A primeira é uma mudança dramática na geografia e na demografia das duas "ex". Grande parte da exploração industrial de larga escala ocorre agora fora do histórico centro, nos Brics da semiperiferia. Ao mesmo tempo, e essa é a segunda diferença, a expropriação está em ascensão – tanto é assim que ameaça ultrapassar a exploração, mais uma vez, como a fonte do valor e o motor da acumulação de capital. Esses dois aspectos estão fortemente conectados. A expropriação se universaliza, afligindo não apenas seus sujeitos tradicionais, mas também aqueles que estavam previamente protegidos pelo estatuto de trabalhadores-cidadãos. No histórico centro, onde o trabalho de serviço, precário e mal pago, está substituindo o trabalho industrial sindicalizado e os governos estão cortando bens públicos e serviços sociais por ordem de investidores, o capital agora rotineiramente paga, à maioria dos trabalhadores, menos do que os custos socialmente necessários a sua reprodução. O efeito é forçá-los a depender de dívidas de consumo para viver, o que significa que são expropriados na ida e na volta. O setor financeiro comercializa um conjunto estontante de empréstimos destinados a engordar os investidores e a expropriar trabalhadores-cidadãos de todas as cores. Essa dinâmica é especialmente danosa para tomadores de empréstimo racializados, que são direcionados a um "*subprime*" hiperexpropriativo e a adiantamentos de dinheiro, com juros altos.

Paralelamente, a realocação da manufatura industrial para os Brics levou uma intensa exploração para esses países, incluindo as áreas especialmente designadas como "zonas de processamento de exportação". Isso combina com a expropriação, porque o capital mobiliza novos estoques de mão de obra produzida fora de sua economia oficial, por cuja reprodução ele não paga. Ao mesmo tempo, as instituições financeiras globais, como o FMI, pressionam Estados pós-coloniais endividados a impor austeridade. Exigindo cortes nos serviços públicos, privatização de ativos públicos e abertura de mercados à competição estrangeira, condicionam os empréstimos a políticas que transferem a riqueza de populações vulneráveis para o capital empresarial internacional e a finança global. Isso também representa acumulação via expropriação, assim como uma intensa despossessão de camponeses e grilagem empresarial de terras. A dívida é um motor central da acumulação por expropriação no capitalismo financeirizado.

Neste, encontramos, então, um novo entrelaçamento entre exploração e expropriação – e, com ele, uma nova dinâmica de subjetivação política. Em vez de uma divisão clara entre os expropriados à força e os "apenas" explorados, encontramos um contínuo: numa ponta, temos uma massa crescente de sujeitos expropriáveis e desamparados; na outra, a diminuição das categorias de trabalhadores-cidadãos protegidos e explorados; no meio, uma nova figura híbrida, formalmente livre e muito vulnerável: o *trabalhador-cidadão-expropriável-e-explorável*. Essa figura híbrida fez uma breve aparição no regime precedente, como acabamos de ver, mas agora está se tornando norma. No entanto, o contínuo expropriação/exploração permanece racializado, com pessoas não brancas representadas de maneira desproporcional no polo expropriado. Por todo o mundo, continua muito mais provável que elas sejam pobres, estejam desempregadas, desabrigadas, com fome e doentes; que sejam vitimadas pelo crime e por empréstimos predatórios; que sejam assediadas e assassinadas pela polícia; que sejam encarceradas e sentenciadas à morte; que sejam usadas como bucha de canhão ou como escravas sexuais e transformadas em refugiadas ou em "danos colaterais" em guerras intermináveis.

Intersecções: perspectivas para um capitalismo pós-racista e pós-sexista

Jaeggi: Sua concepção expandida de capitalismo une de modo impressionante muitas estruturas de dominação e opressão, mas também carrega certos riscos. Um perigo que me vem à mente é a tentação de hierarquizar diferentes formas de dominação. Podemos nos lembrar dos debates, no passado, entre feministas e marxistas acerca da "teoria dos sistemas duais". Alguns marxistas se prendiam à ideia de que a "contradição primária" é sempre o capitalismo e a luta de classes capitalista, enquanto a dominação de gênero é somente uma contradição secundária; ou seja, para eles, quando resolvermos a contradição do capitalismo, o mesmo ocorrerá com todos os outros problemas secundários. As feministas lutaram muito contra esse tipo de argumento.

Por esse motivo, alguém poderia ficar receoso de que sua figura se aproxime muito desse tipo hierárquico de teorização e não seja capaz de oferecer uma explicação funcionalista convincente sobre as dependências entre as diferentes formas de dominação. Alguém poderia argumentar, por exemplo, que a dominação de gênero não é mais uma necessidade funcional para o capitalismo – se é que já foi algum dia – e que, portanto, pode ser superada sem a superação do capitalismo. Mais importante, alguém poderia defender o inverso: que a dominação de gênero pode não desaparecer com o capitalismo. Vemos essas campanhas telhado de vidro no feminismo e esse tipo de ideal *united colors of Benetton* em ascensão. Os empregadores podem considerar desperdício de capital humano negligenciar o talento com base em raça ou gênero. Assim, parece possível que o racismo e o sexismo sejam vistos como obstáculos à eficiência e à acumulação capitalista. Tomemos como exemplo a necessidade de trabalho imigrante. Houve um esforço recente para atrair especialistas de TI da Índia para a Alemanha, que tem um déficit de trabalho qualificado. Esse esforço foi recebido com uma campanha de direita cujo lema era "Kinder statt Inder!" [crianças em vez de indianos], por meio do qual eles queriam dizer que alemães deveriam produzir mais crianças em vez de admitir estrangeiros. Esse seria, então, um exemplo de um tipo de racismo profundo e culturalmente enraizado que está se tornando um obstáculo à acumulação capitalista. Essa suposição sugere que podem surgir circunstâncias sob as quais sexismo e racismo entrem em conflito com imperativos capitalistas.

Minha questão é entender como essas formas de dominação e opressão trabalham conjuntamente. Quão perto você chega de renovar a figura da contradição primária/secundária, em oposição à da interseccionalidade?

Fraser: Há uma série de questões importantes aqui. Deixe-me dizer, para início de conversa, que rejeito enfaticamente a noção da contradição primária/secundária. Todo o objetivo de expor "terrenos ocultos" adicionais, para além daquela enfatizada por Marx, foi mostrar que as formas de opressão que eles englobam – subordinação de gênero e de raça, imperialismo e dominação política, depredação ecológica – são características estruturais inerentes à sociedade capitalista, tão profundas quanto exploração e dominação de classe. Todo o objetivo de meu argumento é refutar a visão de que só a classe seja estrutural. Eu defenderia a mesma coisa contra qualquer um que buscasse colocar outra instância singular naquela posição privilegiada de "contradição primária".

Ainda assim – e este é meu segundo ponto –, também rejeito abordagens pluralistas ou aditivas, como uma teoria dos sistemas duais (ou triplos). Longe de conceber o capitalismo, o patriarcado e a supremacia branca como "sistemas" separados, que se articulam de forma misteriosa, proponho uma teoria *unificada*, na qual todos os modos de opressão (gênero, "raça", classe) estejam estruturalmente ancorados numa única formação social – no capitalismo, compreendido de modo amplo, como uma ordem social institucionalizada. Ao contrário das teorias da interseccionalidade, que tendem a ser descritivas, focadas nos modos pelos quais as posições de sujeição existentes atravessam umas as outras, minha concepção é explicativa. Olhando para trás daquelas posições de sujeição, para a ordem social que as gera, identifico os mecanismos institucionais por meio dos quais a sociedade capitalista produz gênero, raça e classe como eixos de dominação que se atravessam.

Há também um terceiro ponto. Ao contrário do que você acabou de dizer, rejeito a visão de que qualquer um desses modos de dominação seja apenas "funcional" para a acumulação de capital. Em minha concepção, todos ocupam posições contraditórias. Por um lado, oferecem condições para a acumulação; por outro, são espaços de contradição, potencial crise, luta social e normatividade "não econômica". Isso vale para classe, como Marx insistiu, mas igualmente para gênero, raça e imperialismo, bem como para democracia e ecologia.

Por fim, nada do que eu disse aqui exclui a possibilidade de o capital (ou algumas de suas frações, sob certas circunstâncias históricas) vir a enxergar (certas formas recebidas de) racismo e/ou sexismo como obstáculos para suas estratégias (historicamente específicas) de acumulação (em determinada conjuntura). Contudo, note quantas qualificações tive de introduzir na sentença para formular a ideia de forma válida. O ponto é que sua questão tem de ser abordada *historicamente*. Tudo depende do regime de acumulação em vigência, de como e onde suas fronteiras constitutivas foram desenhadas, da medida em que sua matriz institucional se desmantela e alternativas são exploradas. Então, concordo com você que qualquer ordem racial ou sexual dada possa se mostrar prejudicial a pelo menos alguns setores do capital, sobretudo em momentos de crise, quando estratégias de acumulação estabelecidas parecem esgotadas e uma busca por configurações alternativas está em andamento. Algo semelhante talvez aconteça hoje, como você sugere. Ainda assim, isso está longe da afirmação categórica geral de que o capitalismo pode, em princípio, se manter *simpliciter* sem a hierarquia de gênero ou racial.

Jaeggi: Isso me leva à questão que me incomodou ao longo de toda a discussão. Nosso debate neste capítulo é como historicizar o capitalismo. Ao mesmo tempo, esse quadro geral que você elaborou não parece, ele mesmo, historicizado; permanece mais ou menos estável ao longo de períodos históricos. Em que sentido o capitalismo é realmente "histórico" e em que sentido ele está sujeito a uma lógica "fixa"? E como você interpreta a relação entre esses aspectos históricos e fixos de seu quadro geral?

Por exemplo, você diz que o capitalismo sempre precisa de sujeitos para a exploração e a expropriação. Se esse é o caso, não seria possível falar naquilo que alguns sociólogos chamam de "equivalentes funcionais"? Em outras palavras, como você acabou de dizer, explorados e expropriados nem sempre precisam ser o mesmo grupo. Não há nenhuma razão para que eles tenham de ser obrigatoriamente definidos por linhas de gênero ou de raça. Se isso for verdade, talvez fosse possível radicalizar um pouco mais a tentativa de historicizar o capitalismo e dizer que as ordens de gênero e racial descrevem os modos empíricos por meio dos quais a expropriação e a exploração foram organizadas.

Fraser: Minha visão é que toda forma de capitalismo distingue produção de reprodução, exploração de expropriação. Essas divisões não são historicamente contingentes; são constitutivas da sociedade capitalista. Mas você pergunta corretamente: disso se segue que as dominações de gênero e racial também sejam *constitutivas* do capitalismo? Ou seriam historicamente contingentes? Poderia existir uma forma de sociedade capitalista que dividisse produção de reprodução em outra base que não a de gênero? Poderia haver uma forma histórica de capitalismo em que a distinção entre expropriação e exploração fosse organizada em outra base que não a de raça?

Essas são questões profundas e importantes, mas também complicadas. Estaríamos indo pelo caminho errado, creio, se começássemos supondo que pessoas só *são* divididas por raça e gênero por uma questão de fato, independentemente de processos sociais e relações de poder, e depois passássemos a nos perguntar se a sociedade capitalista poderia não designar de maneira aleatória essas pessoas, já marcadas pelo gênero e pela raça, para a produção ou a reprodução, para a exploração ou a expropriação. Essa suposição inicial vira as questões de cabeça para baixo. Longe de serem dadas como questões de fato, as "diferenças" de gênero e de raça são produtos das dinâmicas de poder que designam indivíduos para posições estruturais na sociedade capitalista. A divisão de gênero pode ser mais antiga do que o capitalismo, mas assumiu sua forma moderna supremacista masculina apenas no capitalismo e mediante a separação entre produção e reprodução. O argumento análogo vale para raça. Embora a "diferença racial", como a compreendemos agora, possa ter algumas afinidades com formas anteriores de preconceito por cor, só tomou sua aparência supremacista branca moderna e imperialista no capitalismo, por meio da separação entre exploração e expropriação. Sem essas duas divisões e as formas de subjetivação que as acompanham, nem a dominação racial nem a de gênero existiriam de modo parecido com suas formas atuais.

Pelo mesmo motivo, entretanto, essas formas de dominação *têm* de existir sempre que arranjos sociais desvinculam produção e exploração de reprodução e expropriação e atribuem a responsabilidade por esses dois terrenos ocultos a populações especialmente designadas. Esse seria o caso mesmo se as pessoas marcadas para a reprodução e/ou a expropriação não fossem, em uma dimensão desproporcional biologicamente mulheres e/ou de ascendência africana. A despeito de quem fossem, essas pessoas seriam feminilizadas e/ou racializadas, sujeitas à dominação de gênero ou racial. Isso joga uma luz diferente sobre o assunto. Uma vez que gênero e raça são compreendidos da forma correta, de um modo pragmático e dessubstancializado, como resultados, mais que como dados, a conclusão parece inescapável: se o capitalismo requer que produção e exploração sejam respectivamente separadas da reprodução e da expropriação, bem como que as funções destas sejam atribuídas a classes separadas e distintas de pessoas, designadas para esse propósito, ele não pode ser desvinculado das opressões de gênero e racial.

Jaeggi: Sua resposta levanta uma questão teórico-social interessante. Você diz que, por definição, o capitalismo separa a história oficial da exploração e da produção de mercadorias da história de fundo da expropriação e da reprodução social. Diz também que racismo e sexismo são inerentes ao capitalismo enquanto este atribuir as funções da história de fundo a populações especialmente designadas, que, como resultado, serão feminilizadas e racializadas. Você deixa, contudo, outra possibilidade em aberto. E se o capitalismo não depender dessa segunda condição? E se ele expropriasse e "reprodutivizasse" quase todo mundo, exigindo trabalho naqueles terrenos ocultos de toda a população sem capital, para cima e além do que exige das pessoas no trabalho assalariado explorado? Esse não é um cenário possível? E, caso seja, o resultado não poderia ser um capitalismo não racista e não sexista? Por fim, não poderíamos nos mover nessa direção hoje, tendo em vista o que você disse sobre a universalização da expropriação no capitalismo financeirizado contemporâneo?

Fraser: Bom, você foi ao cerne da questão! Então, deixe-me tentar fazer o mesmo. O cenário que você acabou de esboçar é, com certeza, logicamente possível. Contudo, acredito que possamos descartá-lo por propósitos práticos. Para ver o porquê, olhemos mais uma vez para a atual conjuntura. Você tem razão: o capitalismo financeirizado é um regime de expropriação universalizada. Não apenas as populações racializadas, como também a maior parte dos "brancos", recebe agora um salário que não cobre todos os custos de sua reprodução. Não mais protegidos pelo aprovisionamento público, pelas proteções de falência, pela força dos sindicatos e pelos direitos trabalhistas, eles também estão à mercê da "austeridade", de credores predatórios e do emprego precário. Pela mesma razão, a exploração também vem sendo universalizada. Não só homens, mas também a maioria das mulheres, têm de vender sua força de trabalho para alimentar as famílias. Impedidas de acessar uma generosa "pensão materna" e de reivindicar um "salário provedor", elas têm de bater ponto por longas horas de trabalho, muitas vezes superiores às quarenta horas semanais, antes padrão. Ainda assim, o capitalismo de hoje é qualquer coisa, menos pós-racista ou pós-sexista. Como eu disse, os fardos da expropriação ainda recaem de maneira desproporcional sobre as pessoas não brancas, que permanecem muito mais propensas a pobreza, desabrigo, doença, violência, encarceramento e predação pelo capital e pelo Estado. Do mesmo modo, o ônus do trabalho reprodutivo ainda recai muito mais sobre os ombros das mulheres, que permanecem bem mais propensas do que os homens a chefiar domicílios sozinhas, com responsabilidades de cuidado primário e, provavelmente, tendo de cumprir "dupla jornada", voltando para casa após um longo dia de trabalho pago para cozinhar, limpar, lavar roupa e cuidar de filhos e pais, mesmo quando têm companheiros masculinos.

Em geral, portanto, a dominação racial e baseada no gênero persiste no atual regime, mesmo com contornos mais borrados. De fato, a nova configuração pode até agravar a animosidade racial e o ressentimento de gênero. Quando séculos de estigma e violação se encontram com a necessidade voraz do capital de sujeitos para explorar e expropriar, o resultado é intensa insegurança e paranoia – portanto, uma disputa desesperada por segurança –, bem como racismo e sexismo exacerbados. Aqueles que estavam antes protegidos de grande parte da predação estão menos do que ávidos para dividir os fardos dela agora – e não só porque são sexistas ou racistas, ainda que alguns o sejam. O fato é que eles também têm sofrimentos legítimos que vêm à tona de um modo ou de outro – como é de se esperar. Na ausência de um movimento inter-racial e inter-gênero para abolir um sistema social que impõe uma expropriação quase universal enquanto canibaliza a reprodução social, seus sofrimentos encontram expressão em fileiras crescentes de um populismo autoritário de direita. Esses movimentos, que florescem em quase todo país do histórico centro do capitalismo, representam a resposta previsível ao "neoliberalismo progressista" hegemônico do tempo presente, o qual cinicamente lança mão de apelos à "justiça" enquanto amplia a expropriação e corta o apoio público à reprodução social. Na realidade, pede que aqueles que foram um dia protegidos do pior em função de sua posição como homens, "brancos" e/ou "europeus", abram mão de seu status privilegiado, abracem sua crescente precariedade e se rendam à violação, isso enquanto canaliza seus ativos para investidores privados e não oferece nada além de apoio moral em troca. Nesse mundo cão do capitalismo financeirizado, é praticamente impossível vislumbrar um caminho "democrático" para um capitalismo não racial e não sexista.

Jaeggi: Mas você acredita mesmo que seja fácil vislumbrar um caminho para uma ordem não racista e não sexista que seja *pós*-capitalista?

Fraser: Não, claro que não, mas o cerne desse projeto é claro. *Contra* compreensões tradicionais de socialismo, um foco exclusivo na exploração e na produção não tem como emancipar as pessoas trabalhadoras de todas as cores e gêneros. Do mesmo modo, é necessário mirar na expropriação e na reprodução, às quais a exploração e a produção estão vinculadas. Pela mesma razão, *contra* feministas e antirracistas liberais, um foco exclusivo na discriminação, na ideologia e no direito não é o melhor caminho para superar o racismo ou o sexismo; também é necessário enfrentar o vínculo persistente no capitalismo entre expropriação e exploração, reprodução e produção. Os dois projetos requerem um radicalismo mais profundo, que vise a uma transformação estrutural da matriz social como um todo. Isso significa superar tanto as "ex" do capitalismo quanto sua divisão entre produção/reprodução por meio da abolição do sistema mais amplo que gera sua simbiose.

Jaeggi: Essa é uma posição ousada e inspiradora, mas se o argumento é persuasivo é algo que ainda precisamos ver. Vamos retornar a ele e a seu *Zeitdiagnose* no capítulo final, "Contestando o capitalismo". Antes, todavia, temos de enfrentar outro assunto que perpassou toda a nossa discussão sem ter sido explicitamente abordado: após conceituar e historicizar o capitalismo, como exatamente devemos criticá-lo?

III
Criticando o capitalismo

Modos de criticar o capitalismo

Jaeggi: Devemos nos voltar agora a *o que há de errado com o capitalismo* e, portanto, à questão sobre como *criticar o capitalismo*. Com base em quais fundamentos é possível criticar o capitalismo? E quais tipos de crítica são apropriados para a ordem social institucionalizada que chamamos de capitalismo?

Desde que o capitalismo existe, há várias críticas a ele, mas nem todas são igualmente perspicazes e nem toda crítica é algo que queremos endossar. Alguns afirmam que o capitalismo é o alvo, mas o que de fato criticam é a sociedade moderna; outros estabelecem vínculos tênues para atribuir ao capitalismo tudo o que encontram de errado no mundo; há os que culpam o capitalismo por problemas que se encontram em praticamente toda forma de organização social. Alguns tendem a ser nostálgicos ou a ter um temor conservador, outros são difusos ou simplistas, e nem todos têm objetivos que descreveríamos como "emancipatórios". Alguns são francamente regressivos ou mesmo fascistas.

Por esse motivo, é importante especificarmos nossos critérios para a crítica e, além disso, que o façamos sob medida para pensar o capitalismo. Devemos ter uma ideia do *que exatamente* estamos criticando quando assumimos um ponto de vista sobre aquilo que é indesejável em nossa ordem capitalista global. Podemos concordar que há algo problemático no capitalismo e em como nossas sociedades são organizadas, mas não é sempre óbvio saber quando uma enfermidade particular no mundo pode ser atribuída especificamente a ele.

Fraser: De acordo. Não queremos atribuir todo mal social concebível a uma coisa todo-poderosa, mas subespecificada, denominada "capitalismo". Isso transformaria o conceito em algo que abarca tudo, outra "caixa-preta", por assim dizer. Também não queremos sugerir que a solução seria retornar a um modo de vida pré-capitalista supostamente intocado. Isso, no entanto, ainda deixa em aberto muitos possíveis caminhos para desenvolver uma crítica. Como exatamente você quer proceder?

Jaeggi: Sempre gostei de como Philippe van Parijs colocou a questão nos anos 1980: o que há, se de fato houver algo, de *intrinsecamente* errado com o capitalismo[1]? O que consideramos fundamentalmente problemático nele que não é apenas um efeito colateral ou uma particularidade do acaso, mas algo que ocorre, de maneira sistemática, em conjunção com o capitalismo? Se aquilo para o que olhamos – o objeto de nossa crítica – é algo que ocorre em todas as sociedades concebíveis ou se é algo que ocorre apenas incidentalmente na sociedade capitalista, então não se trata realmente de uma crítica ao capitalismo. Se há algo de supostamente errado ou problemático nos sistemas sociais considerados, o *capitalismo* é realmente o culpado ou a culpa é de outra coisa?

Sugiro que comecemos pela distinção de três modelos de argumentação ou três estratégias de crítica: *funcionalista, moral* e *ética*. A estratégia funcionalista de argumentação sustenta que o capitalismo é intrinsecamente disfuncional e propenso a crises; o argumento de tipo moral ou orientado à justiça afirma que o capitalismo é moralmente errado, injusto ou baseado na exploração; finalmente, a crítica ética defende que uma vida moldada pelo capitalismo é ruim, empobrecida, sem sentido ou alienada.

Fraser: Certo, vamos começar pela consideração desses três gêneros de crítica, mesmo que esse conjunto de opções talvez se mostre incompleto.

Jaeggi: Mesmo que descubramos que há problemas não resolvidos a respeito de cada um deles.

Crítica funcionalista

Jaeggi: Simplificando, a estratégia funcionalista de argumentação procura mostrar que o capitalismo não tem como funcionar como sistema social e econômico, pois é intrinsecamente disfuncional e necessariamente propenso a crises. Em tese, a versão mais simples desse tipo de crítica é a teoria da pauperização – o diagnóstico de que o capitalismo, em longo prazo, não vai produzir o suficiente para a subsistência das pessoas, o que levará ao colapso do sistema. Há versões mais complexas dessa

---

[1] Philippe van Parijs, "What (if Anything) Is Intrinsically Wrong with Capitalism?", *Philosophica*, v. 34, 1984, p. 85-102.

ideia, envolvendo teorias sistêmicas de crises do mercado e da produção, sendo a mais sofisticadas delas, provavelmente, o teorema marxista da queda tendencial da taxa de lucro, que diz que a dinâmica capitalista mina a si mesma por meio de mudanças na proporção entre trabalho vivo e maquinaria, ou aquilo que ele denominou de "composição orgânica do capital"[2].

Note que o modo funcionalista de crítica não se restringe a disfunções *no interior* do sistema econômico. Também há críticas funcionalistas do capitalismo que enfatizam relações entre a economia e outros recursos e esferas sociais. Alguns salientam a assim chamada "cultura do capitalismo" e seus recursos motivacionais. Daniel Bell defendeu que o capitalismo mina, de forma sistemática, as disposições psíquicas e cognitivas necessárias a seu próprio desenvolvimento e conservação[3]. Joseph Schumpeter disse algo similar[4].

Agora, há vantagens notáveis nesse tipo de estratégia. A mais importante é que, como modo de crítica, parece não necessitar de critérios independentes de justificação, o que o libera de um conjunto de problemas filosóficos. O objeto da crítica é ineficaz, simplesmente não funciona. Ele mina a própria capacidade de funcionar na base dos fundamentos que estabelece para si, refutando a si mesmo por completo e de maneira patente. Em algumas versões, essa disfunção intrínseca fornece fundamentos para a afirmação de que, em longo prazo, o problema vai eliminar a si mesmo.

Também há, porém, desvantagens notáveis nesse tipo de estratégia. O modo funcionalista de crítica não é tão independente quanto parece ser. Se algo está ou não funcionando – ou funcionando corretamente – depende de como definimos qual deveria ser a função desse algo e do que significa satisfazer a essa função de forma bem-sucedida. Por exemplo, podemos dizer que uma faca funciona (ou não funciona) em relação a cortar, uma vez que, em geral, é seguro atribuir essa função a tal objeto, sem questionamentos. Mas não se apresenta tão clara a "função" de uma formação social como o capitalismo. "Função" e "funcionalidade" não são dados incontestáveis em relação a fatos sociais. Elas requerem interpretação. Seria, de fato, evidente qual é o propósito, o objetivo ou a função adequada do capitalismo, ou mesmo em quais circunstâncias podemos dizer que ele está fracassando? Será que podemos mesmo dizer que o capitalismo *tem* uma função

---

[2] Karl Marx, *Capital*, v. III [1894], em Karl Marx e Friedrich Engels, *Collected Works* (doravante MECW), v. XXXV (Londres, Lawrence & Wishart, 2010), p. 209-30 [ed. bras.: *O capital. Crítica da economia política*, Livro III: *O processo global da produção capitalista*, ed. Friedrich Engels, trad. Rubens Enderle, São Paulo, Boitempo, 2017, p. 249-70].

[3] Daniel Bell, *The Cultural Contradictions of Capitalism* (Nova York, Basic Books, 1996 [1976]).

[4] Joseph A. Schumpeter, *Capitalism, Socialism, and Democracy* (Nova York, Routledge, 2003 [1943]), p. 121-63 [ed. bras.: *Capitalismo, socialismo e democracia*, trad. Luiz Antônio Oliveira de Araújo, São Paulo, Editora Unesp, 2017].

específica? Em que sentido podemos afirmar que o capitalismo é disfuncional quando produz pobreza, devastação e desastre ecológico de modo sistemático? Só para deixar claro, não nego que esse seja o caso, mas questiono se podemos estabelecer um argumento crítico sobre bases puramente funcionalistas. Temos de perguntar: disfuncional a respeito de quê? E aqui já somos confrontadas com a possibilidade de discordâncias.

Fraser: Justo. Se tratamos o capitalismo como forma de organização econômica e supomos que já sabemos o que é uma economia e "para" que ela serve, então podemos nos persuadir de que precisamos apenas invocar aquela "função econômica" como critério incontestável por meio do qual avaliá-lo. Mas isso seria se autoiludir, mesmo sem considerar o fato de que o capitalismo é muito mais do que "uma economia".

O problema é que o próprio conceito de "economia" é, ele mesmo, um artefato do capitalismo e não pode ser nitidamente separado dele. Não é uma ideia neutra que se possa trazer de "fora" do capitalismo para julgá-lo. Não é possível dizer o que uma economia "é" e "para" que serve de modo que não esteja atrelado desde sempre a uma rede de discordâncias coloridas pela história do capitalismo e dos conflitos em torno dele. Por exemplo, algumas pessoas diriam que a função de um sistema econômico é satisfazer às necessidades humanas; outras, que ele visa mais fundamentalmente a gerar crescimento; outros, ainda, que seu impulso mais profundo é desenvolver as forças produtivas. Essas várias afirmações expressam importantes conflitos *políticos* acerca de como devemos avaliar o capitalismo. Não é possível ascender para além deles e chegar a uma visão "verdadeira", não ideológica, da "função inerente" do capitalismo. Ainda assim, não devemos concluir que uma opinião a respeito de o capitalismo "funcionar" ou não hoje é tão boa quanto qualquer outra. Pelo contrário, quando alguém diz que esse sistema está ou não funcionando, devemos olhar para o contexto mais amplo. Devemos perguntar o que está por trás do juízo, de quem é a perspectiva que expressa, quais expectativas estão em jogo, o que se pressupôs a respeito do que significa, para o capitalismo, "funcionar".

Jaeggi: Exatamente. E é nesse ponto que eu diria que entra a normatividade. Se a questão acerca de qual tipo de função devemos atribuir a esse sistema é, ela mesma, um objeto de luta política e social, isso se torna mais óbvio. Se o capitalismo cria riquezas para alguns e pobreza para outros, dizer que isso é um "fracasso" requer um conjunto de suposições a respeito do que o capitalismo *deveria* criar e *para quem*. Mesmo no que diz respeito ao esgotamento ecológico, podemos perguntar o que faz dele um problema. Se queremos defender que o capitalismo destrói as próprias precondições de existência, como recursos naturais ou laços sociais, já pressupomos, implicitamente, uma imagem de como a sociedade *deveria* ser ou de como um sistema econômico *deveria* ser. Instituições não duram para sempre, e em que sentido uma forma de vida deveria ser sustentável ou quão preocupados deveríamos estar com as gerações que viverão depois de nós são questões normativas. Riqueza, pobreza, esgotamento, sustentabilidade – essas são todas características que *atribuímos* aos sistemas sociais e a seus efeitos, e somos nós que julgamos se, e em que sentido, elas são indicações de sucesso ou fracasso. No mundo social, o "funcional" está sempre entrelaçado com componentes normativos; não existe algo como uma "função pura" que não esteja desde sempre vinculada a expectativas normativas e não seja até mesmo constituída por meio delas.

Fraser: A necessidade de um componente normativo é evidente. A imagem de uma máquina puramente funcional quebrando não se aplica a sociedades humanas. Apesar disso, seria um erro parar por aqui. Se simplesmente descartarmos a estratégia funcionalista para criticar o capitalismo, arriscamos cair numa forma estéril e contraproducente de ceticismo. Reconheço que um cético poderia sempre dizer: "E daí se o planeta se tornar incapaz de garantir a vida? E daí se pessoas morrem de fome em todo lugar? Isso não quer dizer que o capitalismo não esteja 'funcionando'!". Essa, porém, seria uma crítica externa. Na verdade, dificilmente há, vivendo sob o capitalismo, alguém que não acharia a perspectiva de tais desenvolvimentos apavorante. A teoria crítica não deveria adotar uma posição de ceticismo externo radical, que simplesmente desconsidera as intuições das pessoas sobre o que está e não está "funcionando". Pelo contrário, deveríamos tentar esclarecer essas intuições, teorizar de um ponto de vista sensível à experiência dos sujeitos do capitalismo, que já está carregada de interpretações sociais e avaliações normativas. Queremos entender as fontes dessas interpretações e avaliações, se e como podem ser justificadas, e as discordâncias sobre elas. Além disso, como você notou, queremos entender como sujeitos diferentemente situados na sociedade capitalista chegam a juízos divergentes e, por vezes, incompatíveis a respeito de se o sistema "funciona" ou não. Da mesma forma, queremos entender o que acontece quando eles confrontam essas discordâncias diretamente, por meio da luta social. Uma possibilidade é tratar as lutas, elas mesmas, como confirmações da crítica funcionalista. Nesse caso, alguém perguntaria se o sistema entrou numa crise de legitimação, pelo que quero dizer uma situação na qual não tenha apoio popular suficiente (e/ou aceitação passiva) para continuar "funcionando". Em outras palavras, as crenças das pessoas acerca de quão bem a sociedade capitalista funciona desempenham um papel na determinação de quão bem ela "funciona".

Em geral, portanto, sou contra qualquer rejeição indiscriminada da estratégia funcionalista para criticar o capitalismo. Eu preferiria, pelo contrário, reconceber essa estratégia de modo a vinculá-la aos mundos sociais interpretados e carregados de normas nos quais os sujeitos do capitalismo vivem. Tenho certeza de que você concorda com isso. Eu gostaria apenas de ressaltar que é um erro descartar o projeto da crítica funcionalista por motivos céticos externalistas. Isso seria gastar toda a nossa munição com uma versão muito fraca de crítica funcionalista – um espantalho, na verdade – em vez de olhar para versões mais refinadas e melhores.

Jaeggi: Sim, é verdade, concordamos quanto a isso. Considerações funcionalistas podem ser *parte* de uma estratégia de crítica, mas uma crítica bem elaborada ao capitalismo teria de dar conta, de algum modo, tanto dos aspectos funcionais quanto dos normativos[5]. Na medida em que um objeto de crítica não é capaz de funcionar, ele fracassa frente ao padrão estabelecido por objetivos particulares e por normas ou juízos de valor associados. A não funcionalidade é sempre marcada normativamente. Isso se encontra muito bem ilustrado na *Filosofia do direito*, de Hegel, em que a oposição entre pobreza e prosperidade aparece como contradição apenas quando surgem condições específicas na sociedade civil, apenas quando ela é interpretada como um escândalo de modo normativamente carregado. Então, na concepção de Hegel sobre o "problema opressivo da pobreza na sociedade civil", a "plebe" produzida pelas dinâmicas da economia burguesa não está só empobrecida, mas também indignada, e essa indignação e suas consequências podem ameaçar a coesão da sociedade[6]. Não obstante, para identificar como o normativo e o funcional estão interligados aqui, talvez precisemos fazer mais do que indicar o vínculo entre a função "objetiva" e as atitudes subjetivas das pessoas. Precisamos mostrar como poderia haver algo de errado com certos aspectos do capitalismo mesmo quando não houver indignação.

Crítica moral

Jaeggi: Uma forma de responder às deficiências de uma crítica puramente funcionalista é se voltar diretamente para as questões normativas envolvidas. Isso nos leva ao segundo modo de crítica, que argumenta do ponto de vista da moralidade ou da justiça: o capitalismo é problemático porque produz resultados moralmente indefensáveis. Esse tipo de argumento engloba muitos aspectos distintos. Uma vertente diz que o capitalismo destrói a vida das pessoas ou seus meios de subsistência de modo errado, sob um ponto de vista moral. Pode-se também dizer que o capitalismo é

---

[5] Rahel Jaeggi, "What (if Anything) Is Wrong with Capitalism? Dysfunctionality, Exploitation, and Alienation: Three Approaches to the Critique of Capitalism", *Southern Journal of Philosophy*, v. 54, Spindel Supplement, 2016, p. 44-65.

[6] G. W. F. Hegel, *Elements of the Philosophy of Right* (ed. Allen W. Woodand, trad. H. B. Nisbet, Cambridge/Nova York, Cambridge University Press, 1991 [1821]), p. 2.647 (§ 240-4).

baseado na exploração, pois tira das pessoas os frutos de seu trabalho de um modo incorreto ou injusto e as torna subservientes a um sistema que, de um modo ou de outro, as engana no que se refere ao que lhes é devido. Em resumo, o capitalismo é errado seja porque se baseia numa estrutura social injusta, seja porque produz uma estrutura com consequências moralmente inaceitáveis.

Meu medo, entretanto, é que simplesmente explicitar alguns erros morais seja, de sua própria maneira, insuficiente para o tipo de crítica que queremos. Se nossa questão não diz respeito apenas ao que ocorre de errado no capitalismo, mas ao que há *especificamente* de errado com o capitalismo, esse tipo de argumentação não nos leva muito longe. A crítica moral ou baseada numa teoria da justiça, com foco na "distribuição", tem uma relação perante seu objeto que corresponde, desde o início, a um tipo de abordagem "caixa-preta". Ela é orientada aos *efeitos* de um sistema ou de uma estrutura social, mas não aborda imediatamente a constituição das dinâmicas particulares das instituições econômicas e sociais que acarretam esses efeitos. Ela não nos diz se esses efeitos são parte intrínseca do capitalismo ou se são meramente incidentais a ele nem se o capitalismo é único nos tipos de injustiça que causa ou se são apenas outra versão das injustiças encontradas em qualquer outro tipo de sociedade. Mesmo se aceitarmos que os padrões normativos esboçados são válidos, essa abordagem permanece vulnerável à famosa acusação hegeliana da "impotência do mero dever moral".

Na verdade, Marx não usou esses tipos de argumentos morais – pelo menos não diretamente –, e há um debate de longa data entre marxistas sobre o marxismo implicar ou não quaisquer critérios normativos. Mas o ponto interessante não é *se* sua crítica é normativamente carregada ou puramente técnica; pelo contrário, é *como* seu argumento normativo funciona. Marx tem boas razões para não criticar o capitalismo primordialmente em função de seus males morais, mas também parece claro que esses aspectos obviamente imorais são aquilo que move a maioria das pessoas a participar de movimentos sociais e da luta social. Não é pequeno o número de passeatas, revoltas e conflitos que parecem ser desencadeados pela indignação moral.

Fraser: É verdade que uma crítica moral independente não é adequada aos objetivos da teoria crítica. Ainda assim, é compreensível e apropriado que atores sociais (incluindo nós!) respondam com indignação moral quando confrontados com eventos como o desabamento das fábricas em Bangladesh, em decorrência de uma construção abaixo do padrão, que matou diversas centenas de trabalhadores. O fato de nós (e outros) reagirmos desse modo não é, de forma alguma, problemático. No entanto, deveríamos distinguir as críticas que os *atores sociais* desenvolvem daquela perspectiva que uma *teoria crítica* tem de desenvolver. Reações morais não são um problema, mas elas não são a última palavra. Como você sabe, pessoas também podem se sentir indignadas de modos que consideramos problemáticos. Podem se mobilizar, por exemplo, contra imigrantes que conseguem coisas que, a seu ver, não deveriam conseguir. Esse não seria o tipo de reação moral que quereríamos endossar, então precisamos de uma base para distinguir as reações morais aceitáveis das inaceitáveis.

Como você notou, a maioria dos filósofos recorre à teoria moral independente para fornecer essa base, mas isso não é suficiente para uma teoria crítica. O problema é que a filosofia moral é muito fraca. Teorias distributivas de justiça podem mostrar que o resultado das distribuições sob o capitalismo é injusto: algumas pessoas desfrutam de estilos de vida absurdamente suntuosos, enquanto outras morrem de desnutrição. Contudo, a teoria crítica tem de ir além desses resultados para problematizar os processos que os produzem. Ela tem de evitar a abordagem "caixa-preta", que dá sustentação à crítica moral independente preferida pelo liberalismo igualitário. Estamos preocupadas não só com as desigualdades distributivas, mas também, e mais fundamentalmente, com os mecanismos estruturais e os arranjos institucionais que as geram. Em outras palavras, visamos a conectar o aspecto normativo da crítica com o teórico-social. Essa é a marca da teoria crítica.

Jaeggi: Também se poderia defender que a crítica moral independente nunca é realmente capaz de atrelar as injustiças que identifica *ao capitalismo*. O capitalismo, claro, explora e é injusto, mas a antiga sociedade escravocrata também o era, assim como o feudalismo. A menos que se diga mais sobre os modos específicos pelos quais o capitalismo explora e é injusto, não há como termos certeza de que aquilo que é reivindicado sequer diz respeito, de fato, ao capitalismo. Não temos como saber se ela é realmente uma crítica do capitalismo *per se*.

Essa é uma das razões pelas quais a crítica moral independente não é suficiente, e talvez haja outras. Por que você acha importante distinguir os males morais da exploração capitalista dos males morais de outras sociedades? Por que é importante distinguir males incidentais de males intrínsecos?

Fraser: Além das razões conceituais que você acabou de apontar, as quais considero inteiramente convincentes, eu ofereceria algumas razões práticas, que se seguem do caráter de "guia de ação" da crítica. De um ponto de vista prático, faz toda a diferença se as desigualdades condenadas pelos liberalismos igualitários são acidentais ou sistêmicas. Se forem acidentais, fará sentido tentar corrigi-las perseguindo reformas que não alterem o quadro básico da sociedade capitalista. Se forem sistêmicas, entretanto, uma mudança estrutural se faz necessária. Da mesma forma, há boas razões práticas para descobrir se as injustiças em questão são inerentes a todas as formas modernas de organização social ou se são específicas ao capitalismo. Se for a primeira hipótese, derrubar o capitalismo não vai adiantar; se for a última, é possível que adiante. Juntando os dois pontos, eu diria que uma teoria crítica da sociedade capitalista precisa identificar um conjunto de "males" que surgem de forma sistemática e não acidental da estrutura daquela sociedade e que são, nesse sentido, específicos a ela. Isso é uma boa parte daquilo que a distingue do liberalismo igualitário.

Jaeggi: Quero deixar mais claro o que está faltando no liberalismo filosófico. Vamos imaginar uma filósofa política que escreve com base na tradição liberal, mas que entende, em alguma medida, como o capitalismo funciona institucionalmente. Vamos supor que essa filósofa tenha algumas sugestões institucionais bastante específicas. Qual seria a diferença entre alguém assim e uma teórica crítica? Seria o fato de que nossa liberal hipotética ainda se ancora no "dever vazio"? Estaria ela usando a abordagem "caixa-preta", mesmo que institucionalmente nuançada?

Fraser: Sua pergunta faz com que eu perceba que temos de acrescentar mais um elemento ao que dissemos até aqui. Dissemos que a teoria crítica deve ter uma dimensão normativa, que, por sua vez, deve se conectar com uma análise das estruturas e dos processos que originam as injustiças sistêmicas na sociedade capitalista. Agora, como você a descreveu, sua filósofa liberal igualitária dá conta desses dois pontos. Se ela lida com eles de modo adequado é uma questão em aberto, mas possui uma concepção de justiça e uma visão de como o funcionamento da ordem financeira internacional e do sistema interestatal sistematicamente a viola. Mesmo assim, ainda falta a ela um ingrediente essencial da teoria crítica, isto é, um interesse no e uma forma de abordar o ponto de vista de agentes situados que são potenciais participantes da luta social que visa à transformação do sistema. Em vez dessa abordagem, crucial para esclarecer as perspectivas de transformação social, ela oferece prescrições políticas de uma posição de fora e de cima do terreno da luta social. Embora identifique as problemáticas linhas morais (entre ter e não ter, por assim dizer), ela não é capaz de mapear as linhas sociais e políticas problemáticas. O que falta é uma concepção de como agentes diferentemente situados compreendem a si mesmos, do que eles consideram que lhes é devido, do que esperam de seus chefes e governantes e do que os incentiva a agir politicamente. Esse é o tipo de abordagem de que uma teoria crítica necessita para realizar a tarefa de compreender a gramática da luta social e as perspectivas de transformação social. Isso não significa aceitar a indignação dos atores sociais de forma não crítica. Eu endossaria a afirmação de Thomas McCarthy de que a teoria crítica não dá a última palavra aos participantes das lutas sociais, mas lhes dá a *primeira*[7]. Creio que isso seja absolutamente crucial para uma teoria crítica.

---

[7] Thomas McCarthy, "The Critique of Impure Reason: Foucault and the Frankfurt School", em *Critique and Power: Recasting the Foucault/Habermas Debate* (org. Michael Kelly, Cambridge, MIT Press, 1994), p. 248.

Jaeggi: Concordo. A teoria crítica tem de situar sua análise teórica historicamente, em relação aos potenciais de transformação social emancipatória que são contextualmente específicos. Horkheimer chamou a teoria crítica de "lado intelectual" da emancipação[8]. Mas quando escreveu isso, em 1937, ele ainda equiparava "emancipação" à vitória do proletariado. Ele tinha um critério materialista-histórico bastante claro sobre qual era o sujeito histórico em quem apostar, por assim dizer. Além disso, o "sujeito histórico da emancipação" específico que ele tinha em mente já trazia consigo a própria justificação normativa – ele realizava o "curso da história". Esse quadro, claro, se desfaz uma vez que somos confrontados não apenas com uma multiplicidade de movimentos sociais, mas também com um conjunto de movimentos regressivos e problemáticos, o que nos leva a retornar à questão de como avaliar suas – ou nossas – reivindicações normativas. Assim, a referência a atores e movimentos sociais é importante, porém não tem um alcance tão grande quanto poderíamos pensar.

Creio que seja informativo examinar, com algum detalhe, a própria crítica de Marx à moralidade e sua crítica, ainda normativa, do capitalismo. Ele utilizou o termo fortemente normativo "exploração", mas no fim sua crítica do capitalismo não é moral. Pelo contrário, é normativa apenas em sentido *mais amplo* – um sentido que está relacionado a uma noção hegeliana de "eticidade" ou *Sittlichkeit*. Basta pensar em sua espantosa afirmação de que não há qualquer injustiça envolvida na exploração. Ele diz que o fato de o trabalho ser uma mercadoria que, quando comprada, produz excedente é só uma "sorte" para o capitalista[9]. Na *Crítica do programa de Gotha*, ele deixa muito claro que sua crítica do capitalismo não é a de que este rouba dos trabalhadores o excedente de seu trabalho[10]. Essas transferências não são diretamente ilegítimas. Entendo que ele afirma que, de um ponto de vista interno ao sistema, não há nada de errado – afinal, há um acordo contratual e compensação –, portanto, em sentido estrito, não há injustiça envolvida. Isso, todavia, não significa que não haja injustiça em sentido mais amplo. Marx quer explicar as relações de exploração e de dominação que estão em curso por baixo da superfície das relações contratuais da sociedade civil. Se a "real" inovação institucional da economia capitalista é a existência de um mercado de trabalho livre, baseado na livre

---

[8] Max Horkheimer, "Traditional and Critical Theory", em *Critical Theory: Selected Essays* (trad. Matthew J. O'Connell, Nova York, Continuum, 1999), p. 188-243 [ed. bras.: "Teoria tradicional e teoria crítica", em Walter Benjamin et al., *Textos escolhidos*, trad. Edgard Afonso Malagodi e Ronaldo Pereira Cunha, São Paulo, Abril Cultural, 1983, p. 159, Os Pensadores].

[9] Karl Marx, *Capital*, v. I [1867], em MECW, v. XXXV (trad. Samuel Moore e Edward Aveling), p. 204 [ed. bras.: *O capital. Crítica da economia política*, Livro I, cit., p. 270].

[10] Idem, *Critique of the Gotha Program* [1875], em MECW, v. XXIV (trad. David Forgacs et al., Londres, Lawrence & Wishart, 2010), p. 83-8 [ed. bras.: *Crítica do programa de Gotha*, trad. Rubens Enderle, São Paulo, Boitempo, 2012, p. 26-33].

entrada nos contratos e na ideia de equivalência – a força de trabalho é trocada por uma compensação equivalente na forma de salários –, então não é fácil enxergar, à primeira vista, em que sentido essas relações são de exploração. É exatamente isso que Marx está tentando entender. De novo, não é incorreto no sentido que a maior parte das teorias contemporâneas de justiça distributiva evocariam. Ainda assim, é uma injustiça – contudo, em sentido mais amplo.

Eu diria que só podemos compreender o caráter crítico-normativo da teoria marxista da exploração, e sua aparente desconsideração quanto às implicações morais, se entendermos a crítica marxista não como fundamentada numa teoria moral ou da justiça, e sim como *eticamente* inspirada, que se aplica ao capitalismo em sua integralidade, como um modo distorcido de eticidade (*Sittlichkeit*) ou, como eu formularia, como uma forma de vida. Ele usa essa lente para examinar os tipos de relação que são responsáveis pelas estruturas da dominação isenta de emoção bem como da coerção invisível, as quais facilitam um modo bastante específico de exploração. Portanto, o problema não é que o próprio modo de produção gera exploração, é simplesmente assim que ele funciona. Isso faz parte e corresponde a uma parcela da racionalidade do sistema e é inatacável de acordo com os próprios critérios internos de justiça. *O fato* de ele funcionar desse modo, entretanto, é, ainda assim, um problema, pois o modo de produção é, ele mesmo, um problema. Essa é a razão mais profunda de por que uma crítica limitada, baseada na teoria moral ou da justiça, é insuficiente para a crítica do capitalismo.

Georg Lohmann defende uma posição semelhante quando diz que há duas concepções de justiça em Marx. A questão interna da justiça distributiva está lá, mas também há uma concepção mais abrangente de justiça que tem a ver com os fundamentos – ou com o que ele chama de "protovalores" – de uma forma de vida abrangente[11]. Não se trata simplesmente de equivalência ou não equivalência de salários, mas de uma *inadequação qualitativa de relações com o mundo e com o eu* que emerge quando o trabalho é trocado como trabalho abstrato no livre mercado[12]. Então, faz sentido que a dimensão moral do mal do capitalismo não seja "independente", mas ter de ser situada na dimensão *sittliche* ou "ética" de sua problemática em expansão. A injustiça do capitalismo é "abrangente" assim como é abrangente a discussão do "direito" na filosofia do direito de Hegel, na qual o "direito" abarca integralmente a racionalidade e o bem-estar de uma ordem social.

---

[11] Georg Lohmann, "Zwei Konzeptionen von Gerechtigkeit in Marx' Kapitalismuskritik", em *Ethik und Marx: Moralkritik und normative Grundlagen der Marxschen Theorie* (org. Emil Angehrn e Georg Lohmann, Königstein im Taunus, Athenaeum, 1986), p. 174-94.

[12] Ver Rahel Jaeggi, *Alienation* (trad. Frederick Neuhouser e Alan E. Smith, Nova York, Columbia University Press, 2014), p. 22-5 e 36-7.

Em outras palavras, o problema não é que os contratos de trabalho – a compra do trabalho assalariado e a promoção da produtividade – sejam injustos ou incorretos. Sem dúvida, isso acontece com frequência, porém as disputas em torno de salários, condições de trabalho e duração da jornada de trabalho são "parte do jogo". Não faz parte do jogo aplicar qualquer outro ponto de vista além daqueles exemplificados pelos interesses no lucro dos envolvidos. Se queremos criticar algo aqui, tem de ser "o próprio jogo". Nesse caso, criticaríamos o fato de que muitas vezes negociamos e tratamos a força de trabalho como uma mercadoria, o que exige que ultrapassemos os limites estreitos de uma crítica moral ou baseada numa teoria da justiça.

Fraser: Concordo que o pensamento de Marx é informado por uma ideia de justiça e que essa ideia é mais profunda do que a concepção distributiva de justiça no liberalismo igualitário. Aquilo de que estou menos certa, porém, é se deveríamos chamar a ideia marxiana de justiça de ética ou de moral. Vamos voltar à *Crítica do programa de Gotha*. Concordamos que, nesse texto, Marx defende que os salários dos trabalhadores na sociedade capitalista não cobrem o valor integral das mercadorias que eles produzem, mas que isso não é mero roubo, ao menos não no sentido ordinário. Não é um roubo porque os trabalhadores não têm o "direito" de ser compensados pela parcela de excedente social produzido pelo próprio trabalho individual. (Aliás, no socialismo eles também não seriam compensados.) Não obstante, o modo pelo qual o capitalismo dispõe do excedente social é injusto, porque outro indivíduo (o capitalista) apropria o excedente de trabalho dos trabalhadores. Afinal, se a trabalhadora individual não o "merece", o capitalista também não. Se, ainda assim, o capitalista se apropria dele ou do excedente, é uma injustiça – é moralmente errado. A razão não é que a trabalhadora individual seja roubada naquilo que é dela de direito, e sim que o capitalista toma própria propriedade privada dele aquilo que, na verdade, é a riqueza coletivamente produzida da sociedade. Eu diria que isso é uma forma de furtar, mesmo que em nível diferente. Não é furtar de indivíduos, e sim da sociedade como tal.

Jaeggi: Ainda faz sentido, todavia, apontar isso como um tipo de injustiça moral para Marx?

Fraser: Sim, creio que faça. Há uma dimensão "moral" que não pode ser eliminada na crítica de Marx, apesar de ele às vezes a desautorizar. Acho que o termo "justiça" a captura bem. Ao falar isso, porém, estou reinterpretando o significado da justiça. Em vez de deixar que filósofos morais liberais a definam em termos distributivos limitados, sugiro que a tomemos de volta e lhe atribuamos um significado mais amplo – assim como os movimentos sociais por todo o mundo vêm fazendo por centenas de anos.

Mesmo assim, disso não se segue que a perspectiva moral (a despeito de como é definida) seja, por si mesma, adequada ou suficiente para a teoria crítica. Nem é adequada para movimentos sociais radicais. Apesar disso, não podemos negar que intuições e juízos morais fornecem os pontos de partida para a mobilização. Quando pessoas veem banqueiros ganhando bônus multimilionários enquanto elas trabalham em quatro empregos e perdem suas casas, percebem corretamente uma injustiça.

Jaeggi: Esse é um ponto interessante, pois quer dizer que, se não devemos nos restringir a esse tipo de crítica, por outro lado não devemos simplesmente ridicularizá-la, como muitos radicais de esquerda fazem.

Fraser: Sim, não vamos ser "sofisticados demais"! Sinto a mesma indignação de diversas outras pessoas e não quero "corrigir" essa reação dissolvendo-a numa análise intelectual "objetiva" e livre de afetos. Pelo contrário, desejo canalizá-la numa compreensão mais profunda de por que as coisas acontecem como acontecem e do que podemos fazer a respeito disso. Quero manter minhas intuições sobre injustiça, não as negar. Acho que a teoria crítica também tem de fazer isso.

Jaeggi: Claro, Marx disse a mesma coisa: as pessoas estavam lutando e o papel dele era trazer uma figura mais profunda e ampla. Então, talvez nem mesmo ele negasse que há um senso de impulso moral. Gosto de como você discute isso. Uma abordagem de dois níveis da teoria crítica deve ter critérios diferentes daqueles dos atores dos movimentos sociais.

Crítica ética

Jaeggi: Há outro modo de crítica muito difundido e que existe desde o início do capitalismo. Trata-se da crítica "ética" do capitalismo, que eu distinguiria da crítica moral que acabamos de discutir. Essa crítica se refere às mudanças dramáticas que o capitalismo gerou no que diz respeito ao nosso modo de vida. Há muitas variações dessa linha de argumento, mas a tese básica é que a vida sob o capitalismo é "ruim" ou alienada, empobrecida e sem sentido; o capitalismo destrói componentes essenciais da boa vida. Essas críticas tomam como alvo o modo pelo qual o capitalismo muda nosso cotidiano e o valor que as coisas têm para nós, assim como o modo pelo qual nos relacionamos com elas, com o mundo e até com nós mesmos. Muitos hoje falam sobre um vazio e frequentemente se referem à perda de conexão pessoal. Essas críticas éticas existem desde que há capitalismo, mas nem todas são necessariamente progressistas ou formuladas com um intuito emancipatório, e algumas são um tanto conservadoras, nostálgicas ou mesmo reacionárias.

Muitos apontam para a objetificação e para o empobrecimento qualitativo das relações sociais ou para a indiferença social que vem junto com o dinheiro. Mas também estou pensando nas concepções de Simmel e Sombart do capitalismo moderno, que contrapõem as relações pessoais do pré-capitalismo com as relações de cálculo do capitalismo[13]. Por vezes, elas são atribuídas à comodificação, à mercantilização e, em outros momentos, a diferentes coisas, como na concepção de Max Weber sobre racionalização[14]. A crítica de Hartmut Rosa da aceleração social pode até certo grau ser um modo ético de crítica[15]. Embora tome a crítica de Marx como diferente, ele também menciona essas características quando discute as implicações do trabalho alienado, de seu caráter abstrato e de como as coisas são dilaceradas ou perdem certo sentido[16].

Então, o que há para dizer sobre esse tipo de crítica? O que há de certo ou de errado nela? Assim como nas estratégias funcionalistas e morais de crítica, podemos não querer rejeitá-la por completo, ainda que tenha seus próprios defeitos. Eu diria que a perspectiva ética certamente provoca reflexão e é informativa. Mesmo as variantes culturalmente conservadoras e nostálgicas mostram, de maneira convincente, que o capitalismo deixa sua marca em nossas formas de vida e que nosso modo de tratar as coisas e a nós mesmos, de conceber essas relações, não é neutro. O fato de termos passado a conceitualizar coisas, habilidades e relações como "mercadorias" indica uma relação notavelmente particular com o mundo. Assim, a despeito do que mais possa ser dito sobre as reivindicações éticas e as contravisões evocadas por essas críticas, elas desnaturalizam, de modo convincente, o caráter autoevidente da forma de vida capitalista.

Ainda há, no entanto, alguns problemas filosóficos sérios associados a esse modo de criticar o capitalismo. Em primeiro lugar, não é sempre claro quais dos sintomas retomados pela crítica ética resultam, de fato, do capitalismo. Eles têm mesmo a ver com o capitalismo ou seriam mais bem caracterizados como elementos da modernidade em geral? Em segundo lugar, é muito difícil estabelecer critérios bem fundamentados. Algumas dessas críticas se ancoram em concepções dúbias das virtudes pré-capitalistas, olhando para algum período anterior, quando a vida era em

---

[13] Georg Simmel, *The Philosophy of Money* (trad. Tom Bottomore, David Frisby e Kaethe Mengelberg, Nova York, Routledge, 2011 [1900]); Werner Sombart, *Der modern Kapitalismus. Historich--systematische Darstellung des gesamteuropäischen Wirtschaftslebens von seinen Anfängen bis zur Gegenwart*, 3 v. (Munique, Duncker & Humblot, 1902-1928).

[14] Max Weber, *Economy and Society*, 2 v. (ed. Guenther Roth e Claus Wittich, Berkeley, University of California Press, 1978 [1922]) [ed. bras.: *Economia e sociedade: fundamentos da sociologia compreensiva*, trad. Regis Barbosa e Karen Elsabe Barbosa, Brasília, Editora UnB, 1994, 2 v.].

[15] Hartmut Rosa, *Social Acceleration: A New Critical Theory of Modernity* (trad. Jonathan Trejo--Mathys, Nova York, Columbia University Press, 2013).

[16] Ver Rahel Jaeggi, *Alienation*, cit., p. 11-6.

tese mais rica, muitas vezes negligenciando como essas relações mais "significativas" esposavam as próprias formas de opressão e privação. Além disso, elas tendem a desprezar como a indiferença e a impessoalidade – que acompanham o dinheiro, a comodificação e a mercantilização – também podem ser interpretadas como um tipo de liberdade. O fato de que você pode simplesmente comprar aquilo de que precisa sem compartilhar compromissos éticos tem uma dimensão libertadora que não devemos descartar.

Sei que você compartilha muitas dessas críticas, mas, já que está claro que o capitalismo afeta profundamente nossa forma de vida, nossos modos de pensar e nossas formas de nos relacionar com nós mesmos, não teríamos de levar esses tipos de argumento ético em consideração? Não deveríamos ser capazes de integrá-los a uma teoria crítica do capitalismo? Em caso afirmativo, como?

Fraser: Certamente, é difícil estabelecer critérios éticos apropriados – e muito fácil recair num pensamento romântico comunitarista que recupera a dominação da sociedade pré-capitalista. Aqui, eu endossaria a percepção de Marx acerca de quão libertador o capitalismo realmente é. Ele assegura a liberdade de não termos de estabelecer relações éticas fortes e a liberdade frente a pelo menos algumas formas tradicionais de dominação. Trata-se de uma liberdade "negativa", e ainda podemos dizer que o capitalismo nos nega uma quantidade suficiente de liberdade "positiva". Mesmo assim, uma crítica ética que não reconheça o momento emancipatório do capitalismo é profundamente falha.

Por outro lado, mesmo formas "emancipatórias" de crítica ética geram dificuldades. Pode-se ler a própria crítica de Marx à alienação como um tipo de crítica ética, em que o trabalho alienado cria uma vida ruim porque as pessoas são separadas de si mesmas, da natureza, de seus companheiros produtores e do produto de seu trabalho[17]. Entretanto, como você sabe, essa leitura comum dos *Manuscritos econômico-filosóficos* foi criticada como "expressivista". Se a crítica está correta, não podemos citar o argumento da alienação do "jovem" Marx como um caso de "boa" crítica ética. Talvez possamos chegar mais perto desta relembrando que um tipo diferente de crítica à alienação pode ser encontrado no Marx "maduro", nos *Grundrisse*[18] e em *O capital*. A ideia central ali é a de que os produtores realmente *criam* a própria força que usurpa sua liberdade. Como expus no Capítulo 1, o capital se torna o sujeito, e eles se tornam seus servos, mesmo que tenham sido eles

---

[17] Karl Marx, "Estranged Labor", *Economic and Philosophic Manuscripts of 1844*, trad. Martin Milligan e Barbara Ruhemann, em MECW, v. III (trad. Jack Cohen et al., Londres, Lawrence & Wishart, 2010), p. 270-82 [ed. bras.: *Manuscritos econômico-filosóficos*, trad. Jesus Ranieri, São Paulo, Boitempo, 2004, p. 79-90].

[18] Ed. bras.: trad. Mario Duayer e Nélio Schneider, São Paulo, Boitempo, 2011.

a criar o capital. E seria isso uma crítica ética? Com certeza não é nostálgica nem comunitarista. Ao mesmo tempo, mostra que há algo perverso na sociedade capitalista, na medida em que ela transforma o sujeito no objeto e o objeto no sujeito.

Jaeggi: É assim que devemos ler Marx, e acho que este já é o argumento nos primeiros manuscritos: produzimos como seres comunitários, porém não uns para os outros como seres comunitários. Isso já nos indica um tipo de autodeterminação coletiva e liberdade. E não devemos esquecer que Marx não foi o primeiro a apresentar o problema da alienação; diagnósticos similares já haviam se tornado onipresentes naquele momento, como uma reação ao "mal-estar da modernidade". O que ele fez foi conectar essas reclamações ao capitalismo expondo suas características alienantes estruturais e sistemáticas.

Fraser: Isso nos ajuda a especificar o que uma crítica ética não essencialista deve fazer. Ela deve conectar os "males" que o capitalismo gera com suas divisões institucionais constitutivas – as separações entre produção e reprodução social, entre economia e política e entre sociedade e natureza. Já mostrei que há injustiças morais inerentes a essas divisões, todavia poderíamos também dizer que elas têm um "aspecto ético" que é, ele mesmo, normativamente errado: a forma de vida capitalista é estruturada de modo a separar fortemente trabalho e lar, a "economia" se "política", natureza humana e não humana. E, definitivamente, vale a pena perguntar se esse tipo de forma de vida dividida nos permite viver bem – e se não viveríamos melhor de outros modos, menos divididos. Ainda assim, a despeito do que digamos sobre isso, há outro problema: a estrutura institucional do capitalismo predefine alguns contornos fundamentais de nossa forma de vida – e o faz de um modo que nos priva de nossa capacidade coletiva de moldar os modos de viver que queremos. Assim, podemos também criticá-lo por isso e por bloquear nossas possibilidades de viver de maneira mais satisfatória. Mais uma vez, não sei se esse tipo de crítica deveria realmente ser chamado de "ético". Nesse caso, eu sugeriria que o chamássemos de crítica *ético-estrutural*, em oposição, digamos, a uma crítica ética-substancializadora.

Liberdade

Jaeggi: Então, agora que temos esse quadro com algumas variantes para justificar uma crítica ao capitalismo – e uma primeira ideia de quão filosoficamente complexa essa empreitada pode se tornar –, vamos ver qual estratégia de crítica defenderíamos.

Fraser: Bom, eu começaria, mais uma vez, me referindo a Marx. O que considero de potente em *O capital* é como ele entrelaça todos os três gêneros de crítica que discutimos: o funcional, o moral e o ético. No nível mais profundo, o foco crítico do trabalho está na questão de se o excedente da sociedade deve ser apropriado de forma privada. Essa questão envolve todos os nossos três gêneros de crítica. Ela tem um aspecto funcionalista, porque a apropriação privada do excedente instala uma "contradição" (um imperativo autodesestabilizador para a acumulação ilimitada) no próprio coração da sociedade capitalista. Tem um aspecto moral, porque o arranjo estabelece relações profundas de dominação ao longo das linhas de classe, gênero, "raça" e imperialismo, ao mesmo tempo que permite que um pequeno grupo de indivíduos privados e firmas usurpe o que é, na verdade, a riqueza coletiva da sociedade. Por fim, ela tem um aspecto ético-estrutural, porque a apropriação privada do excedente estabelece um monopólio de classe no poder de determinar toda a direção da sociedade, um poder que só poderia pertencer ao coletivo.

Jaeggi: Quero dar sequência a esse último ponto sobre autodeterminação coletiva. Eu me pergunto se isso não poderia se mostrar, ainda, como outro modo de criticar o capitalismo. Se o excedente da sociedade é apropriado de maneira privada, não podemos ser parte das decisões mais importantes que afetam nossa vida individual e coletiva.

Fraser: Exato. Sob o capitalismo, nos é negada a capacidade de participar de decisões fundamentais sobre quem somos ou queremos ser e sobre qual é nossa forma de vida e qual deveria ser. Então, nossa democracia está severamente comprometida, pois decisões desse tipo e dessa magnitude deveriam ser organizadas democraticamente. O capitalismo trunca a democracia ao restringir a agenda política. Trata o que deveriam ser questões políticas centrais como "econômicas" e as entrega às "forças do mercado". Mas isso não é tudo. A apropriação privada do excedente social também restringe nossa *autonomia*, nossa habilidade coletiva de assumir um papel ativo enquanto autores conjuntos de nosso processo coletivo de vida. O capitalismo nos impede de fazer isso com o excedente da sociedade, portanto há pelo menos três ideias envolvidas no processo: participação, democracia e autonomia.

Jaeggi: Com base naquilo que entendo que você esteja dizendo, parece-me que você vincula autonomia à participação e à autodeterminação coletiva. Isso já seria uma quebra com o liberalismo e a filosofia liberal, que tende a priorizar a "liberdade negativa" acima de todo o resto. Para efeitos de argumento, por que não seria suficiente ter domínio sobre minha própria vida no sentido privado? Por que você diria que a autonomia requer esse tipo de autodeterminação coletiva?

Fraser: Autodeterminação genuína requer tanto liberdade pessoal quanto coletiva. As duas estão internamente conectadas, e nenhuma pode ser assegurada na ausência da outra. A autonomia pessoal diz respeito, em parte, a ser capaz de escolher entre um conjunto de alternativas em questões de carreira, residência, casamento. Isso, porém, pressupõe uma gramática de vida estabelecida e um menu "preestabelecido" de opções. É aqui que entra a autonomia pública: o formato da gramática e do menu. Esse é o argumento de Habermas em *Direito e democracia*: você não tem de fato como dispor de autonomia pessoal, num sentido significativo, sem autonomia pública, e vice-versa[19]. Estou inteiramente de acordo com esse argumento e creio que uma versão disso esteja implícita na objeção de Marx à apropriação privada do excedente na sociedade capitalista. Infelizmente, Habermas não desenvolveu seu argumento sobre a autonomia desse modo marxiano. Mas nós deveríamos fazer isso. Nesse caso, acabaríamos com um argumento centrado na participação, na democracia e na autonomia. Em última instância, o que está em jogo nesse argumento é o *significado* da liberdade.

Jaeggi: Você consideraria essa concepção da crítica normativa baseada na liberdade e na democracia como uma versão da crítica moral ou a caracterizaria de modo distinto – uma quarta categoria de tipos?

Fraser: Alguém poderia classificar o argumento "liberdade/democracia" como moral, como uma afirmação a respeito do que é necessário para a "justiça política". Se a democracia requer a possibilidade de participar com os outros das tomadas de decisão em torno do formato de sua ordem social e se a possibilidade de alguém fazer isso é usurpada por alguma classe ou força social, então esse alguém está privado de algo que lhe é corretamente devido. Trata-se diretamente de um argumento de justiça – e, a meu ver, ele se sustenta a despeito de se a força que priva é outro indivíduo, uma classe social ou todo um sistema social.

Estamos particularmente interessadas aqui no terceiro caso, em que a estrutura profunda da sociedade capitalista compromete, de forma necessária (não acidental), a participação democrática e a tomada de decisão coletiva. Precisamente por meio de sua separação entre economia e política, essa estrutura limita a agenda política ao tratar muitas questões fundamentais, incluindo a alocação do excedente social, como se estivessem sujeitas a "leis econômicas naturais" nas quais não podemos interferir. Basta olhar para casos recentes nos quais bancos centrais e mercados de títulos informaram às populações, que haviam votado esmagadoramente para rejeitar a austeridade, que elas não poderiam gastar nenhum dinheiro público em escolas ou hospitais. Esse é um exemplo dramático, porém o mesmo resultado é alcançado – e com maior frequência – de modos mais sutis e menos visíveis. Independentemente dos meios,

---

[19] Jürgen Habermas, *Between Facts and Norms: Contributions to a Discourse Theory of Law and Democracy* (trad. William Rehg, Cambridge, MIT Press, 1996), p. 99-104, 118-31 [ed. bras.: *Direito e democracia: entre facticidade e validade*, trad. Flavio Beno Siebeneischler, Rio de Janeiro, Tempo Brasileiro, 1997, 2 v.].

o efeito é tolher a liberdade e empobrecer a democracia. O capitalismo não é apenas um sistema de exploração e expropriação, mas também um sistema de injustiça política. Alguém poderia defender que isso tem a ver com a crítica ética, adequadamente redefinida. Contudo, isso também remete ao registro moral de crítica, ainda que de uma forma que excede os limites da justiça distributiva.

Historicidade

Jaeggi: Eu não caracterizaria essa linha de pensamento como ética no sentido problemático discutido aqui; diria que ela também é um argumento sobre história e *Sittlichkeit*. (Devo deixar claro que não interpreto *Sittlichkeit* ou "eticidade" no sentido de Hegel como *meramente* ética, e sim como algo mais abrangente, que inclui os aspectos morais e também os funcionais.) Assim, mesmo para além desses critérios funcionalistas, morais e éticos – ao menos tomados individualmente –, o capitalismo nega nosso acesso àquilo que a sociedade produziu *num sentido histórico* – aquilo que Hegel chamou de herança da humanidade –, que inclui não apenas os meios e os produtos da produção num sentido econômico limitado, mas toda a história de nosso progresso tecnológico e de tudo aquilo que a humanidade alcançou.

Há certa dimensão normativa que tem a ver com nossa capacidade de nos apropriarmos e construirmos nossas realizações como indivíduos e como sociedades. Estou convencida de que Marx tinha algo assim em mente quando falava sobre alienação do ser em relação à espécie. Visto desse modo, o argumento sobre alienação não identifica simplesmente um problema ético ou uma patologia isolada no capitalismo. Ele sustenta que nós, enquanto seres humanos, somos expulsos de nosso ser da espécie, o que significa que não participamos de certas decisões que afetam nossa vida e, de modo mais amplo, que não herdamos nossa história comum no sentido de poder compreendê-la plenamente como nossa, assumir responsabilidade por ela e contribuir para levá-la adiante[20].

Fraser: Gosto do modo temporal e histórico em que você acabou de elaborar esse ponto. De fato, eu o generalizaria dizendo que o capitalismo desfaz a relação entre passado, presente e futuro. Na verdade, Marx diz isso explicitamente – nos *Grundrisse*, se não me engano[21]. A ideia já está implícita em sua definição de capital

---

[20] Ver Rahel Jaeggi, *Critique of Forms of Life* (trad. Ciaran Cronin, Cambridge, MA, Harvard University Press, 2018). Para uma compreensão mais completa da teoria de Jaeggi da "apropriação" como um corolário necessário à liberdade humana e de como a alienação pode se tornar um impedimento a ela, ver idem, *Alienation*, cit., esp. p. 35-40.

[21] Karl Marx, *Outlines of the Critique of Political Economy (Grundrisse)* [1857-1858], em MECW, v. XXVIII (trad. Ernst Wangermann, Londres, Lawrence & Wishart, 2010), p. 384-93 [ed. bras.: *Grundrisse*, cit., p. 375-82].

como a dominação do trabalho morto sobre o trabalho vivo. De acordo com essa acepção, o capital não é nada que não trabalho passado congelado, transformado num poder hostil que domina o trabalho vivo. Seres humanos "vivos" são os produtores não só das mercadorias, mas também do próprio capital, a força pela qual são subjugados. Isso significa que o passado domina o presente. Há, na verdade, três argumentos aqui. Primeiro, a ideia de que a sociedade capitalista rouba a herança histórica de seus sujeitos, distorcendo sua relação com o passado. Segundo, a defesa que acabo de fazer, de que ela também os rouba de sua atividade atual, que não é "deles" porque é ditada pela mão morta do capital, distorcendo sua relação com o presente. Por fim, como dissemos, a apropriação privada do excedente social usurpa a capacidade deles de determinar seu futuro coletivamente, tolhendo, com isso, sua relação com aquele momento[22].

Talvez a ideia de historicidade ofereça uma interpretação não metafísica ou pós-metafísica para a noção de um "ser da espécie" que não seja nem conservadora nem essencialista, mas aberta. De qualquer modo, independentemente de a chamarmos de ética, moral ou histórica, ela está no centro de minha compreensão do argumento normativo do Livro I de *O capital*. Esse argumento não é sobre partes distributivas num sentido liberal usual nem é um argumento ético no sentido comunitarista usual. É um argumento sobre historicidade e liberdade.

Jaeggi: Liberdade frente à dominação?

Fraser: Bom, por que não? Afinal, o capitalismo realmente implica dominação – em pelo menos dois sentidos diferentes. Primeiro, suas divisões institucionais constitutivas implicam relações sociais de dominação entre classes, gêneros e "raças". Segundo, essas mesmas divisões também implicam uma forma de dominação generalizada, que tolhe a liberdade de todos. Em ambos os casos, a dominação está atrelada à sociedade capitalista e não pode ser reparada pela redistribuição de bens divisíveis. Não há como superá-la em definitivo sem transformação estrutural profunda.

Alienação

Jaeggi: Também podemos considerar uma forma de reconstruir a teoria da alienação de Marx como uma crítica da perda ou do bloqueio da liberdade, uma noção muito rica de liberdade social ainda não realizada na história. É exatamente assim que compreendo a alienação: não de modo ético substantivo, como algum tipo de afastamento de um dado antropológico, mas como um obstáculo à liberdade

---

[22] Idem; e Karl Marx, *Capital*, v. I, p. 241 e 638-40 [ed. bras.: *O capital. Crítica da economia política*, Livro I, cit., p. 306-7 e 719-22].

e uma forma de dominação[23]. Se tomamos a alienação como a inabilidade de estabelecer uma relação com outros seres humanos, com coisas, com instituições sociais e, portanto, também com nós mesmos, então podemos reconstruir esses momentos como "relações de ausência de relação" e, como tal, um modo distorcido de apropriação. Esses momentos, portanto, nos impedem de realizar e de moldar as relações nas quais já nos encontramos bem como nossa vida como um todo. Ela cria um tipo específico de impotência, de tal forma que somos transformados em objetos passivos à mercê de forças desconhecidas. Meu argumento é que, ao reconstruir a crítica da alienação, vemos quão exigentes são as precondições para que sejamos sujeitos de nossa própria vida, e essa é uma perspectiva que podemos utilizar a fim de enxergar as deficiências da ideia liberal de liberdade. Uma perspectiva baseada na alienação nos permite ver de que tipo de precondições sociais necessitamos para sermos livres. Alienação, em outras palavras, é um obstáculo à liberdade social[24].

Penso que o prospecto para esse tipo de crítica da alienação é bom, mas requer um afastamento de concepções substantivas em direção àquilo que chamo de concepções formais, as quais dizem respeito a como formamos certos vínculos e a como concebemos e nos relacionamos com nossos feitos. Não se trata da essência de quem "realmente somos" ou do que estamos destinados a ser como seres humanos, e sim de modos distorcidos e não distorcidos de apropriação de nossos próprios desejos e feitos.

Fraser: Você desenvolveu uma análise bastante sofisticada da alienação, a qual considero interessante e promissora. No entanto, ainda gostaria de mencionar uma preocupação. Você acredita que a abordagem que acabou de esboçar seja vulnerável à crítica ao prometeísmo? A ideia de que a alienação bloqueia a capacidade de moldar nossas relações e nossa vida como um todo presume a possibilidade e o desejo da completa transparência e do controle humano sobre a contingência? Essa é uma acusação familiar feita por pós-estruturalistas influenciados por Heidegger. É também sugerida por algumas vertentes do pensamento ecológico que nos avisam que não somos separados da natureza e permanecemos parte dela até o fim. Basta relembrar a concepção, na *Dialética do esclarecimento*, do processo por meio do qual nos dividimos em dois: por um lado, um mestre e um sujeito, dissociados da

---

[23] Rahel Jaeggi, *Alienation*, cit.

[24] Para uma concepção da liberdade social como a encontramos em Hegel, ver Frederick Neuhouser, *Foundations of Hegel's Social Theory: Actualizing Freedom* (Cambridge, Harvard University Press, 2003). Para uma abordagem que explicite as esferas institucionais da liberdade social, ver Axel Honneth, *Freedom's Right: The Social Foundations of Democratic Life* (trad. Joseph Ganahl, Cambridge, Polity, 2014).

natureza; por outro, a natureza, como o objeto que buscamos dominar e que nos apressamos a deixar para trás, mas que "morde de volta"[25]. De fato, Horkheimer e Adorno foram um pouco longe demais com essa ideia, mas talvez ainda haja algo que valha a pena salvar dela.

Jaeggi: A meu ver, por mais que Horkheimer e Adorno, em alguns momentos, a apresentem com pesar, elestambém afirmam a necessidade dessa quebra ou separação como precondição para a emancipação[26]. Você leria isso de modo diferente e sublinharia o potencial de reconciliação ou harmonia que pode ser percebido em certos momentos de seus escritos?

Fraser: Duvido que a natureza humana e a não humana podem vir a se harmonizar perfeitamente, assim como também não creio que essa seja uma boa forma de expor nossas aspirações. Mas o capitalismo as coloca uma contra a outra de modo desnecessariamente agudo e perigoso. Eu parafrasearia Marcuse: a sociedade capitalista estabelece não apenas tensões necessárias, mas tensões excedentes, tensões exacerbadas, para além do que a própria civilização requer[27]. Eu diria que quaisquer que sejam as tensões inerentes à relação entre "sociedade" e "natureza", elas podem (e deveriam!) ser vividas de modo menos antagônico.

Jaeggi: Sim, a ideia de que somos mestres do Universo não é válida nem no que diz respeito ao mundo social. Nesse sentido, você nem teria de trazer o aspecto ecológico, o que não significa diminuir sua importância. Estamos discutindo o aspecto da alienação que nos torna escravos de um mundo que nós mesmos criamos, mas que assume vida própria, de tal maneira que perdemos o controle sobre ele. Mas essa reconstrução da alienação e de sua relação com a crítica da falta de liberdade tem de ser apresentada com muita clareza; temos de tomar muito cuidado para não comprar a ideia de um mundo plenamente transparente. Esse não é o caso da natureza, que obviamente não é uma criação nossa, mas também não é o caso da sociedade.

Num nível muito profundo, é sempre verdadeiro que não temos como controlar tudo o que estamos fazendo. Isso é finitude. Não podemos sempre prever o que acontece com nossas próprias ações, como Hannah Arendt mostra de forma

---

[25] Max Horkheimer e Theodor W. Adorno, *Dialectic of Enlightenment* (trad. John Cumming, Nova York, Continuum, 1999 [1944]) [ed. bras.: *Dialética do esclarecimento*, trad. Guido Antonio de Almeida, Rio de Janeiro, Zahar, 1985].

[26] Idem.

[27] Herbert Marcuse, *Eros and Civilization: A Philosophical Inquiry into Freud* (Boston, Beacon, 1966) [ed. bras.: *Eros e civilização: uma interpretação filosófica do pensamento de Freud*, trad. Álvaro Cabral, São Paulo, LTC, 1982].

brilhante[28]. Às vezes, criamos algo que se torna estranho para nós, no sentido de que não poderíamos ter esperado aquele que viria a ser seu resultado. Isso é verdadeiro até mesmo no domínio da produção – temos de levar em conta todos os tipos de resultados inesperados e situações de não transparência. Também temos de aceitar que não somos transparentes nem com nós mesmos e que aquilo que entendemos como nossos próprios motivos nem sempre é um espelho fiel de nossas intenções reais. Isso vai contra o substantivismo e as ideias de controle e autotransparência.

Isso não é, em princípio, um obstáculo à nossa liberdade. Se nos afastamos de um conceito prometeísta produtivista e vamos em direção a ação e a práxis humanas, pode ser possível integrar o fato de que não somos capazes de responder por tudo e, até mesmo, o de que os resultados de nossas ações podem se tornar "estranhos" a nós.

Estratégias de integração e formas de vida

Jaeggi: Nós duas concordamos que uma perspectiva de liberdade deve estar no plano de fundo de uma crítica ética ou deve substituir suas versões substantivas, tradicionalistas ou comunitaristas. Todavia mesmo que fôssemos bem-sucedidas, ainda poderia haver dominação como tal, injustiça, exploração ou males morais. Como os males morais ou as injustiças do capitalismo estão integrados a essa perspectiva ética renovada?

Fraser: Para mim, é bastante simples. Eu já disse que as separações institucionais constitutivas da sociedade capitalista institucionalizam todos os três tipos de males ao mesmo tempo. Em primeiro lugar, relações moralmente injustas de dominação, tanto hierárquicas como generalizadas. Segundo, obstáculos à liberdade e distorções de nossa historicidade que são ruins de um ponto de vista ético-estrutural. Terceiro, dinâmicas contraditórias de desestabilização que produzem crises. Então, as três vertentes de crítica – funcionalista, moral e ético-estrutural – já estão fundamentadas em minha visão "expandida" do capitalismo como ordem institucionalizada e estão relacionadas umas às outras. A transformação estrutural dessa ordem é uma condição necessária para superar cada uma delas individualmente e todas elas em conjunto.

Jaeggi: Também penso que temos de conectar essas vertentes de crítica. Não se trata apenas de dizer que esses três modos de crítica do capitalismo têm pontos fortes e fracos, mas que essas fraquezas podem ser superadas ao juntarmos as três

---

[28] Hannah Arendt, *The Human Condition* (2. ed., Chicago, University of Chicago Press, 1998 [1958]), p. 191-4 e 230-47 [ed. bras.: *A condição humana*, 13. ed., trad. Roberto Raposo, São Paulo, Forense Universitária, 2016].

"dimensões". Uma crítica do capitalismo como "forma de vida" poderia relacionar as três dimensões: funcional, moral e ética. Em outras palavras, abarcaria o ético sem se restringir às questões "culturais" do capitalismo, ao mesmo tempo que acomodaria uma forte dimensão estrutural. Por "forma de vida", quero dizer formações sociais constituídas por meio do que chamo de "conjuntos" de práticas, que incluem práticas econômicas, sociais e culturais. Nesse contexto, o grande objetivo de uma abordagem baseada na "forma de vida" é compreender as práticas econômicas como sociais – num contínuo com as outras práticas e em conexão umas com as outras. Se podemos compreender formas de vida como conjuntos agregados, mais ou menos inertes e mais ou menos robustos, de práticas sociais de diferentes tipos, então práticas econômicas também pertencem ao escopo desse contexto. Portanto, práticas econômicas não são "o outro", e sim uma parte do tecido sociocultural da sociedade.

Compreender o capitalismo como uma forma de vida é tratá-lo como um conjunto de práticas sociais e instituições que vincula as dimensões sociais, econômicas e culturais. Esse conjunto também é constituído pelo critério normativo da apropriação. Criticar o capitalismo como uma forma de vida significa examiná-lo no que tange a sua capacidade de resolver problemas normativamente predefinidos e de permitir processos apropriados de aprendizagem e experiência. O que entraria em vista, então, não seria mais a invasão do social pela economia, e sim defeitos na forma e no conteúdo das próprias práticas econômicas e instituições. É o entrelaçamento de distúrbios funcionais – tanto crises práticas quanto déficits normativos – que joga luz sobre a irracionalidade e o caráter ruim do capitalismo como forma de vida. Isso faz justiça ao aspecto funcionalista aqui já criticado. Certamente, uma forma de vida como o capitalismo sempre fracassou normativamente. Entretanto, o fato de não querermos viver desse modo não é simplesmente um juízo ético de valor que desceu dos céus ou da tradição; pelo contrário, ele é inseparável dos déficits funcionais, das convulsões práticas e das crises que vêm com eles. Contra a crítica ética, compreendida de modo limitado, assim como contra a crítica funcionalista e a moral, o que está em jogo aqui é a perspectiva de renovação de uma crítica do capitalismo como *ordem social irracional* em certo sentido: é irracional na medida em que bloqueia alguns tipos de experiências sociais e processos de aprendizagem e representa, portanto, um modo distorcido de reagir a crises. A crítica ao capitalismo seria, então, uma crítica imanente da crise.

Crítica imanente e contradições sociais

Fraser: Estou bastante intrigada com sua ideia de capitalismo como forma de vida. Onde exatamente ela nos deixa no que diz respeito à crítica? Concordamos que uma teoria crítica da sociedade capitalista tem de abarcar todos os três gêneros de crítica. Também concordamos que uma tarefa vital é integrá-los, a fim de construir um momento normativo diretamente no interior da crítica funcionalista. Mas como? Rejeitamos abordagens que apelam a um critério de avaliação que teria a visão do olho de Deus. Agora, parece que você está sugerindo uma estratégia de crítica imanente. Eu gostaria de saber mais a respeito de como você compreende isso. Trata-se de tomar a ideologia do livre mercado por sua palavra e, então, continuar e mostrar que ela não tem como cumprir a promessa de produzir uma vida boa para todos? Que, por motivos não acidentais, *tem de* trair os objetivos que estabelece para si mesma?

Jaeggi: Minha compreensão da crítica imanente ou, digamos, de uma versão da crítica imanente orientada pela crise localiza as contradições um pouco mais "profundamente". Se uma ordem social não corresponde aos critérios e às promessas que ela supostamente representa, isso pode ser uma contradição, mas não uma muito profunda. Prefiro descrever isso como uma crítica "interna", em vez de "imanente", e esse modo de conceber a crítica tem algumas deficiências. Um problema é saber como decidimos se "os critérios e as promessas" em questão são dignos de ser satisfeitos. Para começar, eles podem estabelecer um padrão muito baixo ou ser objetáveis em si mesmos, casos nos quais já estaríamos olhando para outro lugar a fim de obter critérios normativos. A crítica interna também pressupõe que podemos identificar, de maneira incontroversa, as promessas de toda uma ordem social, enquanto na verdade essa questão é essencialmente contestada e aberta à interpretação. Se não formos cuidadosos, uma crítica interna desse tipo poderia terminar como ideológica em si mesma, pois aponta para uma visão excessivamente ampla e estática sobre o que uma ordem social deveria ser.

Eu diria que Marx tem uma versão mais exigente e interessante de crítica imanente. Um simples exemplo pode ser a ideia de que um "mercado de trabalho livre" pressupõe que participantes sejam "livres" e que trabalhadores e empregadores entrem no contrato como "iguais". Esse não é apenas um critério normativo, mas uma condição funcional do mercado de trabalho capitalista e, como dissemos, do modo de produção capitalista em geral. Ainda assim, o trabalhador é livre e igual "apenas formalmente"; na realidade, ele é não livre e não igual. Não se trata apenas do fato de que o mercado de trabalho livre não satisfaz a certas promessas ou critérios estabelecidos para si mesmo; ele é totalmente *incapaz* de alcançar os critérios por meio dos quais se *define*. Portanto, o mais importante é compreender que isso é uma característica sistemática que direciona a formação social em questão para além de si mesma. Concebida como uma contradição sistemática, ela é a fonte das crises.

Todavia, a crítica imanente também diz respeito a potenciais profundos que evoluíram na história. A contradição entre forças produtivas e relações de produção não está no fim de uma história sobre falsas promessas; refere-se à existência de capacidades e possibilidades reais de fazermos e alcançarmos algo que não estamos realizando. Tal como compreendo Marx, certas relações de produção se tornam obstáculos a certo tipo de produtividade e, nesse sentido, a sua própria funcionalidade e normatividade.

Assim, a própria ideia de uma realidade social contraditória, de "contradições práticas", não é isenta de problemas. Por exemplo, tomemos a ideia de que há uma contradição no fato de o processo de produção requerer cooperação social e, no entanto, os materiais da produção e as coisas produzidas serem de propriedade privada. Ora, estritamente falando, isso não é uma contradição – ao menos, não é uma contradição lógica –, mas percebe-se que há mais em jogo aqui. O capitalismo se pauta nessa ideia de crescimento e produtividade, porém fazer o máximo de nossas capacidades produtivas coletivas requer condições que as relações de produção negam de maneira sistemática. Isso sugere que, além de questões normativas, há algo fundamental e funcionalmente inconsistente em nossas práticas sociais que somente não podem ser reconciliadas em sua forma atual[29].

Fraser: Gosto da ideia de que a crítica imanente diz respeito à explicitação das contradições profundas de uma ordem social. Mas eu distinguiria entre diferentes tipos de contradição. Há, em primeiro lugar, a noção ortodoxa marxiana de uma contradição interna à economia capitalista – por exemplo, o aumento da composição orgânica do capital implica ao menos uma queda tendencial na taxa de lucro. Isso é o que eu chamaria de contradição "intradomínio" no "nível sistêmico", e sob nenhuma circunstância quero jogar fora essa ideia. O que a torna plausível é que o sistema econômico capitalista realmente possui uma qualidade semelhante à das máquinas. O funcionamento normal do sistema produz alternâncias drásticas entre altos e baixos. Além disso, historicamente, a experiência normativamente interpretada dessas "contradições" inspirou a ação social por parte de sindicatos, partidos trabalhistas e movimentos socialistas.

Há também, entretanto, outros tipos de contradição. Em capítulos anteriores, enfatizei o que eu chamaria de contradições "interdomínios" – entre as exigências da produção e aquelas da reprodução social, entre os imperativos da acumulação e a necessidade de poderes públicos robustos, entre a necessidade de "naturezas baratas" e as exigências da sustentabilidade ecológica. Não quero abordar tudo isso de novo, mas acrescentaria que contradições interdomínio não operam exclusivamente no nível do "sistema". Também aparecem como contradições "sociais" ou do "mundo da vida", na forma de choques entre os vários ideais normativos associados aos diferentes domínios, que compõem em conjunto a ordem social

---

[29] Ver Rahel Jaeggi, *Critique of Forms of Life*, cit., cap. 5 e 6.

institucionalizada que é o capitalismo. Esse é um ponto para o qual devemos retornar depois, no momento certo.

Por fim, há contradições que surgem historicamente, quando as expectativas normativas que as pessoas desenvolveram num período anterior estão em desacordo com as pressões e as realidades do presente. Por exemplo, a classe trabalhadora que viveu a Grande Depressão, a Segunda Guerra Mundial e o Estado de bem-estar social do pós-guerra internalizou a expectativa de que é papel do governo proteger seu padrão de vida, garantir pleno emprego e assegurar a seguridade social frente às convulsões do mercado. Hoje, entretanto, essas expectativas entram frontalmente em conflito com o senso comum neoliberal, que atribui as desacelerações econômicas à excessiva regulação estatal e sustenta que a solução seria deixar o mercado fazer sua mágica, sem perturbá-lo. Sob as condições corretas, conflitos como estes – entre expectativas historicamente sedimentadas e o senso comum contemporâneo – podem escalar para o nível de uma *contradição política*, o tipo de contradição que Marx tinha em mente quando afirmou que o acirramento da luta de classe era a expressão política de uma tendência sistêmica de crise.

FUNCIONALISMO NORMATIVO

Jaeggi: É inquestionável que conjuntos de expectativas normativas são internalizados. O problema é que essas expectativas podem ser malformuladas ou enganosas. Aqueles que apoiaram o fascismo também tinham expectativas normativas, certo tipo de "enraizamento" cultural-comunitário que rejeitaríamos de cara. Portanto, apontar para expectativas internalizadas só desloca o problema dos critérios normativos. Ainda temos de avaliá-los. Alguns podem estar errados, outros podem ser compreensíveis, mas não factíveis, e assim por diante.

Agora, o ponto importante aqui é alterar o lugar onde procuramos pelo "normativo" e conectar os aspectos normativo e funcional num nível mais profundo. Você pode chamar isso de um passo "materialista" ou uma tentativa de descobrir o que é válido no materialismo.

Nos últimos tempos, gastamos muitas horas frisando como normas sociais são contingentes. De certo modo, porém, elas não o são; estão voltadas à reprodução da sociedade. Não no sentido de uma antropologia filosófica, e sim num sentido histórico. Não podemos simplesmente imputar qualquer conjunto de funções normativas de que gostamos a uma ordem social que emerge e se desenvolve historicamente. Ao mesmo tempo, elas não são imediatamente óbvias ou dadas; situam-se em algum lugar entre os polos do deliberadamente formulado e do já implícito, e é assim que podemos pensar a formação e a interpretação dessas expectativas internalizadas, que se desenvolvem com o tempo.

Assim, essas expectativas normativas podem ser justificadas por uma análise de como elas se formaram no contexto das relações entre sociedade e economia – e de como se desenvolveram. O feudalismo forneceu às pessoas a expectativa de que, mesmo que elas fossem dominadas do modo mais cruel, ele cuidaria delas de algum modo enquanto "pertencessem" ao senhor feudal em sentido amplo. O trabalho feudal é, então, um trabalho não livre num duplo sentido, ao menos enquanto certo tipo de paternalismo feudal opera. A sociedade civil burguesa, em contraposição, libertou as pessoas (no duplo sentido mencionado) ao promover a expectativa de que todas seriam capazes de cuidar de si mesmas. Elas seriam livres e iguais e ganhariam subsistência e autovalor mediante participação no mercado de trabalho. Em certo sentido, a sociedade burguesa de fato forneceu esses meios para a conquista da subsistência e do autovalor – o mercado de trabalho livre –, ao passo que, em outro, os negou por meio das forças desintegradoras desse mesmo conjunto de instituições. Mencionei esse fator antes e creio que Hegel o tenha analisado com perspicácia quando disse que a plebe não está apenas faminta, mas indignada: as pessoas não somente reclamavam da privação, como tinham o direito de estar descontentes – e o direito ao sentimento de que possuíam prerrogativas –, uma vez que as expectativas que formaram frente ao que Hegel denominou de "sistema de carências" (isto é, a sociedade burguesa) eram justificadas[30].

Em outras palavras, poderíamos desenvolver uma concepção de como essas expectativas emergiram ao longo de processos de experiência histórica. A frustração dos pobres não é a mesma em todos os períodos e não é causada pelo fato bruto da falta de recursos, mas pela falta de recursos tal como é concebida pelas expectativas normativas e tal como evoluiu ao logo do tempo. Isso é bem ilustrado no exemplo de Speenhamland dado por Polanyi[31]. Doar caridosamente aos pobres num mundo onde, ao mesmo tempo, eles são pressionados a vender sua força de trabalho por salários de fome é mais vergonhoso do que teria sido sob relações feudais. O mercado trata os pobres como indivíduos contratantes, mas, apesar de suas contribuições à geração de riqueza, eles não têm como se sustentar. Se a sociedade trata os pobres como pedintes, como o fez a legislação de Speenhamland, podemos analisá-la

---

[30] G. W. C. Hegel, *Elements of the Philosophy of Right*, cit., p. 264-7 (§ 240-4) [ed. bras.: *Princípios da Filosofia do Direito*, trad. Orlando Vitorino, São Paulo, Martins Fontes, 1997, p. 206-8].

[31] O "sistema Speenhamland" foi uma reforma, de 1795, à Lei dos Pobres elisabetana, que visava a subsidiar os salários dos pobres rurais caso caíssem abaixo dos níveis de subsistência; ela seria abolida em 1834. Deixando trabalhadores com pouco incentivo para trabalhar e empregadores com pouco incentivo para oferecer um salário suficiente para viver, o sistema Speenhamland criou uma dinâmica de pauperização e desmoralização que serviria como pretexto para o subsequente estabelecimento do sistema do mercado de trabalho livre. Ver Karl Polanyi, *The Great Transformation: The Political and Economic Origins of Our Time* (Boston, Beacon, 2001 [1944]), p. 81-107 [ed. bras.: *A grande transformação: as origens de nossa época*, trad. Fanny Wrobel, Rio de Janeiro, Campus-Elsevier, 2011]. (Nota de Brian Milstein, editor da edição original.)

como funcionalmente contraproducente e normativamente problemática. Essa é a estratégia que eu recomendaria em relação a essas expectativas normativas. Ainda se trata de conflito de classe e do motivo pelo qual as pessoas lutam por certos ideais normativos, mas isso não é independente. Tais expectativas estão enraizadas em como a sociedade é, em como se desenvolveu e em como se reproduz em determinado estágio histórico. O entrelaçamento do normativo e do funcional se resume, desse modo, ao fato de que a pobreza, na sociedade burguesa, não é apenas errada, mas desintegradora e, portanto, disfuncional.

Fraser: Sou muito simpática a isso que você acabou de dizer. Você amenizou minhas preocupações acerca da crítica "espantalho" que se faz à crítica funcionalista, a qual ameaçou nos levar ao ceticismo externo. Você também superou as limitações da crítica normativa independente, a qual não está conectada à experiência histórica e à aprendizagem social. Mas ainda tenho uma questão. Da forma que compreendo, você se propõe a fundamentar uma teoria crítica da crise capitalista em narrativas: em concepções históricas a respeito de como as pessoas adquiriram o sentimento de que têm prerrogativas quanto a proteção social, direitos sociais, liberdade individual frente à hierarquia de status etc.; como essas expectativas historicamente adquiridas encontram dificuldades, por exemplo, quando o regime de acumulação se altera; como elas se tornam sujeitas à contestação e à modificação em tempos de crise; e, de que modo podem dar lugar a novas expectativas. Tudo isso é interessante para mim, mas ainda temos de enfrentar a questão crucial: como distinguimos as melhores narrativas históricas das piores?

Contradições interdomínio

Jaeggi: Essa é exatamente a questão que eu queria levantar! Vamos ver se, por meio da ideia de uma crítica da crise, conseguimos torná-la mais nítida. Nós duas somos atraídas por um conceito de crítica que mostra como a instabilidade do capitalismo não é acidental, está inscrita em sua própria estrutura, ainda que ambas estejamos conscientes das vantagens e das desvantagens desse modelo, sobretudo quando ele é compreendido de modo economicista e determinista.

O modelo que você propõe parece compreender as tendências de crise não como econômicas em si mesmas, e sim como fundadas em contradições entre o primeiro plano econômico e o plano de fundo não econômico – isto é, a contradição não é interna à economia; encontra-se na relação com o não econômico. Isso certamente nos leva para além do problema economicista, pelo menos num sentido estrito. Por outro lado, há críticas funcionalistas que não se confinaram exclusivamente ao domínio econômico como tal. Mencionei a concepção de Daniel Bell, que toma a estrutura motivacional do capitalismo como um tipo de condição cultural de fundo³². Habermas também reenquadrou as tendências de crise do capitalismo organizado nos termos de suas relações com o plano de fundo não econômico do "mundo da vida", com a política e a burocracia no meio³³.

Então, aqui está minha questão: esse tipo de análise pode nos fornecer diagnósticos úteis das instabilidades do capitalismo, mas não é claro para mim se ele é suficiente para estabelecer uma crítica válida. Se uma concepção funcionalista requer apoio normativo, isso não valeria também para sua análise do primeiro plano/plano de fundo?

Fraser: Assim como para você, para mim uma crítica da crise tem de explicitar contradições profundas ou tensões inerentes a uma formação social. É uma questão histórica quando e como essas contradições históricas se expressarão em formas mais ou menos agudas de crise. Ao mesmo tempo, é uma questão política descobrir as estratégias disponíveis e factíveis politicamente para desarmar, refinar, contornar ou deslocar essas contradições, ao menos temporariamente. Tudo isso importa tremendamente, é claro, mas o que quero explicitar aqui é um ponto que você também enfatizou: que a crise está ancorada na contradição. Como você bem disse, não suponho que a única contradição relevante seja interna à economia capitalista. O capitalismo engloba contradições igualmente importantes *entre* seus vários "domínios".

Você mencionou dois exemplos conhecidos de teorias críticas centradas em tais contradições "interdomínio": as concepções de Daniel Bell, acerca da contradição entre economia e cultura, e de Habermas, no que concerne à contradição entre economia e política, em *Problemas de legitimação*, e entre sistema e mundo da vida, em *Teoria da ação comunicativa*. Polanyi é outro exemplo. Para ele, a contradição fundamental do capitalismo é entre economia e sociedade, ou seja, o contínuo impulso de criar mercados autorregulados para todos os principais insumos da produção de mercadorias deteriora o tecido da solidariedade, a comunidade e as compreensões compartilhadas das quais os mercados dependem, em última análise. Poderíamos também citar pensadores ecomarxianos, como James O'Connor, que postula uma contradição entre a dinâmica da produção capitalista e suas "condições naturais" necessárias, assim como teóricas feministas, como Lise Vogel, que diagnostica uma contradição entre a produção de mercadorias e a reprodução social³⁴.

---

[32] Daniel Bell, *The Cultural Contradictions of Capitalism*, cit.

[33] Jürgen Habermas, *Legitimation Crisis* (trad. Thomas McCarthy, Boston, Beacon, 1975); *The Theory of Communicative Action*, 2 v. (trad. Thomas McCarthy, Boston, Beacon, 1984-19687 [1981]).

[34] James O'Connor, "The Second Contradiction of Capitalism, with an Addendum on the Two Contradictions of Capitalism", em James O'Connor, *Natural Causes: Essays in Ecological Marxism* (Nova York, Guilford, 1998), p. 158-77; "Capitalism, Nature, Socialism: A Theoretical

Tudo isso é água para meu moinho teórico. Meu projeto é integrar todas essas "contradições" (tanto as interdomínio, listadas há pouco, quanto as internas econômicas postuladas por Marx) numa única teoria crítica do capitalismo, visto como ordem social institucionalizada. O modelo primeiro plano/plano de fundo que delineei aqui oferece um modo de vinculá-las numa crítica unificada à crise da sociedade capitalista. Nos capítulos anteriores, enfatizei três separações institucionais constitutivas: produção/reprodução, sociedade/natureza e economia/política. Cada uma delas engloba uma contradição "interdomínio" que se ancora no fato de que a economia capitalista requer e, ao mesmo tempo, desestabiliza uma condição "não econômica" de fundo.

Jaeggi: É um diagnóstico interessante, com o qual se pode ganhar muito. Porém, novamente, é suficiente para a crítica? De certo modo, o capitalismo funciona melhor do que pensamos. Pode devorar os próprios recursos e as precondições institucionais, mas parece capaz também de criar novos recursos para si mesmo. Podemos pensar que se trata de um sistema do mal, que de algum modo sempre deu um jeito de perseverar. O capitalismo está funcionalmente vivo, e não é claro que esteja numa trajetória em direção ao colapso total. Ele pode ser um sistema perigoso para seres humanos e para o meio ambiente, e as sociedades que ele gera podem não ser dignas de viver em longo prazo; ao mesmo tempo parece "funcionar". Então, por que o capitalismo não pode devorar seus recursos, desde que continue funcionando? Resta-me perguntar se o problema normativo que discutimos antes se mantém. Em que sentido o problema é "funcionalista" e em que sentido ele é "normativo"? E como esses dois aspectos se vinculam um ao outro em sua abordagem?

Contradições normativas

Fraser: Se parássemos por aqui, teríamos algo que parece bastante não normativo, deixando-nos sem qualquer critério avaliativo para dizer o que é ruim ou errado e o que deve ser abolido, superado ou alterado. Nesse caso, teríamos apenas uma imagem da instabilidade que poderia ser mais ou menos aguda. Contudo, como eu disse, não há necessidade de pararmos por aqui. Também temos de considerar como as pessoas vivenciam essas instabilidades. Elas internalizaram expectativas normativas de um período anterior (por exemplo, expectativas de solidariedade, auxílio governamental, aumento do padrão de vida e a expectativa de que os filhos terão uma vida melhor do que a que eles tiveram)? Em caso afirmativo, a crise e a

---

Introduction", *Capital, Nature, Socialism*, v. 1, n. 1, 1998, p. 11-38; Lise Vogel, *Marxism and the Oppression of Women: Toward a Unitary Theory* (Chicago, Haymarket, 2014 [1983]).

instabilidade podem ser vividas como a violação e a derrota dessas expectativas; e a situação assume um caráter normativo.

Eu gostaria, contudo, de acrescentar mais um ponto, o qual mencionei *en passant* há algum tempo. Minha visão é que cada uma das múltiplas arenas institucionais do capitalismo está associada a um conjunto de ideais normativos com os quais possui afinidade. Por exemplo, ideias de crescimento, de "justiça de mercado" e de "escolha" individual ressoam e predominam no interior de sua economia. Ideais de solidariedade, cuidado e segurança social, de modo geral, encontram apoio em comunidades e famílias que sustentam grande parte da reprodução social. Ideais de democracia, cidadania e "interesse público" estão associados à política do capitalismo. Ideais de sustentabilidade, proteção e relações justas entre gerações encontram apoio em contextos experienciados como próximos à "natureza". Esses ideais podem conviver, ainda que não de maneira fácil, em tempos "normais", quando a maior parte das pessoas respeita as divisões institucionais do capitalismo e invoca adequadamente determinado ideal no interior de sua esfera "de direito". E eles também podem entrar em conflito, como ocorre em tempos de crise, quando as pessoas os aplicam "de maneira equivocada", na "esfera errada". No último caso, temos ainda outro tipo de "contradição capitalista", a qual eu denominaria "contradição normativa". O potencial de contradição normativa é inerente à profunda estrutura do capitalismo enquanto ordem configurada pela diferenciação institucional e pelas relações de primeiro plano/plano de fundo. Nem os ideais normativos nem os conflitos entre eles são contingentes ou arbitrários. Pelo contrário, estão profundamente entrelaçados à própria estrutura da sociedade capitalista. O mesmo é verdadeiro para as "lutas de fronteira", sobre as quais falamos no Capítulo 2. Tais lutas giram em torno das divisões institucionais estabelecidas na sociedade capitalista. Muitas vezes, elas envolvem conflitos acerca de quais ideais normativos são apropriados em dada situação. Lutas por direitos de pesca devem ser resolvidas apelando-se para normas de crescimento econômico, de sustentabilidade ambiental, ou para os imperativos da reprodução social em comunidades indígenas? Esse tipo de contradição é, de uma só vez, do mundo da vida e do sistema – ao mesmo tempo funcional, moral e ético-estrutural.

Jaeggi: Li recentemente o romance *The Jungle*, de Upton Sinclair. Nele, o capitalismo devora as próprias precondições na medida em que torna a reprodução social impossível. Os trabalhadores não conseguem sequer criar os filhos, milhões estão desempregados, e o resultado é a revelação de que o processo tem limites, supondo que aceitemos que não se pode simplesmente deixar as pessoas morrerem de fome.

É verdade que, sempre que possível ou em qualquer lugar que puder, o capitalismo tende a ameaçar a própria base da reprodução social. Além disso, parece que, quando as coisas ficam mesmo ruins, ele é plenamente capaz de desenvolver uma solução, seja por meio de alguma estratégia protecionista, seja pela facilitação de novas formas de solidariedade para substituir aquelas que foram destruídas. Em outras palavras, podemos nos perguntar sobre a relação do capitalismo com a manutenção e a renovação desses recursos – se é adequado pensá-los como recursos que existem de modo externo ao sistema ou se o capitalismo tem a capacidade de criar novos recursos e, até mesmo, readaptar suas precondições de existência. O capitalismo tende a colocar essas precondições radicalmente em questão, mas mesmo o capitalismo não refreado parece consciente de que precisa oferecer alguns meios à reprodução social. Desse modo, pode-se argumentar que o sistema tem capacidades adaptativas inscritas nele.

Fraser: Se estamos falando da economia capitalista, ela não é nem pode ser autocorretora. Essas correções e medidas adaptativas, como as exigidas para assegurar suas condições necessárias de fundo, só têm como vir de fora da economia – o que não significa dizer de fora da sociedade capitalista. Historicamente, esse "fora extraeconômico, mas intracapitalista", foi a política. É verdade que houve momentos na história do capitalismo em que capitalistas "com visão de longo prazo" compreenderam isso e assumiram um papel de liderança na organização de formas de proteção social patrocinadas pelo Estado – em grande parte para salvar o sistema de si mesmo. O New Deal norte-americano é um exemplo disso: a maior parte da classe capitalista lutou contra Franklin Roosevelt com unhas e dentes, mas não toda ela. Mesmo capitalistas têm outras vidas, e alguns apreciam os recintos "não econômicos" da vida social, os quais eles compreendem não apenas como funcionalmente necessários mas também como dignos de valor em seu próprio direito. Ainda assim, os momentos em que eles estão dispostos a agir de maneira coletiva sobre essa base são relativamente raros. Onde, podemos nos perguntar, estão esses capitalistas "esclarecidos" hoje, quando precisamos deles? Em todo caso, as principais forças sociais que encabeçaram a proteção social politicamente organizada vieram de outro lugar – de movimentos da classe trabalhadora, antirracistas, feministas, pela liberação nacional. No melhor dos casos, tais movimentos criaram solidariedades expansivas, as quais partiram de (e transcenderam) "recursos" dados, que já existem na sociedade capitalista em qualquer momento de crise. Ao "gerarem" essas novas solidariedades, os atores sociais partem criativamente das faíscas provindas da fricção criada pelas "contradições normativas" do capitalismo.

Jaeggi: Vamos retornar a sua visão das esferas de primeiro plano e de plano de fundo do capitalismo. Tal como você as enxerga, essas diferrentes esferas estão vinculadas, mas não de um modo funcionalista rígido. Elas têm vida própria e inspiram, nas pessoas, formas específicas de vínculo normativo, mesmo quando trabalham em conjunto ou uma contra a outra. Em um sentido, o plano de fundo está em relação com o primeiro plano; em outro, seus componentes têm um tipo de vida independente, uma dinâmica normativa própria.

Fraser: Certo. Cada uma dessas esferas é perpassada pela normatividade e, em particular (ainda que não exclusivamente), por sua própria normatividade característica. Assim, a normatividade do capitalismo é múltipla e não singular. Todos os seus sujeitos vivem em mais de uma esfera e estão em contato com mais de um conjunto de normas. Quando tendências de crise irrompem, o que experienciam não é só privação material ou pura instabilidade, mas *conflito normativo*. Em alguns períodos, esse conflito é desativado por meio de "segregação normativa": alguém é solidário em alguns momentos e em algumas "esferas", enquanto continua competitivo noutros momentos e noutras esferas. Em tempos "normais", essas divisões se mantêm, porém em outros momentos, incluindo períodos de crise aberta, os muros caem e as múltiplas normatividades do capitalismo entram frontalmente em conflito. É assim que eu responderia à crítica de que a análise funcionalista não é crítica a menos que tenha uma dimensão normativa. Não se trata de indivíduos que trazem ideais normativos de "fora". Pelo contrário, seus ideais emergem de dentro da formação institucional do próprio capitalismo, que está baseado nas próprias divisões que constituem a relação primeiro plano/plano de fundo.

Jaeggi: Concordo inteiramente. Se uma concepção funcionalista tem algum impacto crítico, é porque o funcional e o normativo já estão entrelaçados nessas instituições sociais. Se as instituições já são normativamente carregadas, então ser capaz de explicitar de que modo elas não conseguem satisfazer a esses critérios é ser crítico. E por que isso não valeria também para as próprias práticas econômicas? Comecei a ficar apreensiva com nosso modo de distinguir o econômico do não econômico, que tende a gerar suposições que encontramos implícitas em muitas dessas abordagens – de que há um mundo da vida ou uma sociedade "bons" e normativamente ricos e uma esfera econômica "ruim" ou "livre de normas", bem como de que, quando a última penetra na primeira, temos aqueles efeitos perigosos.

Contra dualismos polanyianos

Fraser: Bom, eu, pelo menos, não assumo que a vida econômica seja livre de normas. Acabei de me referir aos ideais normativos do crescimento, da justiça de mercado, da liberdade negativa e da escolha individual, cujo "lar natural" é a economia capitalista. Também não suponho que normas não econômicas sejam sempre "boas". Defendi que um dos principais pontos fracos de *A grande transformação: as origens de nossa época*, de Polanyi, é sua incapacidade de contar com a possibilidade de que a "sociedade", a qual ele opõe à economia, talvez seja um antro de dominação, exclusão e desigualdade. Ele também não leva em conta que a introdução de normas econômicas pode às vezes ter efeitos emancipatórios.

Jaeggi: Você já criticou Polanyi nesse ponto anteriormente – afirmando que ele romantiza demais os recursos sociais que contrapõe à economia, sem reconhecer que eles possuem as próprias estruturas de dominação. Essa é uma das razões pelas quais você introduz uma ideia de "emancipação" ao lado das ideias dele de "proteção social" e "mercantilização"[35]. Ao mesmo tempo, parece ser um ponto forte da abordagem o fato de ele combinar aspectos normativos e funcionalistas para mostrar como formas de vida são destruídas quando sociedades são comodificadas até o fim.

Fraser: Tal como o compreendo, Polanyi conecta, de modo estreito, uma crítica quase funcionalista à crise com uma crítica ética substantiva. Mas ele é bastante fraco na crítica moral, sobretudo quanto a questões de dominação e equidade, amplamente ausentes de sua abordagem. É escandaloso, na verdade, que ele as negligencie. Se ele as tivesse abordado, jamais teria contraposto uma "sociedade boa" a uma "economia ruim". Da mesma forma, teria compreendido que a "sociedade" está repleta de dominação, exclusão, hierarquia, e que a "economia" pode servir, pelo menos em princípio e em determinadas ocasiões, como força de liberação de algumas formas de dominação. Não acredito, por um momento sequer, que a negligência de Polanyi a respeito desses pontos óbvios tenha sido intencional, mas o efeito é o de que sua crítica ética combinada com uma crítica da crise é empurrada para uma direção comunitarista nostálgica e conservadora. O que fiz ao reconstruir seu projeto foi, primeiro, reinterpretar o elemento ético estruturalmente, de modo não substantivo, e, segundo, introduzir o elemento moral que faltava. Por isso propus primeiro uma interpretação "estrutural" de sua ideia de "comodificação fictícia", como alternativa a sua interpretação "ontológica"[36], e na sequência substituí sua ideia de um movimento duplo por aquela de um movimento triplo[37]. Eu deveria explicar que o movimento triplo supõe que três valores centrais podem entrar em choque e têm de ser mediados: mercantilização, proteção social e

---

[35] Nancy Fraser, "Marketization, Social Protection, Emancipation: Toward a Neo-Polanyian Conception of Capitalist Crisis", em *Business as Usual: The Roots of the Global Financial Meltdown (Possible Futures 1)* (org. Craig Calhoun e Georgi Derlugian, Nova York, New York University Press, 2011), p. 137-58.

[36] Idem, "Can Society Be Commodities All the Way Down?", *Economy and Society*, v. 43, n. 4, 2014, p. 541-58.

[37] Idem, "A Triple Movement? Parsing the Politics of Crisis after Polanyi", *New Left Review*, v. 81, maio-jun. 2013, p. 119-32.

emancipação. Nenhum dos três é inteiramente bom ou ruim em si mesmo – nem mesmo a emancipação. Como disse há pouco, o primeiro plano possui seu próprio excedente normativo centrado na liberdade negativa e no consentimento. No entanto – e aqui está minha concessão ao ético –, também há valor na segurança, na estabilidade e na solidariedade sociais. As pessoas apresentam interesse legítimo em não terem a vida virada de cabeça para baixode repente em função de uma fusão empresarial. Ainda assim, isso tem de ser corrigido pelo terceiro polo, a "emancipação", que defende o ideal de liberdade como não dominação num sentido que vai muito além de normas liberais de liberdade negativa e igualdade de oportunidade. Os três polos, em outras palavras, têm de receber aquilo que lhes é devido. A figura é consideravelmente mais complicada do que a de Polanyi, que opõe o polo bom da proteção social ao polo ruim da mercantilização. O modelo do movimento triplo possui ao menos três conjuntos de normas. Uma vez que levamos em conta essa história mais complicada e diferenciada do primeiro plano e do plano fundo, a contradição deixa de ser apenas economia *versus* sociedade, como Polanyi defendeu, e passa a ser economia *versus* sociedade, política e natureza – no mínimo.

Recursos internos para a crítica

Jaeggi: Mesmo assim, pergunto-me se você não compartilha mais desse aspecto dualista de Polanyi do que gostaria de admitir, na maneira com que formula seu modelo primeiro plano/plano de fundo, com essas diversas esferas de fundo fornecendo esses recursos independentes de normatividade. A própria ideia de que há algum recurso preexistente e "independente" já não é, em si, problemática? Há dois possíveis problemas aqui. O primeiro deles é a ideia essencialista de que há uma arena inocente da vida social que o sistema "ruim" invade ou "coloniza", como Habermas diria. Todavia, mesmo que reconheçamos que esses recursos não são "inocentes" e têm as próprias misturas de características boas e ruins, também é preciso saber se eles, em algum momento, já foram de fato "independentes" do sistema, em primeiro lugar. Caso esses recursos sejam, em si mesmos, não apenas propensos à dominação, mas também coconstruídos desde o início pelas mesmas forças "de fora" às quais parecem resistir, então essa concepção enfrenta problemas do ponto de vista dos critérios da crítica. É um argumento marxiano, assim como foucaultiano, o de que não se trata simplesmente de apontar para esses recursos de fundo como uma âncora normativa independente para a nossa crítica, visto que já estão constitutivamente entrelaçados ao capitalismo e influenciados por aquilo ao que se contrapõem.

Fraser: Você distinguiu, de forma útil, dois problemas diferentes. O primeiro é que o plano de fundo pode ser ruim de um modo específico e diferente, portanto não pode fornecer um critério inocente. De fato, não podemos apenas tomar o lado do plano de fundo contra o do primeiro plano. Nesse ponto, concordo integralmente!

O segundo problema, com o qual você me pressiona agora, é se o plano de fundo é anterior ao primeiro plano ou se é, na verdade, produzido por este, e o que isso significa para a crítica. Essa é uma questão muito interessante. Rejeito a tese foucaultiana forte, que sustenta que o plano de fundo não é *nada que não* uma criatura do primeiro plano – como quando Foucault insistiu que o "eu profundo" é inteiramente ilusório, não havendo nada por trás dele, mesmo que tenha efeitos performativos reais. Aplicada às questões aqui discutidas, essa visão me parece errada. Não é que a natureza seja pura ou boa, mas ela está definitivamente *lá*. Dar à luz e trocar fraldas são, da mesma forma, ações reais – não foram criadas pelo capitalismo. Mesmo assim, o capitalismo reorganizou a vida, institucionalizando uma distinção muito mais aguda e radical entre reprodução e produção do que existia antes dele. Em sistemas sociais prévios, estes não eram, de forma alguma, "domínios" distintos, mas se encontravam fortemente entrelaçados um com o outro e com outros aspectos da vida social. Atividades que chamaríamos de "reprodutivas" não foram geradas pelo capitalismo do nada. Porém, foram profundamente "marcadas" (para usar uma palavra que você empregou) por sua estrutura institucional, e a marcação não foi de modo tal a torná-las meros espelhos daquilo que o primeiro plano econômico se tornou hoje. Pelo contrário, ela fez com que tais atividades parecessem se opor ao último e oferecer uma base para a crítica anticapitalista. Essa última aparência, contudo, é profundamente enganosa. Rejeito a visão, bastante em voga nos dias atuais, de que é possível simplesmente se retirar da sociedade capitalista e construir uma sociedade alternativa "no plano de fundo (não econômico)", por assim dizer, sem confrontar o aparato de poder, bastante real, do primeiro plano e sem transformar as regras básicas fundamentais e as separações institucionalizadas do capitalismo. Essa estratégia de "desvinculação" é ilusória porque o plano de fundo não é independente nem é um contrapoder em si mesmo. Ao mesmo tempo, como eu disse antes, ele tem normatividades alternativas inscritas em si que podem ser experienciadas por algumas pessoas como normatividades que vale a pena defender, mesmo que outros as vejam como pontos de partida a ser transformados no decorrer da luta. Em geral, então, a dinâmica primeiro plano/plano de fundo não é só uma questão de funcionalidade; também tem dimensões normativas e fundamentadas na ação social.

Jaeggi: Não seria possível defender que hoje, sob o regime neoliberal do capitalismo, a independência dessas normatividades foi erodida de tal forma que não podemos mais falar realmente dessas bases normativas alternativas como semiautônomas? Numa fase anterior do capitalismo, foram os trabalhadores artesanais que se tornaram a ala mais militante do movimento dos trabalhadores, em parte porque tinham outro conjunto de tradições em que se basear – habilidades, formas de cooperar e certo orgulho conectado a elas. Ainda assim, não é possível que esses critérios normativos prévios tenham passado pelas próprias "grandes transformações", de forma que os trabalhadores não contem mais com recursos normativos pré-capitalistas para trazer para suas lutas sociais? Quão "duráveis" são essas normatividades como recursos para a resistência? Há um "limite de tempo" histórico? De certo modo, isso traz de volta todo o debate em torno da tese de Lukács de que houve uma colonização *real* dessas outras esferas, o que mina a capacidade delas de oferecer recursos à crítica.

Fraser: Não concordo com o diagnóstico de colonização total ou quase total. Há uma nova versão dele circulando agora que utiliza a teoria foucaultiana da governamentalidade para defender que estamos sendo subjetivados quase exclusivamente como gerentes autorresponsáveis de nosso próprio "capital humano". Essa visão confunde um projeto neoliberal com a realidade social, generaliza de maneira ilegítima os estilos de vida dos *hipsters* e de outros membros aspirantes do estrato profissional-gerencial para todo mundo. E essa não é a autocompreensão ou a prática social das pessoas da classe trabalhadora, que representam, afinal, a esmagadora maioria.

Ainda assim, você tem razão ao afirmar que nada dura para sempre. Historicidade e mudança são fundamentais aqui, mas também a criatividade humana o é. Pessoas vivendo nos interstícios, mesmo nas piores e mais degradadas favelas, ainda encontram formas de construir algum tipo de vida, embora não sejam as que queremos assumir como modelos para como as coisas deveriam ser. Algumas delas encontram ou criam ressonâncias entre distintas formas de resistência, sobrevivência ou crítica, e essas podem se acumular em movimentos, partidos ou mesmo governos que tentam fazer algo diferente.

Devemos ter em mente também que o primeiro plano é uma fonte de normas que não podem ser reduzidas por completo ao capitalismo. Normas como a liberdade negativa, a troca igual e mesmo a noção de chegar à frente por meio do trabalho têm seu próprio excedente normativo, cuja realização está bloqueada na sociedade capitalista. Em alguns casos, podem até ter uma influência positiva, introduzindo um "solvente emancipatório" de tipos, que facilita a renovação de comunidades e normas tradicionais. Então, mesmo a normatividade do primeiro plano tem o próprio excedente emancipatório. Como Marx diria, enseja aspirações e ideais que poderiam romper com o invólucro das relações capitalistas e criar novas.

Divisão, dependência e denegação

Jaeggi: Quero insistir em como você conceitualiza essas contradições e essas tendências de crise – entre produção e reprodução, sociedade e natureza e economia e política. Estou particularmente interessada em ouvir mais a respeito de "quão profundamente" essas contradições em tese se assentam. Em certos momentos históricos, os regimes de que falamos alcançam certo formato, colocando determinadas restrições àquilo que podemos fazer contra eles. No entanto, também contêm possibilidades, pois novas dinâmicas e linhas de conflito emergem.

Minha primeira questão é se, olhando para esses diferentes regimes no capitalismo, alguém pode defender que tais contradições e conflitos aparentes sejam só parte da dinâmica do capitalismo como uma formação social moderna – o que significa dizer que são uma parte de sua dinâmica, mas não de fato uma crise. O capitalismo, sob o segundo regime, "liberal", foi confrontado com problemas de estabilização e integração da esfera da reprodução social, para os quais gerou soluções no terceiro regime, administrado pelo Estado. Assim, os arranjos que encontramos no capitalismo administrado pelo Estado podem ser lidos como resoluções para os problemas que surgiram no capitalismo liberal e em outros, e alguém talvez concebesse essas resoluções como parte da capacidade dinâmica do capitalismo de evoluir e gerasse resoluções inovadoras a tarefas profundas. Onde, então, está a profunda contradição ou a crise? Se concebemos formações sociais e sociedades como dinâmicas em si mesmas, confrontando vários conjuntos de problemas e passando por certos tipos de transformação com relação às diferentes formas de solucionar o problema, por que isso seria uma crise? Por que seria uma contradição?

Uma ideia, claro, seria considerar que é uma crise porque há lutas sociais, porque vemos que as pessoas estão infelizes com ele, têm estado infelizes com ele, e porque o capitalismo não consegue satisfazer a suas demandas. Isso, porém, localizaria as tendências de crise num nível bastante superficial. Outra forma seria dizer que há um modo "adequado" de lidar com esses problemas, isto é, que, a menos que tratemos a esfera da reprodução social, por exemplo, de uma forma que envolva modos concretos e diretos de relações pessoais, a solução estará errada, porque essa esfera tem um caráter tal que só se pode lidar com ela de determinada maneira. Isso, no entanto, seria se aproximar de uma visão essencialista dessas esferas sociais e de como elas deveriam ser moldadas. Nesse caso, ela iria contra sua tentativa de historicizar a sociedade ou contra o *insight* de que a vida humana é maleável, de que mudou e vai continuar mudando.

Em termos práticos, a questão sobre a qual discorro se resume a quão essencialista devemos ser com relação a essas contradições e crises e a como seria uma concepção não essencialista.

Fraser: Você apresentou um dilema e um desafio! A meu ver, contradições e tendências de crise do capitalismo não são superficiais, e sim inerentes e profundas. E não porque os domínios institucionalizados da sociedade têm naturezas inerentes que são violadas quando as atividades que os compreendem não são abordadas de modo adequado. Essa compreensão da contradição é profunda, de fato, porém de forma errada; é essencialista e a-histórica. Minha concepção da contradição é inteiramente diferente – está ancorada numa visão das *relações* entre os domínios, não em suposições sobre suas supostas essências ou características substantivas.

Tal como vejo, as tensões inscritas na ordem social capitalista estão ancoradas em três características distintivas. Penso nelas como três "dês": divisão, dependência e denegação. Deixe-me explicar. Por *divisão*, quero dizer as separações institucionais do capitalismo entre produção e reprodução, economia e política e sociedade humana e natureza não humana. Como venho dizendo ao longo de nossas discussões, essas divisões não existiam em formações sociais prévias. Longe de serem universais históricos, são artefatos do capitalismo, como o são as tensões entre elas. Mesmo assim, o capitalismo não só separa sua economia da política, da natureza e da reprodução social, como também torna a economia dependente desses "outros", os quais estabelece como as condições de possibilidade de fundo da economia. Como insisti o tempo todo, não pode haver economia capitalista na ausência do poder público, da reprodução social e dos insumos da "natureza". Portanto, a relação não é apenas de divisão, mas também de *dependência*, que é o segundo "D". Isso é uma fonte potencial de problemas, se e quando as condições de fundo necessárias forem colocadas em risco. O terceiro "D" é *denegação*. As sociedades capitalistas não apenas dividem suas economias das condições de fundo necessárias às últimas nem fazem a primeira simplesmente depender das últimas. Além disso – e aqui está o *coup de grâce* final –, elas denegam ou negam o valor que a economia capitalista suga desses domínios que o capitalismo constitui como "não econômicos". Aqui está o cerne da contradição: as economias capitalistas constantemente sugam valor desses domínios ao mesmo tempo que negam que tais domínios tenham algum valor. O desfecho é que os capitalistas supõem a disponibilidade, que é qualquer coisa menos infinita, da reprodução social, do poder público e dos insumos naturais. Tratando essas coisas como brindes gratuitos, não se preocupam em repô-los e acabam com os próprios insumos dos quais dependem.

Aqui estão meus três "dês": *divisão*, *dependência* e *denegação*. Quando os combinamos, chegamos a uma tempestade perfeita de instabilidade potencial, que se encontra profundamente arraigada na estrutura capitalista. Poderíamos resumir tudo num quarto "D", isto é, que a sociedade capitalista tem uma propensão inerente à (auto)*desestabilização* em *todas as suas três* fronteiras constitutivas: produção/reprodução, política/economia, sociedade humana/natureza não humana. Todas elas, repito, representam tendências de crises específicas e inerentes ao capitalismo. O resultado é uma figura da sociedade capitalista que nos permite compreender suas tendências de crise de um modo que não é "ético" no sentido problemático (de acordo com o qual uma contradição consiste em não ser capaz de tratar algo do modo que natureza essencial exige).

Agora, contraponha isso ao argumento de Habermas em *Teoria da ação comunicativa*, acerca da colonização do mundo da vida. A tese dele se ancorava na ideia de que havia atividades designadas ao mundo da vida que, por sua própria natureza, tinham de ser tratadas de forma comunicativa e de que elas são necessariamente deformadas quando a sociedade capitalista administrada pelo Estado as comodifica ou juridifica. Em alguns casos, Habermas chamou o resultado de "crise", porém com mais frequência se referiu a "patologias". Essa terminologia diz muito. Falar de patologia implica a visão substantiva-essencialista segundo a qual as disfunções surgem quando algo é tratado de um modo que viola sua natureza. Falar de crise, ao contrário, é estrutural. Uma formação social é propensa à crise, a meu ver, quando sua estrutura e suas dinâmicas desestabilizam suas próprias condições de possibilidade. Essa formulação evita afirmações eticamente profundas sobre a natureza essencial disso ou daquilo. Essa é uma ideia muito mais fraca e estrutural.

Como último aspecto, quero enfatizar que neste ponto estamos falando de *tendências* de crise, e não de crises inteiramente desenvolvidas. Trata-se de uma distinção muito importante, a qual devemos a Marx, que foi cuidadoso ao insistir que as tendências de crise nem sempre se manifestam em crises agudas reais.

Teoria universal da história

Jaeggi: Sou muito simpática a sua ideia de "denegação", que poderia ser facilmente recontada de um modo hegeliano-marxiano. Afinal, foi Hegel que explicitou como a sociedade burguesa faz com que indivíduos se tornem independentes uns dos outros e os liberta de certos vínculos tradicionais, mas, ao mesmo tempo, torna determinadas dependências ainda mais fortes. Ao serem atomizados, todos dependem de certos tipos de infraestrutura como o mercado, o que ironicamente leva a uma condição em que todos dependem de todos *ainda mais* do que em comunidades tradicionais. Então, a sociedade burguesa seria, para parafrasear Marx, uma *Zusammenhang der Zusammenhanglosigkeit* [uma relação de ausência de relação] – uma conexão de desconexão ou um contexto de descontexto. A ideia de que há algum tipo de conexão e dependência que é ao mesmo tempo negada também é central à minha abordagem. Por isso, sou inteiramente a favor da concepção formal que você parece buscar, porque não acredito que uma concepção ética robusta fará o serviço nem que uma concepção essencialista das várias esferas da vida social vá nos ajudar.

Ainda assim, eu gostaria de pressionar um pouco mais: se a "denegação" das relações de dependência entre esferas institucionalizadas é algo tão característico para instituições e práticas sociais em sociedades capitalistas, o próximo passo seria explicitar por que essa denegação é tão problemática. Você poderia dizer que sempre há algo que negamos ou não vemos, de um modo ou de outro. Pode até mesmo haver razões para sustentar que certas denegações ou invisibilidades são "necessárias". Por que isso seria problemático?

Eu estava pensando nessas diferentes esferas e no capitalismo como um tipo de *Gestalt* – que há uma "forma" que o capitalismo confere a essas esferas. Essas separações são específicas do capitalismo; política e economia estavam entrelaçadas de um modo distinto em sociedades pré-capitalistas ou pré-modernas, como o estavam as relações familiares, pessoais, e assim por diante. Além disso há uma perspectiva com base na qual podemos defender que o tipo de diferenciação de esferas que o capitalismo institucionalizou é um tipo de solução para algum conjunto preexistente de problemas. Havia uma dinâmica que resultou das sociedades feudais, e em certo ponto houve a necessidade de instituir uma separação, por exemplo, entre política e economia. Ou, senão uma "necessidade", houve precondições para um desenvolvimento maior que requeria um novo conjunto de relações entre essas várias atividades. Afinal, é muito difícil imaginar uma sociedade industrial baseada na ideia feudal do doméstico ou da "grande corrente do ser". Alguém pode ver essas separações, assim como a diferenciação entre as esferas da política e da economia que encontramos no capitalismo, como uma resposta a algum conjunto prévio de problemas ou crises, da mesma forma que vemos esses regimes no capitalismo surgirem com soluções para problemas advindos dessa separação. Essa seria minha perspectiva.

Fraser: Quero destacar dois pontos. Primeiro, não estou dizendo que a denegação é sempre necessariamente problemática, mas sustento que, quando ela é colocada junto dos outros dois "dês" (divisão e dependência), como o capitalismo faz, se está pedindo para ter problemas. A conjunção geral é que é problemática – porque, como eu disse, é autodesestabilizadora, instala um conjunto de tendências de crise na estrutura profunda da sociedade capitalista.

Segundo, sou simpática a sua sugestão de que a peculiar topografia institucional do capitalismo pode ser vista como solução para uma crise geral de uma sociedade (pré-capitalista) precedente, ao menos na Europa. Alguns historiadores (marxistas e não marxistas) tentaram explicitar essa ideia, mas eu diria que essa afirmação só faz sentido como uma reconstrução retrospectiva e seria cautelosa com esforços para generalizá-la numa história universal ou numa grande narrativa que visa a estabelecer, de uma vez por todas, as tendências de crise da sociedade humana como tal. Há teóricos sociais que tentaram fazer isso, mas não sou um deles.

Jaeggi: Também não estou desenvolvendo uma concepção substantiva de história humana, contudo estou interessada no fundamento conceitual e teórico, bem como na *teoria* geral da história, da sociedade e da ação humana em jogo. A tarefa de repensar o materialismo histórico ao mesmo tempo que se rejeita, suas versões deterministas, excessivamente simples, parece valer a pena. Essa abordagem de resolução de problemas que sugiro é uma tentativa bastante geral de compreender as dinâmicas das sociedades humanas, um tipo de versão pragmática do materialismo histórico. A existência da crise e uma compreensão da história nos termos de uma dinâmica regida por crises se aplicaria, então, à história (humana) como tal, não apenas ao capitalismo. O capitalismo e suas crises são um caso especial e, talvez, um exemplo de dinâmica distorcida.

Para o materialismo histórico de Marx, o desenvolvimento histórico é todo ele regido por crises, mas assume uma forma contraditória uma vez que chegamos ao capitalismo. Compreender as dinâmicas históricas mais amplas, tal como são regidas pelas necessidades materiais da reprodução social – necessidades que são, simultaneamente, necessidades sociais histórica e normativamente imbuídas –, ainda parece crucial para compreender processos de transformação social. Ao mesmo tempo, voltando aos critérios normativos da crítica, esse parece ser um modo de evitar abordagens normativistas, por um lado, e contextualistas ou relativistas, por outro[38].

Fraser: É possível. Há passagens em Marx que parecem postular uma filosofia universalista da história, centrada nas forças e relações de produção e assim por diante. Não gosto tanto desse lado do Marx. Acho que ele se sai melhor enquanto teórico crítico, analista e elaborador de diagnósticos, que nos revela as tendências de crise inerentes ao *capitalismo*. Então, vou alegar desconhecimento dessas outras fases da história. Por uma variedade de razões, pode valer a pena reconstruir uma teoria mais ampla da história em grande escala, mas, mesmo sem tal teoria, ainda acho que podemos dizer algo bastante interessante sobre os modos pelos quais as sociedades capitalistas têm as próprias tendências de crise, específicas, profundas ou inerentes.

Todo regime de acumulação na história do capitalismo precisa lidar, de um modo ou de outro, com as tensões entre economia e política, produção e reprodução, sociedade humana e natureza não humana, as quais são inerentes ao sistema. Se um regime tem qualquer poder de conservação – qualquer capacidade de se manter historicamente por um período de tempo –, é porque encontrou formas de suavizar ou de tornar mais sutis essas contradições. Talvez, em alguns momentos, tenha até encontrado formas de tirar algo de positivo dessas tensões – de "fazer limonada com os limões". Ainda assim, essas "soluções" são necessariamente provisórias. Elas não superam definitivamente as contradições, que permanecem constitutivas da sociedade capitalista.

---

[38] Rahel Jaeggi, "'Resistance to the Perpetual Danger of Relapse': Moral Progress and Social Change", em *From Alienation to Forms of Life: The Critical Theory of Rahel Jaeggi* (org. Amy Allen e Eduardo Mendieta, University Park, Penn State University Press, 2018).

Você disse que o dinamismo inerente ao capitalismo garante que ele não se reproduza apenas de forma estática ao longo do tempo. Pelo contrário, ele libera regularmente novas energias e formas de vida. Concordo. E acrescentaria que ele faz isso de modos que tendem a criar, no decorrer do tempo, novas tensões ao longo das linhas institucionais falhas que diagnostiquei. O efeito é criar sofrimento para aqueles que vivem na sociedade capitalista e incitá-los a se engajar em lutas de fronteira. Nem o sofrimento nem as lutas são de todo contingentes. Pelo contrário, são respostas a dinâmicas estruturais profundas.

Bloqueios e processos de aprendizagem

Jaeggi: De novo, eu pressionaria um pouco mais no que diz respeito às fundações normativas, mas não normativistas, de nossa crítica. Eu diria que o que faz com que esse tipo de denegação seja problemático é o seu modo de levar a bloqueios de experiência. Ele bloqueia processos de aprendizagem – prejudica nossa capacidade de criar soluções adequadas a certos tipos de crise, porque bloqueia os recursos de que precisamos para experienciar nossa situação de um modo rico o bastante para compreendermos os problemas que confrontamos[39]. Nós duas conhecemos o ensaio de 1970 de Alisdair MacIntyre sobre "crises epistemológicas e narrativa", no qual se fala sobre como a racionalidade da história sempre é construída "retrospectivamente"[40]. Há uma versão, um tanto deflacionada, de uma teoria materialista que poderíamos recuperar por meio dessa ideia de narrativas retrospectivas de resolução de problemas, que pode servir como alternativa entre uma concepção ultraessencialista e uma superficial, incapaz de localizar crises profundas. Em outras palavras, se você fosse elaborar uma narrativa e reconstruir a história da resolução de problemas olhando para essas questões de segunda ordem acerca de recursos, como forma de conceitualizar e compreender esses problemas (como sugeri em meu livro sobre formas de vida), poderíamos ter critérios para julgar se certas soluções e certos modos de compreender ou reagir à crise são ou não adequados. Isso seria relativo ao caráter dessas esferas, caráter que não é ético nem diz respeito a uma vida boa de um modo descontextualizado ou em sentido aristotélico, mas que fundamentaria nossos juízos normativos sobre as dinâmicas que observamos, isto é, juízos sobre sua racionalidade ou irracionalidade. Poderíamos explicitar, por exemplo, como o regime do capitalismo liberal concorrencial foi uma resposta a problemas anteriores que estabilizou a situação por um tempo, o que de fato ocorreu. Devemos também ser capazes

---

[39] Para uma concepção completa das dinâmicas sociais de processos de aprendizagem, ver Rahel Jaeggi, *Critique of Forms of Life*, cit.

[40] Alasdair MacIntyre, "Epistemological Crises, Dramatic Narrative, and the Philosophy of Science", *The Monist*, v. 60, n. 4, 1977, p. 453-72.

de acessar retrospectivamente por que essa solução ainda se baseou num bloqueio característico da experiência, uma denegação característica do tipo de conexão que essas esferas institucionalizam no capitalismo. Esse é o esboço geral de como esse modo alternativo de raciocinar criaria fundações normativas para a crítica e critérios para avaliar como lutas sociais podem ser adequadas ou inadequadas frente à crise.

Fraser: Isso é bastante interessante. Você evidenciou uma questão importante: "Por que é problemático que o capitalismo denegue as relações de dependência que institucionaliza?". Sua resposta dá uma guinada um pouco diferente nessa problemática da denegação em comparação com a que dei e gostaria de dar. Não é que eu discorde de sua resposta, mas acredito que ela possa ser unilateral. A questão não é, em primeiro lugar, que a denegação nos impede de resolver problemas; ela *produz* problemas. Minha resposta à questão de por que a denegação da dependência é problemática é: porque leva a problemas estruturais. A denegação é, *ela mesma*, desestabilizadora; ela leva a uma mudança climática desenfreada, a esfacelamentos insanos do tempo que fazem com que pessoas sintam que têm de ordenhar leite materno enquanto estão dirigindo seus carros para o trabalho ou que têm de congelar seus óvulos enquanto investem em suas carreiras. Em outras palavras, a tríade de "dês" – divisão, dependência e denegação – é problemática por ser inerentemente desestabilizadora; ela assegura que o capitalismo sempre morda o próprio rabo. Essa é a "parte A" da minha resposta.

Há, todavia, uma "parte B", que concerne a sua afirmação de que a denegação das dependências bloqueia processos de aprendizagem. Estou supondo que, quando o lado estrutural se torna severo o bastante, aumentam as possibilidades de a denegação entrar em colapso. Nesses momentos, processos de aprendizagem se aceleram e se intensificam de tal forma que as pessoas começam a pensar que talvez os paradigmas estabelecidos não estejam aptos à tarefa. Em resumo, não sei se o capitalismo bloqueia processos de aprendizagem, mas estou certa de que bloqueia a implementação de soluções uma vez descobertas.

Jaeggi: Eu diria que bloquear processos de aprendizagem ou experienciais faz mais do que bloquear soluções, impedindo-nos até mesmo de compreender o problema. Bloquear a aprendizagem e a experiência torna inacessível todo um domínio de experiências sociais. Também devo deixar claro que não estou falando de processos individuais de aprendizagem ou só de processos coletivos de aprendizagem; eu os colocaria no nível estrutural ou sistêmico. Estou falando dos processos sistemáticos de aprendizagem pelos quais uma sociedade passa ou não. Mudança climática desenfreada e negação, resignação ao esfacelamento extremo do tempo – tudo isso seria relevante para aquilo que eu chamaria de processos de aprendizagem. Isso também poderia ser considerado como uma versão dinâmica da compreensão de certos tipos de disfuncionalidades, que diz respeito à capacidade de uma forma de vida conferir sentido às contradições colocadas pelas próprias práticas sociais e se transformar de acordo com elas.

Fraser: Bom, se é verdade que o capitalismo nos impede de aprender, estamos em apuros. Eu invocaria a ideia marxiana de que a "nova sociedade é gestada com a velha". Esse é um modo de dizer que a "aprendizagem" continua, apesar de tudo, ao menos por baixo da superfície. Isso, por sua vez, sugere para mim que a sociedade capitalista talvez ofereça bem mais aberturas para a crítica do que as que conseguimos ver.

De qualquer modo, a história da denegação no capitalismo precisa ter duas partes. A primeira deve nos esclarecer como a denegação da economia, frente a sua dependência das condições de fundo não econômicas, gera bloqueios objetivos como a mudança climática. A segunda deve esclarecer como essas denegações afetam nossas capacidades de interpretar e responder a esses bloqueios – ou, melhor, como afetam as capacidades de resolver problemas de pessoas situadas de maneiras diversas na sociedade capitalista, pois algumas pessoas entendem muito bem o que outras negam.

Jaeggi: Sou inteiramente a favor de bloqueios objetivos; foi apenas uma tentativa de oferecer uma resposta ao porquê de a denegação ser problemática. Se você quer incluir isso como um critério formal, tem de explicar o que há de errado com a denegação.

Fraser: Compreendo, mas me deixe esclarecer um ponto importante. Em sua forma capitalista, a denegação é problemática em função do lugar que ocupa num complexo mais amplo que desestabiliza as próprias condições de possibilidade. Além disso, a denegação no capitalismo está diretamente vinculada à "lei do valor", isto é, à necessidade que sua economia tem de "insumos" aos quais não atribui nenhum valor econômico e por cuja reprodução não paga. Essa é a forma *específica* da denegação *capitalista* (ou denegação-divisão-e-dependência) que faz com que essa forma de vida seja tão propensa à crise. Creio que concordamos a respeito disso!

Crises latentes e resolução de problemas

Jaeggi: Nós duas apoiamos uma abordagem baseada na crise e a ideia de desenvolver uma crítica da crise do capitalismo, mas temos de lidar com o problema de que não é tão fácil explicitar onde uma crise começa e onde termina a dinâmica "normal" de cada formação social em todas as sociedades.

Para mim, uma das coisas interessantes numa abordagem baseada na crise é que se pode elaborar a ideia de uma "crise latente", uma "crise em latência", ou "tendências de crise", sem ter de depender da imediaticidade de lutas sociais e conflitos que já tenham eclodido. É uma forma de teorizar conflitos e crises profundos que nos permite emitir juízos sobre a ordem social que não dependem superficialmente do surgimento de um movimento social em determinado ponto ou momento. Essa é uma clara vantagem de uma abordagem baseada na crise que distingue entre crises latentes e crises que já se encontram articuladas em lutas sociais e conflitos. A segunda vantagem é que, na medida em que tal abordagem é também uma versão da crítica imanente, ela transcende a distinção entre um modo de crítica apenas contextualista e outro, independente, que transcende o contexto. O momento da "crise" rompe com um quadro meramente interno, pois o que ocorre nesse momento não pode ser negado nem integrado num contexto ou num quadro. Podemos ou não concordar com certos conjuntos de normas, mas o fato de que, em determinando ponto, nossas práticas sociais e instituições se desintegram, colapsam, tornam-se disfuncionais ou não fazem mais sentido – mesmo que ainda seja uma questão de interpretação – não pode ser facilmente ignorado. Trata-se de um argumento moderadamente "realista", mas também pragmático, que se refere à ideia deweyana de que problemas e crises não podem ser inventados nem negados. Há disfuncionalidades reais e obstáculos em jogo, e a denegação aqui tem consequências reais. Assim como no exemplo de dar à luz e trocar as fraldas que você citou, há um senso de facticidade, de questão de fato, envolvido. Em certo sentido, portanto, a "crise" está localizada na fronteira entre o externo e o interno, entre o subjetivo e o objetivo e entre a perspectiva do observador e a do participante.

A referência a crises, entretanto, também levanta duas questões. A primeira, que acompanha algumas que já apresentamos, é saber quão "latente" uma crise pode ser. Se um regime é estável por mais de trezentos anos, como podemos ainda falar de crises e contradições profundas? Isso se relaciona com a questão acerca do papel que as lutas sociais ainda desempenham numa crítica da crise. Minha posição sobre isso incluiria um ponto que Anthony Giddens levantou sobre conflito e crise social, ao dizer que, em certo momento, a crise tem de se tornar manifesta, ser atualizada como conflito social[41]. De fato, pode-se aceitar que certos tipos de conflitos estejam "escondidos" – não plenamente articulados porque são suprimidos, obstruídos por problemas de ação coletiva ou, de outro modo, impedidos de se tornarem visíveis. Contudo, ainda temos de compreender como distinguir a dinâmica normal da sociedade capitalista de sua dinâmica de crise. Não é crível dizer: "Certo, de maneira superficial tudo parece estar bem – todos estão felizes e a economia funciona bem –, mas *nós* ainda vemos um conflito profundo e uma crise

---

[41] Anthony Giddens, *Central Problems in Social Theory: Action, Structure, and Contradiction in Social Analysis* (Londres, Macmillan Education, 1979), p. 131-64.

subjacente". A segunda questão diz respeito à direção normativa da dinâmica das crises. Mesmo se determinada crise irromper em conflito e levar a uma mudança radical, nem toda transformação é progressiva ou emancipatória. Estamos de volta, portanto, à questão da direção normativa da transformação social.

Fraser: Simpatizo com a motivação por trás de sua questão, a qual entendo como o problema de "Pedro e o lobo". Há um absurdo na postura daqueles que anunciam várias vezes o colapso iminente do capitalismo enquanto tudo segue exatamente como antes. Você está absolutamente certa ao desconfiar de um diagnóstico da crise que permanece teórico e nunca se manifesta abertamente. Então, concordo com a ideia de Giddens de que, em algum ponto, uma tendência de crise tem de se tornar ato ou se expressar numa crise manifesta e em alguma forma de conflito social.

Por outro lado, tenho de dizer que a objeção é muito "teórica". Afinal, não é que os últimos quatrocentos anos de capitalismo tenham sido tranquilos e livres de crise. Eu insistiria que há muita evidência empírica histórica de que o capitalismo é inerentemente propenso à crise e vem sendo experienciado como tal. Então, eu colocaria o problema de outra maneira. A questão não é a realidade da crise capitalista, e sim a capacidade do capitalismo de resolver suas crises (ao menos temporariamente) reinventando-se de formas novas todas as vezes. Esse é, a meu ver, um problema muito mais sério para a teoria crítica do que a preocupação de que as tendências de crise permanecerão latentes para sempre.

De todo modo, se queremos esclarecer a gramática geral do conceito de crise, eu retornaria à distinção que você acabou de mencionar entre a perspectiva do *observador* e a do *participante*. Estou feliz que você tenha mencionado o ensaio de MacIntyre, que desempenhou papel importante em minha tese de doutorado, muitos anos atrás, ao me oferecer uma forma de pensar a perspectiva do observador que não é externa da história e que pode, portanto, ser vinculada à perspectiva do participante. Aplicada a nosso problema, podemos dizer que há algo de inerentemente retrospectivo no processo de compreensão da dinâmica da crise. Olhando para trás, com o benefício da visão retrospectiva, podemos ver que houve um regime, que ele entrou em crise, que um novo regime se desenvolveu e substituiu o velho, oferecendo um modo mais ou menos bem-sucedido de lidar com os problemas que seu predecessor foi incapaz de solucionar.

Essa concepção macintyriana combina muito bem com uma ideia que compartilhamos, de acordo com a qual um regime gera problemas que é incapaz de solucionar e que podem se acumular até o ponto de crise, tanto estrutural quanto vivida. A questão é, então, se e como as lutas sociais que surgem como resposta à crise podem, com o tempo, se desenvolver com amplitude e visão para forjar um projeto contra-hegemônico capaz de transformar a sociedade e resolver os problemas existentes de um modo bem-sucedido. Concordo com MacIntyre que só descobrimos a resposta retrospectivamente, por meio de nossa habilidade de narrar a transformação histórica como um caso bem-sucedido de resolução de problemas. Essa é, primordialmente, uma questão de conferir inteligibilidade às transformações sociais. Supomos que haja uma possibilidade de inteligibilidade retrospectiva por meio desse tipo de narração, mesmo que não seja possível "saber" definitivamente com antecedência. Creio que tenhamos chegado a um modelo bem-sucedido de inteligibilidade da história no Capítulo 2, ao narrarmos a história do capitalismo como uma sequência de regimes de acumulação que possui uma trajetória. Nessa concepção, cada regime esbarrou em problemas que não conseguiu resolver, gerando formas de conflito social que se juntaram de tal modo que deram origem a um novo regime.

Trata-se, claro, de uma história estilizada. Como teóricas críticas, não estamos agora interessadas no passado como "de fato foi" (*wie es eigentlich gewesen*). O que queremos é, sim, uma narrativa histórica mais ampla, que nos oriente no presente – uma narrativa que esclareça como chegamos aqui, o que estamos enfrentando, para onde queremos ir e como podemos, de fato, chegar lá. Estamos situadas, como Arendt afirmou, "entre passado e futuro". Aqui, portanto, a perspectiva do observador se dissolve na do participante e leva, por vezes, à questão das lutas sociais. E temos de ser cuidadosas ao pensarmos como os participantes invocam o termo "crise"[42], que está disponível e é amplamente utilizado, muito graças a Marx, mas também de forma vaga. Ouvimos, por exemplo, sobre uma "crise do doping" no esporte internacional, porém esse não é o conceito de crise que temos em mente. Temos de distinguir entre uma conversa vaga sobre crise e aquele tipo que nos interessa, que é quando atores sociais passam a acreditar não só que as coisas estarão mal, mas que a forma atual de organização é incapaz de consertá-las – e que eles têm a capacidade e a responsabilidade de alterá-las. Houve períodos históricos nos quais muitos atores sociais chegaram a essa visão. Aqueles tempos foram, sem dúvida, caóticos, turbulentos, com diagnósticos em competição e ideias programáticas conflitantes, incluindo as daqueles que buscavam defender a ordem vacilante. Em situações como essas, não estamos mais perante insatisfações e conflitos "normais", mas diante de uma "crise" no sentido enfático.

Devemos também retornar à ideia de uma "crise geral", que introduzi no Capítulo 2. Quando muitas vertentes e interpretações diferentes da crise convergem, faz sentido falar de uma crise geral da ordem social. Nesse caso, o que enfrentamos não é nem "meramente" uma crise econômica, nem uma crise ecológica, nem uma crise política ou social, por mais séria que cada uma delas possa ser em si e por si

---

[42] Brian Milstein, "Thinking Politically about Crisis: A Pragmatist Perspective", *European Journal of Political Theory*, v. 14, n. 2, 2015, p. 141-60.

mesma. Trata-se, em realidade, de um "complexo de crise" abrangente, no qual todas essas vertentes se juntam.

Mais uma vez, no entanto, temos de qualificar o argumento. É inteiramente possível, afinal, que as pessoas pensem que estão nesse tipo de crise, quando na verdade a ordem social prova ser capaz de resolvê-la. Nesse caso, parece que atores sociais julgaram errado sua situação. E o inverso também é possível. As pessoas podem não achar que estão numa crise – acreditando, por exemplo, que a mudança climática pode ser evitada como o mercado de carbono. E também estas podem estar erradas, mesmo que quase todo mundo acredite nisso naquele momento.

Temos, portanto, de problematizar as expressões "todo mundo" e "quase todo mundo", considerando quão difundida é a crença na crise e quais setores da sociedade a sustentam. Sempre há dissenso na sociedade, mas a questão crucial é se o dissenso se acumula, junta-se e é elevado ao nível de uma *crise da hegemonia*. Nesse caso, uma crise sistêmica objetiva se associa a uma de legitimação, na qual os participantes passam a acreditar que não podem, não vão e/ou não querem ir na mesma direção; que não têm confiança no modo remendo de resolver conflitos e estão buscando uma transformação estrutural profunda.

Jaeggi: Mais uma vez, com MacIntyre, há o curso "normal" da resolução de problemas e a "crise epistemológica", uma situação na qual o próprio quadro desaba. A última clama por modos de transformação mais radicais, mas ambos os casos envolvem dinâmicas de crise e de resolução de problemas. Você, é claro, faz uma contraposição análoga utilizando a distinção de Rorty entre "normal" e "anormal"[43]. No entanto, meu argumento é que mesmo a revolução mais radical é uma descontinuidade *no interior* da continuidade, porque nem a mudança radical vem do nada, mas é ocasionada pela crise *no interior* da história. No que tange à direção normativa dessas transformações, eu defenderia que transformações emancipatórias são aquelas que fornecem uma resposta adequada e, portanto, não regressiva aos problemas expostos e às crises sofridas. Admito que isso soa um tanto formalista, e teríamos de explicitar critérios para soluções adequadas *versus* inadequadas para uma crise. Isso, porém, já nos leva ao próximo capítulo.

---

[43] Nancy Fraser, "Abnormal Justice", *Critical Inquiry*, v. 34, n. 3, 2008, p. 393-422.

IV
Contestando o capitalismo

Lutas de classe e lutas de fronteira

Rahel Jaeggi: Vamos conversar sobre as consequências de nossa visão mais ampla do capitalismo no que concerne à questão das lutas sociais. A ideia marxista tradicional era que, na sociedade capitalista, a *luta de classes* era a forma de conflito mais característica e potencialmente emancipatória. Essa ideia estava baseada numa concepção da história e de como o capitalismo organizava. Você argumentou que hoje somos confrontados com *lutas de fronteira*, uma visão que decorre de sua concepção mais ampla do capitalismo como ordem social institucionalizada. De que maneira lutas de fronteira se relacionam com a ideia de luta de classes?

Nancy Fraser: É verdade que minha visão do capitalismo implica uma concepção de luta social diferente daquela que é amplamente associada ao marxismo. Ao conceber o capitalismo como algo mais abrangente do que um sistema econômico, essa concepção torna visível e inteligível um espectro mais amplo de contestação social do que os paradigmas ortodoxos. Deixe-me mencionar três modos específicos em que a visão do capitalismo como ordem social institucionalizada enriquece nossa compreensão da luta social.

Primeiro, essa visão revela quais são, na sociedade capitalista, as bases estruturais dos eixos de dominação que não o da classe. Vimos, por exemplo, que a dominação de gênero está inscrita na separação institucional entre produção e reprodução, bem como que a dominação nos eixos de raça, nacionalidade e cidadania está inscrita em suas separações entre exploração e expropriação e entre centro e periferia. Isso ajuda a explicar por que as lutas em torno desses eixos surgem muitas vezes no curso do desenvolvimento capitalista. Isso só pode aparecer como um mistério para abordagens que equiparam o capitalismo a sua economia oficial e identificam sua injustiça primária com a exploração do trabalho assalariado pelo capital. O mistério se dissolve, porém, quando o capitalismo é visto como ordem social institucionalizada fundamentada em divisões entre primeiro plano/plano de fundo. Vistas desse modo, as lutas contra o racismo, o imperialismo e o sexismo respondem a formas de dominação tão reais, injustas e profundamente arraigadas na sociedade capitalista quanto aquelas que dão origem às lutas de classe. Respostas perfeitamente inteligíveis a danos estruturais, elas não são expressões de "contradições secundárias" nem corporificações da "falsa consciência". Então, esse é o primeiro modo pelo qual minha perspectiva expande nossa caracterização da luta social na sociedade capitalista, isto é, revela a importância de lutas em torno dos eixos de dominação que não o da classe.

Essa ideia, contudo, se torna mais complexa por uma segunda, que coloca em dúvida a definição padrão de "luta de classes". Para marxistas ortodoxos, essa luta está centrada no conflito entre trabalho e capital, em que o trabalho é reduzido ao trabalho assalariado, sobretudo nas dependências de fábricas industriais. Aqueles que fazem esse trabalho aparecem, assim como os capitalistas que os empregam, como protagonistas paradigmáticos da luta de classes. O lugar icônico dessa luta é "o ponto da produção", em que os dois lados se encontram face a face. Acredita-se que as lutas originadas ali nutram a mais avançada consciência de classe e sejam as que têm mais chances de se tornar revolucionárias. Em tese, elas representam o mais profundo desafio ao capitalismo e têm o maior potencial de transformação social emancipatória.

Tomo essa visão da luta de classes como problemática, porque exclui as lutas em torno do trabalho não assalariado e expropriado. As últimas não são consideradas lutas de classes, assim como aqueles que desempenham tal trabalho não são tidos como "trabalhadores". A meu ver, em contraposição, aos "terrenos ocultos" que dão sustentação ao trabalho assalariado são domínios de trabalho socialmente necessário, ao mesmo tempo que as pessoas sem posses empregadas nesses domínios são "trabalhadores" cujas lutas deveriam ser consideradas como lutas de classe. Isso vale para aqueles que repõem e reproduzem a força de trabalho da qual a exploração depende, para aqueles que cultivam recursos confiscados e direcionados para a acumulação e para aqueles que sustentam hábitats e naturezas históricas dos quais depende a produção de mercadorias. De fato, suas lutas muitas vezes ocorrem longe do ponto da produção e são tipicamente moldadas por outros eixos de dominação, incluindo gênero e raça. No entanto, frequentemente são dirigidas contra parcelas da classe capitalista e de seus agentes políticos e dizem respeito a processos que contribuem, ao menos de forma indireta, para a acumulação do mais-valor. Concebido de forma ampla, o capitalismo abarca uma visão expandida da "classe trabalhadora" e uma compreensão alargada de "luta de classes".

Minha visão também alarga, de um terceiro modo, nossa visão da luta de classes na sociedade capitalista. Inspirada em parte pelo pensamento de Polanyi, ela trata as fronteiras institucionais constitutivas do capitalismo como prováveis lugares e temas de luta. O que denominei de "lutas de fronteira" não emerge de "dentro" da economia, mas nos pontos em que a produção encontra a reprodução, a economia encontra a política e a sociedade humana encontra a natureza não humana. Como focos de contradição e potencial crise, essas fronteiras são tanto lugares como temas de lutas; são, ao mesmo tempo, localizações onde o conflito emerge e objetos de contestação. Não é surpresa, então, que lutas em torno da natureza, da reprodução social e do poder público surjam tão regularmente no curso do desenvolvimento capitalista. Longe de serem um constrangimento teórico, estão ancoradas na estrutura institucional da sociedade capitalista – tão profundamente ancoradas quanto as lutas de classe em sentido limitado, de modo que não podem ser negligenciadas como secundárias ou superestruturais.

Em todos esses três aspectos, portanto, uma visão expandida do capitalismo implica uma visão expandida da luta social na sociedade capitalista. Esse ponto tem uma importância prática muito grande. Por um lado, devemos esperar encontrar formas múltiplas de conflitos sociais estruturalmente ancorados que representam, ao menos em princípio, respostas pertinentes à crise do capitalismo e são potenciais fontes de transformação. Por outro lado, as lutas em questão são heterogêneas e não se harmonizam nem convergem automaticamente numa trajetória única, como a luta de classes supostamente faria na visão ortodoxa. Falando de um ponto de vista prático, portanto, minha visão do capitalismo oferece perspectivas expandidas e desafios intensificados.

Jaeggi: O conceito de "lutas de fronteira" me parece produtivo, e considero fascinante todo esse quadro que você apresenta. Ainda estou tentando entender, entretanto, se ele corresponde a uma *adição à* ou a uma *substituição da* luta de classes. Certas vertentes na primeira teoria crítica sugeriram essa última noção – desistindo, por assim dizer, do proletariado como motor da história –, embora tenha permanecido em aberto quem tomaria seu lugar. (Marcuse, com seu foco nas novas necessidades e nos grupos marginalizados, era o único que tinha em mente um novo sujeito revolucionário.)[1] De qualquer modo, é claro que você não é favorável a esse gesto. Então, qual é a relação entre lutas de fronteira e luta de classes em sua concepção? Seria a luta de classes uma forma de luta de fronteira? Seriam as lutas de fronteira um tipo de luta de classes?

Fraser: Segue-se daquilo que eu disse, que as lutas de fronteira não são nem adições nem substituições das lutas de classe em sentido limitado. Pelo contrário, esse conceito pertence ao mesmo quadro conceitual que a visão expandida da luta de classes

---

[1] Herbert Marcuse, *An Essay on Liberation* (Boston, Beacon, 2000 [1969]).

que esbocei há pouco, que também abarca lutas em torno do trabalho não assalariado e expropriado, incluindo a reprodução social, e em torno das condições naturais e políticas que lhe dão sustentação. Lutas de fronteira se sobrepõem e se entrelaçam com as lutas de classe nesse sentido expandido, assim como se sobrepõem e se entrelaçam com lutas de gênero e com lutas em torno da opressão racial e da predação imperial. Na verdade, eu diria que a distinção é, em grande medida, uma questão de perspectiva. Usar a expressão "lutas de fronteira" é enfatizar como o conflito social se centra em (e contesta as) separações institucionais do capitalismo. Utilizar o conceito (expandido) de luta de classes é, por contraste, enfatizar as divisões de grupo e as assimetrias de poder correlatas a essas separações. Em muitos casos, senão em todos, uma mesma luta social pode ser vista produtivamente das duas perspectivas. Na verdade, eu diria que, em tais casos, ela *deveria* ser vista das duas perspectivas. Vê-la exclusivamente pelas lentes da classe (ou mesmo das de gênero ou de raça) é não enxergar as características estruturais-institucionais subjacentes das sociedades capitalistas, com as quais a dominação está entrelaçada e por meio das quais é organizada. Mas o inverso também é verdadeiro. Ver tal luta apenas da perspectiva de fronteira é não enxergar as linhas sociais problemáticas e as relações de dominação originadas por essas divisões institucionais.

Ou seja, a distinção entre lutas de classe e lutas de fronteira é analítica. No mundo real, muitos conflitos sociais contêm elementos de ambas. Para compreendê-las adequadamente, teóricos críticos têm de levar as duas perspectivas em conta, perguntando-se se as duas divisões, fronteira e classe (ou gênero ou raça), estão operando. Em caso afirmativo, os participantes reconhecem e tematizam os dois aspectos? Ou se concentram exclusivamente em um – enfatizando, por exemplo, os elementos de classe (ou de gênero ou de raça) e passando por cima dos de fronteira, ou vice-versa? Esses dois elementos estão em tensão um com o outro, ou estão harmonizados? Quando olhamos para as lutas desse modo biperspectivo, ganhamos acesso a todo um novo conjunto de questões, que nos permitem examinar "as lutas e os desejos de nossa época" de modo mais profundo e crítico.

Vamos nos lembrar de nossa discussão, no Capítulo 2, sobre as lutas em torno da reprodução social. Lá, falamos da tendência da primeira industrialização capitalista de minar as possibilidades da vida familiar, da solução provisória oferecida pela social-democracia e do desdobramento desta no capitalismo financeirizado contemporâneo. Em cada estágio, a fronteira que divide a reprodução social da produção econômica emergiu como o principal local e como tema central da luta social. A contestação, em cada fase, se encaixa diretamente na categoria de lutas de fronteira. Contudo, essas lutas se interseccionam com e são sobredeterminadas pelas linhas divisórias de raça/etnia, gênero e classe, agora compreendidas em sentido mais amplo.

Esse é claramente o caso hoje. Na presente conjuntura, encontramos ao menos duas respostas distintas ao enfraquecimento da fronteira entre reprodução social e produção econômica, empreendido pelo capitalismo financeirizado. De um dos lados do espectro, encontramos as respostas das classes pobres e trabalhadoras, que se viram o quanto podem para cuidar de suas famílias nos interstícios, enquanto trabalham longas horas em múltiplos McEmpregos mal remunerados. Alguns deles ingressaram em movimentos populistas que prometem protegê-los de uma máquina social que engole seu tempo, suas energias e sua capacidade de manter conexões sociais e de reproduzir uma vida comum que podem reconhecer como boa – ou mesmo como humana. Do outro lado, encontramos as respostas do estrato profissional-gerencial, que corporificam a variante afluente da família com dois assalariados, na qual mulheres qualificadas seguem profissões que exigem muito, enquanto repassam seu tradicional trabalho de cuidado para imigrantes mal remuneradas ou minorias raciais/étnicas. O resultado, como eu disse, é uma organização dual da reprodução social: mercantilizada para quem pode pagar por ela e privada para quem não pode, com algumas pessoas no último grupo realizando-a para as do primeiro, por salários bastante baixos. Aquelas no polo de cima movem sua vida mais para o lado econômico da fronteira – o do trabalho remunerado –, ao passo que as no polo de baixo passam suas responsabilidades mais para redes de parentesco e comunitárias, ou seja, para o lado não remunerado. Nos dois polos, emergem lutas em torno de e nas fronteiras que separam sociedade, mercado e Estado. Essas lutas são sobredeterminadas por questões de classe. Sob as condições corretas, a dimensão de classe poderia se tornar explícita, revelando a imbricação de lutas de classe com lutas de fronteira. Em princípio, é assim que as coisas deveriam ser. Na verdade, eu diria que há algo errado se uma luta com uma clara dimensão de classe não for politizada nesses termos. Aspectos importantes da situação são distorcidos ou suprimidos se a dimensão de classe não se tornar explícita.

Jaeggi: Isso levanta a possibilidade de que movimentos sociais emerjam, mas não consigam lidar com esses tipos de tensão e contradição com um vocabulário adequado. Você diria que todos esses conflitos e todas essas contradições *têm de* ser expressados como lutas de classe para que sejam expressos de forma correta?

Fraser: Minha resposta é "sim" e "não". Quando o elemento de classe das lutas é suprimido – digamos, por algo na cultura política predominante – e não se torna seu foco explícito, há algo errado. Entre outras coisas, isso abre a porta para bodes expiatórios e outras formas regressivas de expressão política. Ainda assim, não significa que toda luta social tenha de ser expressa *apenas* ou *acima de tudo* como uma luta de classes – ao menos não no sentido limitado e ortodoxo.

No exemplo que discutimos há pouco, o elemento de classe está profundamente entrelaçado com um forte componente de gênero. Como sabemos, a divisão capitalista entre produção e reprodução é historicamente marcada por gênero, e as consequências negativas dessa divisão por gênero não desapareceram; pelo contrário, foram remodeladas em diferentes períodos da história do capitalismo. Essa divisão também é atravessada pelas dimensões de raça, etnia e nacionalidade, uma vez que são geralmente imigrantes e pessoas não brancas os sobrecarregados com o trabalho de cuidado precário e mal remunerado que, antes, era responsabilidade não remunerada da mulher branca de classe média. No entanto, dizer que o problema tem um elemento crucial de classe não significa voltar a uma visão excessivamente simplificada de que a classe é o problema "real", enquanto raça e gênero são epifenômenos. Pelo contrário, eu insistiria também no inverso do que acabei de dizer sobre classe: quando as dimensões de gênero e as raciais/étnicas/nacionais são suprimidas, algo deu muito errado.

Jaeggi: Parece haver dimensões nas lutas de fronteira que não têm como ser abarcadas pelo vocabulário da classe, haja vista que não faria sentido traduzi-las como luta de classes.

Fraser: Bom, como eu disse há pouco, a dominação de gênero e a racial/étnica são tão difusas e arraigadas na sociedade capitalista quanto a de classe. Então, deveríamos expandir sua questão para abarcar também essas linhas sociais problemáticas. De qualquer modo, vou responder retornando à discussão do Capítulo 3 sobre a necessidade de integrar vários gêneros diferentes de crítica. A implicação lá era a de que havia razões múltiplas e sobredeterminadas para criticar as principais separações institucionalizadas do capitalismo, razões que corporificam todas as várias vertentes de crítica que discutimos naquele capítulo. Um dos motivos que sublinhei diz respeito diretamente à classe, ou seja, o capitalismo tem estruturas de dominação normativamente injustificáveis em torno de linhas de classe, mas também em torno de outros eixos que se cruzam: gênero, raça/etnia, nacionalidade. Essa era a crítica "moral" do capitalismo, que tem como alvo seu inerente caráter injusto ou incorreto. As outras duas razões que dei não dizem respeito diretamente à classe nem a quaisquer outras relações de dominação. Primeiro, o modo capitalista de organizar a vida social é inerentemente propenso à crise em várias dimensões: ecológica, econômica, política e social. Essa é a chamada crítica funcionalista. Segundo, o capitalismo sujeita todos, não apenas os dominados, à força cega e coercitiva da lei do valor, privando todos nós de nossa liberdade para organizar as atividades da vida e estabelecer conscientemente as conexões com as gerações passadas e futuras e com a natureza não humana. Essa é a crítica baseada na "liberdade".

Como eu disse, nem a crítica funcionalista nem a calcada na liberdade dizem respeito explicitamente à classe – nem, no que se refere a isso, à raça e ao gênero. Crise e heteronomia afetam todos. Ainda assim, carregam dimensões de classe –

mas também de raça e gênero. A expressão mais aguda da crise recai de modo desproporcional sobre as classes pobres e trabalhadoras, em especial sobre mulheres e pessoas não brancas. Essas populações são as mais prejudicadas pela negação da autonomia coletiva. Isso sugere, para mim, que, embora as três críticas sejam analiticamente distintas, na realidade social, as condições visadas por elas estão inteiramente interligadas. Falando de um ponto de vista prático, a questão da injustiça de classe não pode ser de todo separada das questões da crise e da liberdade. Tudo precisa ser abordado junto, assim como os outros eixos de injustiça do capitalismo, incluindo gênero, raça/etnia e imperialismo.

Jaeggi: Nós duas rejeitamos uma concepção "essencialista" das fronteiras, por meio da qual algum critério dado, como "as condições da natureza humana", poderia ser usado para ditar como as várias esferas devem ser separadas ou relacionadas uma a outra e para delimitar o domínio adequado de cada uma delas. No entanto, se rejeitamos a versão essencialista, isso não significa que mesmo uma "sociedade sem classes" (caso chegássemos a uma) ainda teria conflitos políticos legítimos em andamento a respeito das fronteiras? Esses conflitos podem ocorrer sob diferentes condições, mas parece que uma parte daquilo que significa viver numa sociedade democrática ainda seria ter de negociar e renegociar constantemente essas fronteiras, mesmo que os conflitos de classe tivessem sido resolvidos.

Fraser: Concordo que uma sociedade democrática e sem classes não seria uma sociedade sem tensões, desacordos ou conflitos. Eu acrescentaria que tal sociedade forneceria a seus integrantes muitas questões sobre as quais discordar – por exemplo, nossa relação com a natureza não humana, a organização do trabalho, sua relação com a família, com a vida em comunidade e com a organização política (local, nacional, regional e global). Na verdade, tais desacordos seriam mais explícitos do que são agora, porque esses assuntos seriam tratados como questões políticas, as quais seriam submetidas a resoluções democráticas, em vez de serem entregues de maneira furtiva ao capital e a "forças do mercado", que são protegidos do enfrentamento por fronteiras preexistentes e não negociáveis. E esse é o ponto. A estrutura institucional do capitalismo remove todas essas questões da contestação e da resolução democráticas. Mesmo naquelas ocasiões em que ela nos permite abordá-las, os termos do debate são muito distorcidos, contaminados por todas as linhas problemáticas de dominação que discutimos, para não mencionar as esferas públicas dominadas por uma mídia empresarial que visa ao lucro e pela entrada do dinheiro privado nas eleições. Então, uma alternativa pós-capitalista não levaria à eliminação de tal contestação (e, de fato, não deveria eliminá-la!); provavelmente a ampliaria, porém garantiria termos muito mais adequados para processar e resolver desacordos.

Isso, claro, ainda deixa em aberto a questão acerca de como deveria ser uma alternativa pós-capitalista. Várias vezes se diz, e eu concordo, que a teoria crítica não pode decidir isso previamente. Muitas das características específicas de uma "boa sociedade" têm de ser deixadas para a imaginação e os desejos dos participantes. Ainda assim, algumas coisas estão claras. Primeiro, nenhuma "solução" aceitável pode vir pelas costas de qualquer estrato identificável da população, seja ele definido por classe, raça/etnia, gênero, seja por qualquer outra relação arraigada de dominação.

Segundo, a relação entre economia/política é particularmente crucial e tem de ser considerada com nuance e cuidado. Precisamos assumir a famosa crítica de Marx a respeito de como essa divisão opera para proteger o capital numa sociedade burguesa. Tenho em mente seu ensaio *Sobre a questão judaica*, no qual ele critica uma emancipação "meramente política" que expulsa todo o processo econômico dos âmbitos da vida política, enquanto apresenta a dominação resultante como "democrática"[2]. Essa crítica é muitas vezes reduzida à ideia de que Marx não deu valor aos direitos burgueses e os negligenciou como sendo só outra camada de ideologia. Considero essa leitura redutora irritante, pois esse não era, de forma alguma, seu objetivo. Creio que se trate de uma crítica muito poderosa e reveladora, que tem de informar nossa teoria crítica da sociedade capitalista.

Apesar disso, nossa crítica também tem de ser informada por uma consideração contrária, que tiro da experiência do "socialismo realmente existente" de tipo soviético. Esses regimes tentaram simplesmente "liquidar" a divisão capitalista entre política e economia, estabelecendo economias de comando dirigidas pelo Partido-Estado, o que se provou desastroso em muitos sentidos. Podemos extrair daí a lição de que não há como viver com a forma capitalista da divisão entre política/economia que existe hoje, mas que também não há como viver a liquidando por completo. Temos de considerar alternativas aos dois extremos – por exemplo, planejamento democrático, orçamento participativo ou socialismo de mercado, combinando formas "políticas" e "econômicas" de coordenação. Lembro-me de um ensaio brilhante de Diane Elson, de 1988, que esboçava algumas ideias bastante interessantes sobre isso[3].

A esquerda tem de dedicar muito mais atenção a essas questões, e o mesmo é verdadeiro para temas paralelos que concernem à divisão entre produção/reprodução e sociedade humana/natureza não humana. Não se pode simplesmente liquidar

---

[2] Karl Marx, "On the Jewish Question" [1843], em Karl Marx e Friedrich Engels, *Collected Works*, v. III (Londres, Lawrence & Wishart, 2010), p. 146-74 [ed. bras.: *Sobre a questão judaica*, trad. Nélio Schneider, São Paulo, Boitempo, 2010].

[3] Diane Elson, "Market Socialism or Socialization of the Market?", *New Left Review*, v. 172, 1988, p. 3-44.

essas divisões. Pelo contrário, elas precisam ser reimaginadas de modo a se desvincularem da dominação, aumentar a autonomia coletiva e tornar as formas de vida que estruturam menos antagônicas umas frente às outras.

Lutas de fronteira e movimentos sociais contemporâneos

Jaeggi: Vamos alterar nosso foco para a natureza dessas lutas. O que são tais lutas em relação a essas separações e esferas institucionalizadas? Podemos compreender a ideia de luta de fronteira de algumas formas. Uma concepção poderia ser bastante próxima à tese da colonização de Habermas. Temos estas várias esferas institucionalizadas – econômica, política, reprodutiva etc. –, e as lutas de fronteira ocorrem quando uma "invade" a outra, que tenta impedir. Também podemos vislumbrar um tipo mais radical de luta de fronteira. Nessa visão, a luta não seria só uma questão de proteger o mundo da vida da colonização ou, digamos, das esferas política e econômica – já discutimos razões para considerar problemática essa imagem. Ao contrário, ela seria mais proativa no que toca ao "formato" dessas esferas, onde desenhar ou redesenhar as linhas entre elas ou até se deve haver uma linha. Como notamos, a ordem feudal não tinha o mesmo tipo de separação entre economia e política, Estado e sociedade. É uma característica específica da sociedade capitalista burguesa que a economia seja vista como algo distinto e é contra o plano de fundo desse desenho inicial das fronteiras que certas denegações são ideologicamente estabelecidas para fazer com que a economia de mercado apareça como se fosse inteiramente independente.

Então, de qual forma se trata? As lutas de fronteira têm a ver com lutas contra invasões de fronteiras que, de outro modo, seriam claras ou é uma luta a respeito de se seria razoável desenhar a linha de maneira diferente, repolitizar a economia ou trazê-la de volta a um modo mais rico de vida social?

Fraser: Todas as alternativas. Lutas de fronteira aparecem em várias modalidades, incluindo essas que você apresentou. Elas podem ser *defensivas*, visando a repelir uma invasão, uma incursão ou um deslizamento através de uma fronteira, que é experienciado como problemático. Lutas defensivas surgem nos casos em que as pessoas estão mais ou menos satisfeitas com um arranjo existente ou passado que está sendo erodido e se encontram "muito encurraladas". Elas querem restabelecer a fronteira onde ela estava antes. Todavia, isso não esgota o conceito. Também há lutas de fronteira *ofensivas*. O projeto neoliberal visava precisamente a estender o domínio das questões sujeitas à lógica econômica das relações de mercado, e alguns movimentos antissistêmicos responderam ofensivamente, não apenas tentando defender a antiga fronteira, mas tentando empurrá-la um pouco mais na outra direção, de modo a trazer assuntos tratados antes como "econômicos" para o domínio do "político".

Poderíamos distinguir as lutas de fronteira também em outros termos. Por exemplo, eu distinguiria lutas de fronteira *afirmativas* de *transformadoras*. Introduzi essa distinção primeiro em outro contexto[4], mas penso que seria útil aqui. Por luta afirmativa, refiro-me a uma luta cujos defensores supõem que dada fronteira institucional deva existir mais ou menos em sua forma presente, embora insistam que ela está situada no lugar errado. Eles querem apenas alterar sua localização. Em contraposição, aqueles engajados na luta transformadora sustentam que o problema não é só a localização da fronteira, mas sua própria existência, seu caráter ou o processo no qual foi desenhada e por quem. Eles querem alterar a estrutura profunda do arranjo, quando não abolir a fronteira como um todo.

Eu deveria acrescentar que a distinção entre afirmativa/transformadora é mais complicada do que parece à primeira vista, em função da possibilidade de "reformas não reformistas". Essa foi a expressão de Andre Gorz para lutas que são afirmativas com base em qualquer critério rigoroso, mas dão origem a efeitos transformadores, pois alteram as relações de poder, abrindo caminho para outras lutas que, com o tempo, se tornam cada vez mais radicais[5]. Lutas em torno da fronteira entre economia/política são particularmente suscetíveis a essa dinâmica. Reformas que, no início, pareciam modestas e visavam a conseguir mais espaço para políticas democráticas podem colocar em ação uma lógica democratizante que ganha velocidade na medida em que seguem, levando por vezes a uma transformação importante da ordem estrutural-institucional do capitalismo.

Eu deveria, ainda, mencionar lutas para averiguar se determinada fronteira deve ser "dura" ou "mole", impenetrável ou porosa, assim como "metalutas" em torno dos processos por meio dos quais essas fronteiras devem ser desenhadas. Todas essas questões poderiam facilmente convidar a respostas transformadoras, porém o ponto é que as lutas de fronteira vêm numa variedade de formas. Tudo o que mencionei aqui (e mais) conta como um caso de luta de fronteira.

Jaeggi: Então, essa parece ser uma distinção acerca da radicalidade das lutas em questão, que está ao mesmo tempo vinculada a sua avaliação normativa. É justo dizer que, por vezes, marxistas foram longe demais ao tentar rotular quais movimentos estavam "do lado certo da história" e acompanhando o ritmo do desenvolvimento

---

[4] Nancy Fraser, "From Redistribution to Recognition? Dilemmas of Justice in a 'Postsocialist' Age", *New Left Review*, v. 212, jul.-ago. 1995, p. 68-93; e *Scales of Justice: Reimagining Political Space in a Globalizing World* (Nova York, Columbia University Press, 2009), p. 22-3.

[5] André Gorz, *Strategy for Labor: A Radical Proposal* (trad. Martin A. Nicolaus e Victoria Ortiz, Boston, Beacon Press, 1967). Ver também a adaptação de Fraser da ideia de Gorz em Nancy Fraser, "Social Justice in the Age of Identity Politics: Redistribution, Recognition, and Participation", em Nancy Fraser e Axel Honneth, *Redistribution or Recognition? A Political-Philosophical Exchange* (trad. Joel Golb, James Ingram e Christiane Wilke, Londres, Verso, 2003).

dos meios de produção. Somente esses poderiam ser emancipatórios, e todos os outros seriam considerados regressivos. Nem Marx foi imune a esse tipo de pensamento, mesmo que, mais tarde, tenha chegado a uma imagem diferenciada. Você parece começar, de cara, com uma situação de maior ambivalência. Assim, quanto às fronteiras, você diria que sempre encontraremos lutas que assumem diferentes formas ao mesmo tempo?

Fraser: Na verdade, eu ainda não disse nada sobre como devemos fazer avaliações normativas de lutas de fronteira. Como explicarei adiante, eu não recomendaria que as aprovássemos ou as desaprovássemos, tendo em vista quão radicais são. Aqui, no entanto, defendo outro ponto, o de que as lutas de fronteira são de diferentes tipos: elas podem ser defensivas ou ofensivas, afirmativas ou transformadoras. O mesmo é válido, contudo, para as lutas de classe, que também estão espalhadas por todo o mapa: defensivas, em alguns casos; ofensivas, em outros; afirmativas, em alguns, como quando buscam diminuir as horas de trabalho e aumentar salários; transformadoras, em outros, como quando buscam transformar as relações de propriedade e o processo por meio do qual o mais valor é criado e distribuído. Tanto lutas de fronteira quanto lutas de classe admitem uma variedade de diferentes formas e graus de radicalismo.

Poderíamos desenvolver esse ponto retornando à discussão prévia sobre "liquidacionismo", pelo que quero dizer os projetos que visam a eliminar uma fronteira como um todo – por exemplo, o esforço soviético para liquidar a divisão entre política/economia. Podemos ver isso como um extremo num espectro. O outro extremo é o "proibicionismo", no qual os atores sociais visam não apenas a estabelecer uma fronteira, como a torná-la quase impenetrável. Na história dos Estados Unidos, o termo é associado ao Movimento da Temperança, que buscava proibir a venda e o consumo de álcool. E também poderíamos usá-lo para aquelas feministas que buscam proibir a mercantilização do sexo, da reprodução e do trabalho de cuidado, ou para aqueles ambientalistas que se opõem a qualquer compra e venda de terras ou riquezas minerais etc.

Jaeggi: Então, a lição é que os tipos de luta mais transformadores e "destruidores de fronteiras" não são, automaticamente, os mais emancipatórios. Onde você se situaria entre esses extremos do liquidacionismo e do proibicionismo?

Fraser: Correto. Algumas demandas transformadoras são bastante repulsivas. Estados fascistas buscaram instrumentalizar a reprodução de modos que, ao mesmo tempo, transformavam profundamente as fronteiras estabelecidas e eram regressivos. De maneira inversa, algumas demandas afirmativas são normativamente justificadas – por exemplo, a reforma do financiamento de campanha. O que isso mostra é que avaliações normativas dependem de outras considerações – por exemplo, se as revisões propostas das fronteiras mitigariam a dominação, aumentariam a liberdade e promoveriam o tipo correto de seguridade social.

Você, entretanto, perguntou sobre liquidacionismo. Eu mesma não recomendaria a liquidação completa das fronteiras constitutivas do capitalismo, como já expliquei. Tampouco apoiaria a proibição completa, quase sempre defensiva e essencialista. Em vez disso, eu enfatizaria os processos de elaboração de fronteiras – militando por um novo modo, mais democrático, de desenhar fronteiras – e apoiaria a multiplicação de possibilidades. Isso implica pensar o que pode significar amolecer, endurecer ou realocar fronteiras institucionais e requer sopesar prós e contras de fazer as coisas de um jeito *versus* de outro. Hoje, o capitalismo já faz tudo isso por nós. Essas questões foram tiradas de nossas mãos, e parte do que significa ter hoje um pensamento mais radical ou transformador sobre a crise atual é alçar a questão das fronteiras a um nível mais elevado de consciência e autodeterminação coletiva. Sobre o que exatamente decidimos é uma coisa, mas que isso seja uma questão de autodeterminação coletiva é outra.

O fato é que podemos pensar, de vários modos produtivos, sobre fronteiras e lutas a ser travadas em torno delas. Eu diria que temos muito a aprender com geógrafos sociais e políticos que trabalham com as dinâmicas da "espacialização", os quais distinguem fronteiras "duras" de "moles", sublinhando não só aquilo que as fronteiras separam, mas também aquilo que conectam. Teóricos críticos devem assumir esses *insights*.

Tudo isso corrobora meu argumento principal. Como uma ordem social institucionalizada, o capitalismo está ancorado sobre a construção e a transgressão de fronteiras. Disso se segue que qualquer política que busque reformar, rejeitar ou superar o capitalismo tem de priorizar e dar centralidade à questão da fronteira.

Jaeggi: Seu modelo nos dá muitas possibilidades, mas ainda nos deixa com uma imagem um tanto bagunçada. Quero perguntar um pouco mais sobre as questões teórico-sociais e normativas em jogo. Talvez possamos usar a posição habermasiana como contraste. A tese habermasiana da colonização gira em torno de uma luta acerca da fronteira entre mundo da vida e sistema, a qual é enquadrada de tal maneira que, em termos normativos, a fronteira relevante já está no devido lugar. Para Habermas, há um tipo de luta de fronteira defensiva que é normativamente aceitável ou necessária, uma vez que há partes do mundo da vida nas quais o sistema não deve interferir. Em contraposição, lutas ofensivas que visam à eliminação da diferenciação funcional da sociedade moderna seriam pré-modernas, regressivas, podendo até recair no fascismo. Segundo ele, precisamos tanto do mundo da vida quanto do sistema e, portanto, da fronteira, a fim manter cada um deles em seu devido lugar.

Mencionei antes as muitas razões pelas quais considero essa concepção problemática. Ao mesmo tempo, o quadro de Habermas é capaz pelo menos de nos fornecer um modo claro de distinguir as lutas de fronteira regressivas das emancipatórias. É essa característica que dá à tese de Habermas certo impacto normativo, o qual ainda não enxergo em sua concepção das lutas de fronteira. Como poderíamos derivar, de sua concepção, um critério comparável? É isso que quero dizer quando afirmo que você nos deixa com uma imagem um tanto bagunçada. Concordamos que não queremos depender de uma visão essencialista dessas esferas e fronteiras. Como, entretanto, determinar quais tipos de questionamentos radicais de fronteiras são emancipatórios e quais não são? Você parece insinuar que não há distinção clara. Mesmo lutas que visam a redesenhar a linha entre certas esferas podem ser legítimas de um ponto de vista emancipatório – isto é, não *têm* de ser pré-modernas num sentido "ruim" ou regressivo. Então, como decidimos quais são os momentos regressivos e os emancipatórios? Como distinguimos lutas e movimentos sociais "progressistas" e "regressivos" sem algum critério normativo?

Fraser: Concordo com as premissas por trás de sua questão. Concordo, primeiro, que Habermas estabelece uma fronteira normativa predeterminada e *a priori*, que não pode ser violada em nenhuma das direções – do lado do sistema, como quando forças administrativas ou do mercado começam a colonizar o mundo da vida; do lado do mundo da vida, como quando socialistas radicais ou anarquistas buscam "desdiferenciar" essas instituições e, portanto, "regredir" e abrir mão das "conquistas da modernidade". De qualquer um dos dois modos, um imperativo fundamental, ancorado na própria natureza das coisas, é violado. Assim como você, rejeito essa abordagem. Em segundo lugar, concordo com a conclusão que você extrai desse ponto. Uma vez que rejeitamos a solução habermasiana, temos de encontrar uma base alternativa para avaliar o potencial emancipatório dos vários movimentos, programas políticos e ideias. Até aqui, ótimo, exceto que falta força crítica à nossa teoria crítica. Então, concordo: critérios avaliativos são essenciais.

Na verdade, a visão do capitalismo que ofereci aqui oferece três critérios normativos para distinguir as demandas emancipatórias das não emancipatórias no que tange às fronteiras do capitalismo. Como expliquei, o primeiro critério é a *não dominação*. As separações institucionais do capitalismo implicam relações profundas de dominação em torno de linhas de gênero, raça/etnia e classe. Nenhuma proposta para revisar essas fronteiras institucionais é normativamente aceitável se reforçar ou exacerbar tal dominação. O princípio da não dominação exclui as alternativas que institucionalizam a subordinação de determinado grupo ou de grupos de atores sociais.

O segundo critério é o da *sustentabilidade funcional*, isto é, que qualquer proposta tem de ser sustentável, tem de poder ser institucionalizada numa ordem social capaz de se estabilizar com o tempo. Ela não pode ser estabelecida de modo a gerar constante tumulto nem se ancorar em dinâmicas que a levem a desestabilizar as próprias precondições de existência. Não estamos exigindo (ou querendo) estabilidade perfeita e rígida, é claro. Precisamos, porém, de sustentabilidade.

O terceiro critério é a *democracia*. Qualquer proposta aceitável precisa ser institucionalizada de maneira que os participantes permaneçam capazes de refletir sobre ela, questioná-la, decidir se funcionou ou não para eles e, se necessário, modificá-la.

Minha concepção é a de que os três critérios devem ser utilizados em conjunto, como um kit de ferramentas. Para ser aceitável, a transformação estrutural proposta tem de satisfazer aos três. Suspeito que, se os aplicássemos desse modo, descobriríamos que alguns projetos que se apresentam hoje como emancipatórios, na verdade, não passam pelo teste.

Jaeggi: Trata-se, com toda a certeza, de um kit de ferramentas útil, e gosto da mistura de exigências deontológicas, funcionais e quase éticas. Ainda assim, estou preocupada com o caráter um tanto "externo" e independente dele; estou convencida de que pode haver uma abordagem mais imanente, que envolva olhar diretamente para as dinâmicas dessas lutas. Talvez sejamos capazes, então, de avaliar o potencial emancipatório desses movimentos em função de sua dinâmica regressiva ou não regressiva. O quadro de uma análise da crise deve nos oferecer alguma dica aqui. Lutas de fronteira não surgem do nada; são motivadas por problemas e crises que fazem com que práticas e instituições "não mais funcionem", pois erodiram os recursos necessários para se manterem ou esbarraram em problemas e contradições que não conseguem resolver. Como discutimos no Capítulo 3, podemos distinguir entre modos adequados e inadequados de lidar com uma crise em termos de processos de aprendizagem ou da ausência de bloqueios de aprendizagem.

Fraser: Bom, continuo ansiosa para ver como você desenvolve suas intuições sobre processos e bloqueios de aprendizagem, mas não vejo nada de independente ou de externo em minha proposta, que deriva, *sim*, do quadro de uma análise da crise. Os elementos de meu "kit de ferramentas" vêm diretamente da concepção que ofereci das tendências de crise do capitalismo nos capítulos 1 e 2. O que eu disse lá foi que lutas de fronteira respondem a tendências de crise do tipo polanyiano, inerentes às sociedades capitalistas. Isto é, respondem à tendência inscrita na economia capitalista de desestabilizar as próprias condições de possibilidade "não econômicas" de fundo: reprodução social, poder público, naturezas sustentáveis e planeta habitável. Em períodos de crise, o regime de acumulação estabelecido perde a capacidade de amenizar e neutralizar essas contradições. Processos e relações que antes pareciam não problemáticos parecem agora disfuncionais, injustos e/ou ruins e se tornam sujeitos à contestação. Partindo dos recursos normativos disponíveis, atores sociais invocam ideais, valores e princípios inscritos na ordem institucional que habitam, sobretudo princípios de liberdade, cidadania igual e bem público associados ao político; ideias de cuidado, ajuda mútua e solidariedade associadas à reprodução social; valores de harmonia, sustentabilidade e proteção associados à socioecologia; normas de racionalidade, equivalência nas trocas e escolha associadas à economia. Esses recursos normativos estão inscritos na própria tessitura da vida social numa sociedade capitalista, motivo pelo qual são acessíveis aos habitantes. E, em períodos de crise, no entanto, as pessoas os utilizam de modo diferente e potencialmente explosivo, não só para pôr em questão ações específicas numa esfera determinada e "adequada", mas também para contestar relações sociais em outros lugares, na esfera "errada", ou para problematizar as divisões entre as esferas. Essas demandas têm de ser examinadas, e não somente tomadas por seu valor de face. Os critérios que evoquei para esse propósito – não dominação, estabilidade funcional e democracia – são, eles mesmos, generalizações das normas de primeira ordem que os participantes utilizam, o que significa que também são acessíveis a eles. Longe de serem independentes ou externos, estão numa relação de imanência com a sociedade capitalista, mesmo que também tenham a capacidade de apontar para além dela.

Jaeggi: Não nego que seus critérios sejam perfeitos para desenvolver uma heurística normativa dos movimentos sociais existentes. Uma vez que, como você disse, a imagem é complicada, podemos tentar explicitá-la com base em lutas e movimentos sociais efetivamente existentes. Por que não começamos com o anarquismo, que está em voga entre jovens de esquerda no Norte global?

Anarquismo

Fraser: Esse é um bom ponto de partida, com potencial para render algumas ideias importantes. As formas de neoanarquismo que encontro hoje, inclusive em alguns de meus alunos, parecem não preencher todos os três critérios. É o caso do critério funcionalista. Imagine aplicar esse teste a acampamentos do tipo do Occupy Wall Street, que é uma "reunião constante", em que tudo é decidido por consenso, sem votos, sem líderes e sem estrutura organizacional. Se essa prática visa a prefigurar uma nova forma de organização social, é difícil ver como ela seria sustentável por muito tempo, dado o fator do esgotamento. A prática também não cumpre o critério de não dominação, pois privilegia aqueles que estão numa posição que os permite investir muito tempo em assembleias – pessoas que não têm emprego, filhos ou outros compromissos exigentes – ao mesmo tempo que não fornece um modo de proteger os interesses daqueles que têm esses compromissos e não podem participar continuamente. Isso, claro, também entra em conflito com o critério democrático, mas talvez o que eu esteja dizendo aqui não seja de todo justo. Talvez devêssemos distinguir o anarquismo como um programa de reestruturação da organização social do anarquismo como um modo transicional de organização.

Jaeggi: Sim, deveríamos considerar o anarquismo sob esses dois ângulos. E não deveríamos ser tão duras com o movimento Occupy, que teve de organizar todo o necessário para garantir uma permanência longa no Zuccotti Park. Além disso, algumas das questões que você levantou não são específicas do anarquismo, e sim problemas de movimentos sociais em geral. É complicado organizar movimentos de base, em especial frente à pressão externa. A sociedade atual está pouco disposta a deixar tempo livre para que as pessoas se mobilizem e se organizem. Qualquer movimento envolve indivíduos que se encontram sob vários tipos de coação. Eu diria que há diversos experimentos anarquistas hoje tentando encontrar soluções diferentes para o problema da dominação, com esforços para criar formas de evitar certas estruturas de gênero e vários tipos de hierarquia, assim como há esforços para pensar meios alternativos de representação para além dos tradicionais, "burgueses". Há também tentativas de lidar com o envolvimento de pessoas que não possuem o mesmo tempo livre de estudantes, que costumam ser os mais ativos nesses projetos.

Fraser: Você pode estar certa quando diz que subestimo o nível de consciência sobre esses problemas e a ponderação com a qual foram por vezes tratados na tradição anarquista. Ao mesmo tempo, ainda tenho críticas ao anarquismo tanto como forma de organização quanto como programa. No primeiro caso, a estratégia anarquista tende a ter mais a ver com evadir, contornar ou trabalhar em torno do poder do que com confrontá-lo, e não acredito que possa haver qualquer mudança estrutural que não confronte, de fato, o poder. Confrontar o poder requer um contrapoder, que, por sua vez, requer organização. Como assumir a luta com as empresas multinacionais, os poderes hegemônicos militaristas ou a OMC insistindo em espontaneidade ao custo da organização? É como se tivéssemos tido a ideia de que, uma vez que desaprovamos o modelo leninista de organização partidária, devemos nos livrar de toda organização. Isso é completamente *non sequitur*. Não pretendo defender uma solução organizacional particular aqui, mas insisto que há uma distância grande entre a organização vanguardista e nenhuma organização. Movimentos efetivamente comprometidos com a transformação social têm de explorar esse território intermediário.

Jaeggi: Mais uma vez, não é que essa preocupação esteja ausente dessas discussões. Muito trabalho foi dedicado ao problema das questões singulares e de como os movimentos podem se vincular ou se reconectar para lidar com o quadro mais amplo. Algumas dessas discussões recebem até o rótulo "lidando com a questão da organização novamente" e inventam novas formas organizativas que refletem criticamente sobre os fracassos dos tipos antigos de organização de vanguarda e seu autoritarismo, enquanto procuram elaborar modos de organizar efetivamente a resistência ao poder.

Fraser: Justo, mas não vamos exagerar nos frutos dessas discussões que, até onde sei, não geraram respostas viáveis. Um sintoma é o apelo constante ao termo "coalizão" nos círculos de movimentos sociais contemporâneos. Esse termo está por toda parte. Verdade seja dita, entretanto: ele serve mais como substituto para uma estratégia organizacional do que como estratégia real. Seu uso raramente está vinculado a uma reflexão séria sobre a base programática de determinada coalizão ou sobre as formas específicas de coordenação que sua prática requer. Qual é a relação entre uma coalizão e um partido político ou um sindicato? Os movimentos sociais "em coalizão" podem substituir ou contornar a necessidade de sindicatos ou partidos? Há bem pouca discussão real acerca dessas questões.

A ênfase constante em "movimentos" como opostos a partidos ou organizações é, ela mesma, uma pista de que algo deu errado no *front* organizacional. Afinal, vivemos uma era na qual movimentos sociais irrompem de maneiras espetaculares, ocupam o espaço público, capturam a atenção pública e, então, desaparecem de repente, sem deixar vestígio. O Podemos, na Espanha, é uma exceção, quando tenta converter o movimento Indignados num partido político real. Não os estou idealizando, mas se trata de um esforço interessante. Digo isso no contexto de outro sintoma: a difundida "onguização" da política. Nas décadas recentes, a ONG se tornou uma substituta para o partido ou a organização. Isso é problemático por muitas razões já observadas, primeiro e sobretudo, por Sonia Alvarez[6].

Outra ideia é um "movimento dos movimentos". Essa foi a autocompreensão do Fórum Social Mundial (FSM), que foi um esforço impressionante para criar um espaço público para a comunicação entre um vasto conjunto de lutas distintas contra o neoliberalismo por todo o globo. Por mais impressionante que tenha sido – ou talvez ainda seja –, o FSM continuou bastante dividido a respeito do que exatamente significava ser um "movimento dos movimentos". O FSM deveria ser um guarda-chuva? Alguém deveria poder falar em seu nome? Deveria adotar uma visão programática de "outro mundo"? Deveria desenvolver uma visão estratégica sobre como os movimentos que o constituem podem coordenar suas lutas? Ou deveria apenas relaxar e esperar que tudo surgisse espontaneamente? Essas são questões--chave de organização. É uma pena dizer que a influência do neoanarquismo –

---

[6] Sonia E. Alvarez, "Advocating Feminism: The Latin American Feminist NGO 'Boom'", *International Feminist Journal of Politics*, v. 1, n. 2, 1999, p. 181-95.

incluindo aqui muitos que não aceitariam esse rótulo – dificultou nossos esforços para respondê-las.

Jaeggi: Podemos dar bastante crédito a esses experimentos por tentarem resolver tais problemas organizacionais, que, afinal, não têm como ser resolvidos da poltrona, mas apenas na prática, por meio de tentativa e erro. Mesmo assim, ainda podemos dizer que algumas versões do anarquismo são falhas enquanto programa político e teórico. Como um projeto para remodelar as instituições básicas da sociedade, o programa anarquista pode ainda ser acusado de ingenuidade por não levar suficientemente em conta a coordenação das necessidades da sociedade moderna industrializada. Por exemplo, há um tipo de comunitarismo de pequena escala, que voltou a estar em voga. No entanto, se não queremos virar as costas para o modo de produção e o nível de desenvolvimento que alcançamos, esse tipo de estratégia não é uma opção. Além disso, a ideia de gerar mudança por meio de uma política "pré-figurativa" e localizada se relaciona com aquela crítica marxista da velha-guarda de que o coletivismo anarquista se torna uma forma "pequeno-burguesa" de prática, pois, a despeito de quão não hierárquica for sua organização interna, cada coletivo ainda será uma empresa competindo com outras no (livre) mercado. No fim, essas coletividades acabam substituindo indivíduos e firmas como os principais atores naquilo que, de outro modo, é apenas o mesmo sistema de mercado – isto é, a menos que se possa instituir alguma estrutura abrangente adicional que regule as relações entre os atores.

Fraser: Concordo. Para mim, é inconcebível uma sociedade desejável, capitalista ou pós-capitalista, que não conceda um papel importante ao planejamento. *Contra* o comunismo ortodoxo, o planejamento pode e deve ser democrático. Ele não requer uma *nomenklatura* ou o governo de uma classe de técnicos "especialistas". Mas como poderíamos lidar com uma questão como a mudança climática sem algum tipo de planejamento de grande escala? Um bloqueio sistêmico dessa escala não pode ser enfrentado por pequenos coletivos. *Contra* o anarquismo, a crise ecológica não decorre de um excesso de organização, e sim de muito pouca organização. De fato, algumas questões são mais bem abordadas de forma local, porém outras requerem planejamento global de larga escala e até estruturas globais de governança. Não sei se Marx e Engels falavam sério a respeito de o Estado "ir desaparecendo", mas não vejo como isso é possível se definirmos "Estado" como as instituições democraticamente responsáveis que empregam o poder público para coordenar a interação social e inibir efeitos perversos e não intencionais.

Além disso, ter governança de larga escala não significa que não podemos ter também movimentos na direção de formas mais localizadas de produção e de gerenciamento coletivo. Sou a favor do locavorismo em termos de alimentação, porém eu insistiria que só com o tipo certo de governança e organização globais de larga escala operando podemos criar as condições em que a devolução para o local é possível. A social-democracia nacional foi possível, afinal, somente graças ao quadro internacional de Bretton Woods. Precisaríamos de um análogo disso para fazer com que o locavorismo fosse possível de maneira coerente, sustentável, democrática e justa. Sem isso, não há como evitar a dominação – por exemplo, quando pessoas com acesso a um solo bom têm muito para comer, ao passo que aquelas no deserto ficam sem alimento.

Movimentos pelo decrescimento

Jaeggi: Uma coisa que extraí de nossas discussões prévias é a ideia de que, se fôssemos definir o tipo de socialismo a endossar, uma fórmula muito boa seria o controle democrático sobre o excedente social. Isso estabelece uma relação interna profunda entre economia e democracia, que não significa só controle democrático do tigre capitalista ou domesticação democrática do tigre; pelo contrário, a questão está na verdade "dentro" do próprio tigre. Em outras palavras, se estamos envolvidos em decisões sobre aquilo que produzimos, como produzimos e onde investimos o excedente social, não estamos mais apenas regulando a economia de fora, mas a transformando de dentro. Essa é uma transformação radical daquilo que o capitalismo é, e estou bastante feliz com tal formulação.

Também suponho que você ainda seria favorável a uma forma de sociedade industrial. O movimento pelo "decrescimento" obteve um *momentum* e pode ser visto como um modelo de luta de fronteira, que coloca a preocupação ecológica, e também a vida pessoal, antes dos imperativos do mercado e da competição, de maneira mais geral. Não são todos, porém alguns desses ativistas parecem favorecer uma noção de desindustrialização. Você, no entanto, parece tomar a sociedade industrial como uma questão de fato, ou seja, é o que alcançamos, é com isso que somos confrontados, e não haverá socialismo que não seja uma transformação *de dentro* da sociedade industrial. Você também mencionou que mesmo a produção local e a distribuição só funcionam se tivermos um quadro abrangente. Então, eu gostaria de saber o que você pensa sobre a ideia de descrescimento, pois essa é uma das principais discussões na esquerda anticapitalista hoje em dia.

Fraser: Como você sabe, passei o semestre de outono de 2016 no centro de pesquisa sobre "sociedades pós-crescimento", em Jena, na Alemanha. Como o nome sugere, eles rejeitam o termo "decrescimento" em favor de "pós-crescimento". Essa distinção é importante. A primeira coisa que aprendi quando cheguei lá foi que "pós-crescimento" não significa que a sociedade não deva crescer, menos ainda que deva encolher. A ideia, pelo contrário, é que a sociedade não deve ser construída sobre um imperativo necessário de crescimento, que opera como uma necessidade cega ou uma irresistível "força da natureza", esvaziando *nossa* possibilidade de decidir crescer ou não, quanto crescer ou quão rapidamente crescer – o que é, de fato, aquilo que o capitalismo faz. Essa já é uma sutileza interessante, e creio que faça bastante sentido.

Também devemos considerar, no entanto, o que se quer dizer com "crescimento" nesse discurso. O que de fato deveria crescer ou não? No capitalismo, aquilo que tem necessariamente de crescer não é a riqueza ou o bem-estar humanos, e sim o *capital*. Esta interpretação do crescimento – de que o capital tem de crescer infinitamente e sem limites – deve ser rejeitada de cara. Ainda assim, disso não se segue que deveríamos produzir menos, sobretudo tendo em vista os enormes níveis de privação e pobreza no mundo. A questão real não é *quanto* se produz, e sim *o que* se produz, como e para o benefício de quem. Essas questões qualitativas, por assim dizer, são o coração do argumento. Não podemos nos confinar em questões enquadradas em termos meramente quantitativos, como "crescer" ou "não crescer".

Da mesma forma, temos de explicitar o que entendemos por "sociedade industrial". Estou feliz com o fato de algumas coisas que utilizo serem produzidas industrialmente enquanto outras, nem tanto. Por exemplo, ainda bem que aviões são produzidos de maneira industrial, pois eu não iria embarcar num que alguém tivesse acabado de construir em sua garagem. Ainda bem que há padrões, regulações, controles e inspeções que visam a garantir sua durabilidade e segurança. Alimento, contudo, é outro assunto. Ficaria feliz de ver o fim da criação industrial de animais e da produção em massa de plantas geneticamente modificadas. Mais uma vez, devemos focar a questão qualitativa: de *quais* bens estamos falando? Como sua produção é organizada, e por quem? Alguém lucra com isso à custa de outros? O trabalho é seguro e recompensador, ou humilhante e entediante? É democraticamente organizado? O excedente extraído dele é destinado ao benefício dos acionistas empresariais? Baseia-se no terreno oculto do trabalho não remunerado e expropriado? Sua base energética é ecologicamente sustentável?

O que pretendo mostrar é que a expressão "sociedade industrial" não captura de modo adequado o que é importante. Nem a categoria de "crescimento". A meu ver, não se pode ser "a favor" ou "contra" essas coisas e é necessário usar outros termos para chegar às questões reais.

Movimentos pós-coloniais, decoloniais e indígenas

Jaeggi: Continuemos a falar de movimentos sociais e lutas. Já faz um tempo que existem críticas profundas à modernidade ocidental na esquerda. No nível teórico, isso veio via pós-colonialismo. E também há movimentos indígenas, com os quais muitos na esquerda simpatizam, que talvez não se encaixem tão facilmente em sua ideia de socialismo como controle democrático do excedente social. Eles podem não querer o tipo de sociedade industrializada e de instituições estatais que você apoia, mesmo que se caracterizem pelas ideias de "decrescimento" ou "pós-crescimento". A esquerda teve de passar por um importante processo de aprendizagem ao perceber que as coisas não são tão fáceis como Marx pensou, e todos esses levantes e movimentos "pré-modernos" respondem a um descontentamento que talvez não desapareça se definirmos o problema em termos socialistas e adiantarmos uma solução socialista. De fato, ainda não alcançamos o socialismo, portanto não sabemos se essas preocupações seriam abordadas e resolvidas de modos distintos. Ainda assim, talvez nossas ideias sobre o socialismo ainda se ancorem numa concepção sectária da modernidade, enviesada contra visões legítimas e desejáveis de uma boa vida.

Por outro lado, não quero endossar aquelas críticas exageradas que insistem que todas as ideias recebidas sobre igualdade, não dominação, democracia ou liberdade ainda fazem parte da tendência "imperialista" de homogeneizar formas de vida radicalmente diferentes, as quais devem poder depender dos próprios conhecimentos, extraídos das próprias tradições, práticas e formas culturais. Concordo que não podemos nem devemos fingir estar "no mesmo barco" que aqueles cujas perspectivas e experiências foram negligenciadas pelo legado do colonialismo e do imperialismo. Uma solução adequada, porém, não pode apenas substituir a assimetria produzida pela ideologia colonialista por outra assimetria trazida pela restrição da análise e do juízo, com o objetivo de evitar o etnocentrismo. Aqui, simpatizo muito com a observação de Uma Narayan de que "se recusar a julgar" não é uma solução, tendo em vista que isso pode se tornar outro "gesto 'ocidental' que confirma a desigualdade moral das culturas do terceiro mundo, blindando-as das avaliações morais e políticas às quais os contextos e as práticas 'ocidentais' estão sujeitos"[7]. Se isso estiver correto, como acredito que esteja, a tarefa real será fomentar crítica e diálogo transculturais que não se furtem a julgar formas de vida e que sejam muito cautelosos para fazer isso em pé de igualdade.

Qual é sua posição aqui? Pergunto não só porque esses movimentos têm uma presença importante em todo o mundo, mas também porque há uma parcela substantiva da esquerda contemporânea que reflete sobre e até se inclina em direção a esse tipo de crítica.

Fraser: Concordo com sua visão sobre essas questões, incluindo o último ponto sobre a necessidade de um debate real em pé de igualdade, embora seja mais fácil falar do que fazer. No entanto, deixe-me defender mais dois pontos. O primeiro

---

[7] Uma Narayan, *Dislocating Cultures: Identities, Traditions, and Third World Feminism* (Nova York, Routledge, 2013), p. 150.

tem a ver com a relação entre capitalismo e pluralismo cultural; o segundo, com poder assimétrico. O crédito do primeiro ponto é de Hartmut Rosa, que argumentou, num brilhante artigo, que o próprio capitalismo é um grande obstáculo ao pluralismo cultural[8]. Apesar de sua dedicação autoproclamada à "escolha", a lógica do capitalismo achata as diferenças, "culturalizando-as", tratando-as como opções de consumo ou de estilo de vida dispostas diante de nós de maneira tentadora, enquanto escondem o fato de estarem situadas numa plataforma compartilhada construída em torno do imperativo da máxima acumulação de capital. Isso muda o caráter das "escolhas". As coações desse sistema são tão fortes e difusas que a possibilidade de perseguir formas de vida qualitativamente diferentes é muito limitada. A conclusão que extraio é que, embora o socialismo talvez não seja uma condição suficiente para um modo genuíno (e desejável) de pluralismo cultural, ele é definitivamente uma condição necessária.

O segundo ponto, sobre poder assimétrico, segue a mesma premissa sobre o poder do sistema mundial capitalista. A meu ver, é muito improdutivo presumir que há uma forte linha dicotômica entre a civilização "ocidental moderna" e sociedades "pré-modernas e não ocidentais", como se a "civilização ocidental" fosse unitária e tivesse emergido de forma autônoma da cabeça de Zeus, intocada pela interação com "não europeus", e também como se essas últimas sociedades fossem intocadas e não estivessem já entrelaçadas com forças globais, de formas relativamente benignas, mas também tremendamente letais. Então, se a questão é onde estamos agora, temos de situá-la em relação à história do capitalismo. O capitalismo não criou a interação transregional, é claro, mas esta foi acelerada e aprofundada por ele, que lhe deu um formato específico – tanto ao criar a geografia do centro e da periferia quanto ao estabelecer as dinâmicas mutuamente imbricadas de "desenvolvimento" e "subdesenvolvimento". (Estou pensando na persuasiva formulação de Walter Rodney, *Como a Europa subdesenvolveu a África*.)[9] Aqui também, em outras palavras, o sistema mundial imperialista-capitalista forma o quadro de referência inescapável, pois, entre outras coisas, gera uma fertilização "civilizacional-cruzada" e fortes assimetrias de poder, que têm de ser pensadas conjuntamente.

Compreendo que alguns pensadores e ativistas rejeitem o ponto de vista que esboço como sendo, ele mesmo, imperialista. Ao mesmo tempo, estou convencida de que isso está errado. Longe de ser uma imposição ocidental externa, ele foi proposto

---

[8] Hartmut Rosa, "Cultural Relativism and Social Criticism from a Taylorian Perspective", *Constellations*, v. 3, n. 1, 1996, p. 39-60.

[9] Walter Rodney, *How Europe Underdeveloped Africa* (Londres, Bogle-L'Ouverture, 1973) [ed. bras.: *Como a Europa subdesenvolveu a África*, trad. Edgar Valles, Porto Alegre, Seara Nova, 1975]. Ver também a reformulação igualmente persuasiva de Manning Marabl, *How Capitalism Underdeveloped Black America* (Cambridge, South End, 1983).

por pensadores e ativistas do Sul global – acima de tudo, por aqueles engajados em abordagens supostamente "eurocêntricas", como o marxismo. Pelo que posso ver, muitos dos esforços recentes mais interessantes seguindo essas linhas são da América Latina, provavelmente em função da força e da sofisticação do marxismo e dos movimentos indígenas de lá. Quando movimentos democratizantes, antineoliberais, são informados ao mesmo tempo por essas duas perspectivas, voam faíscas. Nos países andinos, por exemplo, esses movimentos uniram populações urbanas de descendentes de europeus e populações indígenas por trás da expressão quéchua *sumak kawsay* – quase sempre traduzida como *buen vivir* [bem viver] em espanhol –, o que sugere relações de não exploração com a natureza e entre seres humanos; portanto, uma "boa vida" que não é estruturada pelas divisões constitutivas do capitalismo. Esses povos usam esse lema de modo interessante: não para exigir a preservação de formas de vida tradicionais, e sim para transformar a sociedade capitalista do presente em benefício de todos. Eles o utilizaram para promover uma forma de vida "moderna" no sentido de ser a favor da igualdade de gênero e democrática, mas também ecologicamente sustentável, "plurinacional" e livre da tarefa do "crescimento". Outro exemplo é a insurreição transnacional do Sioux, que se juntou a outros povos originários e a radicais euro-americanos nos Estados Unidos e no Canadá, a fim de se opor ao oleoduto Dakota Access e a outros projetos extrativistas neoliberais. Em casos como esses, movimentos indígenas trabalham de perto com ambientalistas "ocidentais" e com segmentos da esquerda "euro--americana". Desenvolvimentos como esses vão muito além das antigas categorias de "ocidental" *versus* "não ocidental".

Jaeggi: Eu diria que alguns desses movimentos são muito mais sofisticados do que alguns teóricos de esquerda, que tendem a romantizar o conhecimento indígena.

Fraser: Sim, esse é exatamente meu ponto. Mas não devemos esquecer que também há teorias pós-coloniais de esquerda muito sofisticadas. A Escola de Estudos Subalternos foi exemplar, ao menos no início, em sua reapropriação de Gramsci e em seu esforço para teorizar a relação entre classe e casta. Há, além disso, um corpo impressionante de teoria neomarxista sul-africana sobre "capitalismo racial", bem como trabalhos imponentes mais difíceis de classificar, como *Provincializing Europe*, de Dipesh Chakrabarty, e *O Atlântico negro*, de Paul Gilroy[10]. Todos esses pensadores promoveram encontros profundos entre elementos da tradição marxista ocidental e

---

[10] Dipesh Chakrabarty, *Provincializing Europe: Postcolonial Thought and Historical Difference* (Princeton, Princeton University Press, 2000); Paul Gilroy, *The Black Atlantic: Modernity and Double Consciousness* (Cambridge, Harvard University Press, 1993) [ed bras.: *O Atlântico negro: modernidade e dupla consciência*, trad. Cid Knipel Moreira, São Paulo, Editora 34, 2012].

contextos em que o desenvolvimento do capitalismo era mais expropriativo do que explorativo, fundamentado tanto na opressão com base no status social quanto na dominação de classe em sentido limitado. Não é preciso concordar com cada palavra para reconhecer a profundidade e a importância de tais trabalhos. Compreendo minha própria concepção expandida do capitalismo, que engloba a expropriação e a exploração como contribuição para essa vertente da teorização crítica.

Estou menos entusiasmada, confesso, com a corrente do pensamento pós-colonial centrada na "*de*colonialidade". Ao menos alguns defensores dessa abordagem parecem imaginar que é possível (e desejável!) "purificar" a cultura indígena, expurgar as influências "ocidentais" que a "contaminaram" e, com isso, retornar a algo "intocado". Isso me parece pouco produtivo.

Jaeggi: Como, entretanto, você caracterizaria esses movimentos no interior de uma concepção expandida de capitalismo? Alguém poderia contar uma história da modernidade ocidental que priorizasse o colonialismo e o imperialismo, mas os visse muito mais como empreendimentos do expansionismo político e de uma dominação direta do que, digamos, como algo dirigido pela lógica do capital. Onde as lutas anti-imperialistas e indígenas aparecem em seu mapa de lutas de fronteira?

Fraser: Aqui, eu retomaria nossa discussão sobre opressão racial e imperialista nos capítulos 1 e 2, nos quais analisei esses fenômenos como decorrentes da lógica conjunta e sobredeterminada do "econômico" e do "político". Utilizando essa lente dupla, interpretei a expropriação a um só tempo como mecanismo de acumulação e aparato de dominação, amparado nas hierarquias de status politicamente implementadas. A consequência foi refutar a ideia de que temos de escolher entre concepções econômicas ou políticas do imperialismo capitalista. Não se trata de um ou/ou, mas de um ambas/e. Sobre esse ponto, estou de acordo com muitos teóricos do imperialismo e do sistema mundial capitalista, incluindo Arendt, Harvey, Arrighi e Wallerstein.

Não são apenas os teóricos, contudo, que dão valor a esse ponto. Muitas lutas anti-imperialistas incorporaram esse foco duplo, tomando como alvo aspectos econômicos e políticos. Muitos outros movimentos, cujo foco ostensivo está em outro lugar, têm uma dimensão anti-imperialista que engloba ambos os polos. Todos esses ativistas sabem muito bem que o capitalismo nunca viveu apenas de exploração, que a exploração dos trabalhadores na produção industrial nos países do centro sempre se baseou na expropriação massiva de energia barata – incluindo a força muscular humana –, terra, matéria-prima e outros insumos da periferia. Eles também sabem que esse continua sendo o caso hoje. Mesmo que a nova geografia do capitalismo financeirizado tenha bagunçado bastante essas distinções, transferências ilegítimas de valor continuam de muitas formas, antigas e novas, imperialistas e neoimperialistas – basta lembrar minhas discussões acerca do deslocamento da carga ambiental e do deslocamento do déficit de cuidado, no Capítulo 2. Para mim, esse contexto é crucial para entendermos o que está em jogo nas lutas indígenas e pós-coloniais, bem como para avaliar seu potencial emancipatório. Quaisquer que sejam as soluções propostas por eles (ou por nós), elas só podem ser avaliadas com essa história global em mente.

O MOVIMENTO TRIPLO

Jaeggi: Mais tarde, eu gostaria de falar sobre respostas *regressivas* ao capitalismo. Para preparar o caminho, vamos nos concentrar primeiro no nível conceitual. Você vem se baseando muito na concepção de Polanyi sobre um "movimento duplo", entre mercantilização e proteção social, assim como na tese dele de que a sociedade pode ser caracterizada como um conflito contínuo entre esses dois polos. Contudo você sugeriu que revisássemos a ideia dele e pensássemos nos termos de um "movimento triplo", que acrescentaria um eixo de emancipação aos dois eixos originais de Polanyi. Suponho que, para evitar respostas regressivas aos efeitos desintegradores da mercantilização, temos de incluir o polo da emancipação. Como esse movimento triplo, entre mercantilização, proteção e emancipação, figura na questão das lutas sociais como lutas de fronteira?

Fraser: Demorei para perceber isto, mas vejo agora que meu conceito de lutas de fronteira deve muito a Polanyi. Ele não utiliza esse termo, claro, mas seu "movimento duplo" se encaixa nisso; ou seja, trata-se de uma luta acerca da fronteira entre "economia" e "sociedade". Enquanto alguns atores sociais buscam expandir a lógica do mercado para o interior da sociedade, outros querem assegurar tal demarcação. Na verdade, a luta diz respeito ao local onde a economização deveria parar. Um lado acredita que não haja praticamente nenhum limite, ao passo que o outro quer blindar comunidades, relações e habitats, cuja integridade é ameaçada por incursões do mercado. Na visão de Polanyi, os pró-mercado eram os revolucionários, enquanto os protecionistas eram os conservadores. Ainda assim, sua simpatia fica com os últimos.

Como eu disse antes, todavia, o modelo de Polanyi se assenta numa simplificação da estrutura institucional do capitalismo e dos conflitos que essa estrutura gera. Ele permite apenas duas possibilidades: ou se é favorável à economia e à mercantilização, ou se é favorável à sociedade e à proteção social. Ele narra uma parte substantiva da história do capitalismo, desde o início do século XIX até o meio do XX, nos termos dessa única linha problemática, rastreando o conflito entre os defensores do livre mercado e os da proteção social. Tal como ele a conta, o todo dessa época se concentra nesse conflito, que se acirra progressivamente, até que tudo pega fogo com a ascensão do fascismo e a eclosão da Segunda Guerra Mundial.

Isso é problemático em muitos aspectos. No nível da ação social, Polanyi ignora diversas lutas de época que se inflamaram ao longo dos séculos XIX e XX – lutas pela abolição da escravidão, pela emancipação das mulheres e pela derrubada do colonialismo e do imperialismo. Essas lutas não se encaixam em nenhum dos polos do movimento duplo, pois não buscavam nem defender a sociedade nem ampliar o mercado. A maior parte delas, pelo contrário, visava a superar sistemas arraigados de dominação, cujos fundamentos não residiam só num dos dois domínios de Polanyi, e sim na configuração institucional geral da sociedade capitalista, sobretudo em suas divisões constitutivas entre produção e reprodução, economia e política, exploração e expropriação, centro e periferia e sociedade humana e natureza não humana. Então, penso que devemos entendê-las como um terceiro polo de movimentos sociais, analiticamente distinto, que denominei "emancipação". A conclusão é que, onde Polanyi viu um movimento duplo, creio que houve (e ainda há) um movimento triplo, no qual movimentos pela proteção social colidem não apenas com projetos de mercantilização, mas também com lutas por emancipação.

Jaeggi: Certo, vejo o problema no nível da ação social, mas suponho que você ache que a abordagem de Polanyi também revela fraquezas no nível socioestrutural.

Fraser: Sim, acho. O problema é que sua categoria de "sociedade" é, na verdade, muito geral, maldefinido, que abarca tudo e é utilizado para tudo que não seja a economia de mercado. Como resultado, sua caracterização da estrutura institucional do capitalismo é excessivamente simplificada. Ao postular um forte dualismo entre economia e sociedade, que implica uma única fronteira, Polanyi não enxerga a tríade de separações institucionais constitutivas do capitalismo – economia/política, produção/reprodução e natureza humana/natureza não humana – e negligencia o complexo de fronteiras associado a essas separações. Com toda a certeza, ele estava interessado naquilo que poderíamos chamar de ecologia, reprodução social e política democrática. Todavia, seu quadro conceitual não esclarece nem o lugar dessas questões na sociedade capitalista nem as tendências de crise associadas a elas. Assim, sugiro que substituamos sua visão dualista, economia/sociedade, pela concepção expandida do capitalismo delineada aqui. Nesse caso, terminaríamos com três *loci* de lutas de fronteira, cada qual atraindo contestação na forma de um movimento triplo.

Jaeggi: Alguns podem dizer que, ao melhorar o Polanyi desse modo, você também tira parte de seu radicalismo. De certa maneira, a "emancipação" tem um lugar, na caracterização dele, como uma das duas resoluções histórico-mundiais da luta que tinha em vista, ao contrapor o socialismo ao fascismo. Você poderia falar um pouco mais a respeito de como a inserção da emancipação como vertente do movimento oferece uma figura menos maniqueísta, com múltiplas tensões e efeitos de sinergia?

Fraser: É verdade que Polanyi estava muito interessado em promover uma resolução emancipatória para a crise sobre a qual escreveu. No entanto, acho que seu quadro conceitual não estava apto à tarefa. O principal resultado de sua análise, por mais que tenha sido não intencional, foi contrapor uma "sociedade" acolhedora e integrada a uma "economia" ruim e desintegradora. Em contraposição, não ofereceu nenhum recurso para distinguir formas de vida socialmente integradas baseadas na dominação daquelas que não o são. Do mesmo modo, deixou sua preferência evidente pelo socialismo como isto mesmo: uma preferência subjetiva não fundamentada. Então, eu contestaria a afirmação de que, ao introduzir de maneira explícita a categoria de emancipação, estou tirando seu radicalismo. Eu diria, ao contrário, que o fortaleço ao fornecer os conceitos necessários para fundamentá-lo.

Isso, no entanto, não é tudo. Ao introduzir um terceiro polo, emancipatório, de luta social, também esclareço como o radicalismo pode emergir na sociedade capitalista. Utilizei o movimento triplo para analisar cenários de conflito em termos de "dois contra um". Por exemplo, para mim, o capitalismo social democrata administrado pelo Estado desenvolveu um novo modo de sintetizar os dois polos que Polanyi compreendeu como incompatíveis: mercantilização e proteção social. Contudo, como expliquei no Capítulo 2, essa síntese se baseou no sacrifício da emancipação, construído sobre a dependência das mulheres por meio do salário familiar, sobre as exclusões raciais/étnicas e a contínua expropriação imperialista. Então, foi uma aliança de dois contra um: mercantilização e proteção social contra emancipação. Em dado momento, como vimos, esse arranjo desmoronou e foi substituído por um cenário diferente de "dois contra um", que é específico do capitalismo financeirizado. Nesse novo cenário, a mercantilização se uniu à emancipação à custa da proteção social. Isso soa perverso, claro, mas captura bem a situação na qual correntes liberais dominantes dos movimentos sociais emancipatórios adotaram compreensões de igualdade e liberdade fracas, meritocráticas e amigáveis ao mercado, que se encaixam perfeitamente nos projetos e nas exigências de legitimação dos principais setores do "capitalismo cognitivo". É o domínio desses setores, incluindo TI, Hollywood e Wall Street, que pulverizou a indústria e metastasiou a dívida, promovendo austeridade e canibalizando os padrões de vida da classe trabalhadora por toda a área historicamente considerada o centro do sistema mundial capitalista. Tudo isso ocorreu sob o disfarce das bandeiras progressistas: "diversidade multicultural", "empoderamento das mulheres", direitos LGBTQ.

O projeto neoliberal está vacilando hoje, por razões estruturais e políticas. Sua aliança hegemônica entre emancipação e mercantilização/financeirização perdeu muito de seu brilho carismático. Esse é, portanto, um ótimo momento para vislumbrar outro cenário de "dois contra um", o único que ainda não foi testado: proteção social e emancipação contra a mercantilização e a financeirização desembestadas. Esse é meu cenário favorito para a atual conjuntura e surgiu de meu engajamento crítico com Karl Polanyi, filtrado e maturado por meu outro engajamento de longa dada com "o outro Karl"[11].

A ascensão e a queda do neoliberalismo progressista

Jaeggi: Já mencionamos a possibilidade de que movimentos sociais sejam motivados pelos sintomas das contradições profundas e das crises do capitalismo, mas, ainda assim, lidem com essas questões de um modo que poderia ser considerado não emancipatório ou regressivo. Esses movimentos são parte de uma dinâmica de luta social que coloca o capitalismo em questão. Alguns deles, contudo, não só não são emancipatórios, como são radicalmente *anti*emancipatórios e mesmo fascistas ou fundamentalistas. Como avaliar essa situação? Apesar da atenção dada em 2011 ao Occupy Wall Street, seria possível argumentar que, numa escala mundial, a maior parte do sentimento anticapitalista e da mobilização não é de esquerda. Isso nos confronta com um sério problema.

Sempre houve críticas conservadoras ao capitalismo. Algumas delas expressam uma nostalgia por formas de vida pré-capitalistas, outras estão de acordo com a economia capitalista, mas se opõem a certas formas de modernidade social que a acompanham. Jornais conservadores podem ser mais enérgicos e radicais do que os de esquerda em seus ataques – por exemplo, no que diz respeito à neoliberalização de universidades, uma vez que muitas vezes os conservadores têm algum vínculo com antigos valores humanistas.

Ainda assim, há algumas vertentes comprometidas com o questionamento do *status quo* capitalista de maneira muito perigosa, e temos de nos perguntar quanto devemos levá-las a sério. Essa é uma razão pela qual é importante, desde o início, ter critérios analíticos e normativos. Não podemos pensar apenas nos termos de um binarismo simples que separa as forças do capitalismo, de um lado, e as forças contra o capitalismo, do outro. Isso é muito simplista. Sei que você quer evitar esse binarismo pela forma como extraiu todas as ambivalências do movimento triplo, mas talvez a classificação das lutas afirmativas *versus* transformativas tenha de

---

[11] Nancy Fraser, "Why Two Karls Are Better than One: Integrating Polanyi and Marx in a Critical Theory of the Current Crisis", artigo em elaboração para o DGF-Kollegforscher-innengruppe Postwachstumsgesellschaften, n. 1, Jena, 2017.

ser expandida, fazendo um balanço de seu lado sinistro, o qual pode variar desde a afirmação dos aspectos errados das fronteiras até as inclinações regressivas para aboli-las como um todo.

Um tipo de movimento social regressivo como esse seria o fundamentalismo, que apresenta muitas formas, incluindo diferentes vertentes de fundamentalismo islâmico, cristão, ou mesmo aspectos das tentativas de Modi, de codificar uma versão fundamentalista do hinduísmo, na Índia, que vai contra todo o desenvolvimento histórico daquela tradição religiosa. Outro tipo seriam os populismos de direita, que emergiram recentemente ou estão se fortalecendo. Nós os encontramos nos apoiadores de Donald Trump, nos eleitores pró-Brexit, e há diversos outros movimentos que vemos ganhando *momentum* em toda a Europa – por exemplo, na França, na Holanda, na Dinamarca e em outros lugares.

Fraser: Essas são questões importantes e urgentes. Com certeza, precisamos, *sim*, entender a onda de respostas regressivas de direta à crise atual e a relativa fraqueza das alternativas emancipatórias de esquerda. Vamos, porém, lembrar o que eu disse antes: minha distinção conceitual entre lutas afirmativas e transformadoras não corresponde à distinção normativa entre lutas emancipatórias e regressivas. Já concordamos sobre isso e sobre a necessidade de critérios normativos – não independentes e não externos.

Se mantivermos essa compreensão em mente, poderemos situar os dois tipos de resposta, o regressivo e o emancipatório, em relação ao contexto atual. Ambos se opõem às configurações de fronteira instituídas pelo capitalismo financeirizado e rejeitam o senso comum neoliberal que deu sustentação a essa configuração – o consenso da elite em favor do "livre comércio" (na verdade, do movimento livre do capital) e da globalização empresarial. Ambos desertaram os partidos políticos estabelecidos, que apoiaram a política neoliberal e a hegemonia neoliberal. Ambos, movimentos radicais de esquerda e de direita, buscam ativamente novas ideologias, projetos e líderes. O resultado é um desmantelamento generalizado da hegemonia neoliberal.

Esse desmantelamento fornece o contexto inescapável para lidar com sua questão acerca da força das respostas de direita. O primeiro passo necessário, a meu ver, é colocar considerações normativas entre parênteses e tentar pensar esses desenvolvimentos, de resto tão heterogêneos, como a votação do Brexit, a eleição de Trump, a força surpreendente do desafio lançado por Bernie Sanders a Hillary Clinton nas primárias dos Democratas nos Estados Unidos, a melhora na sorte dos partidos etnonacionalistas e nacionalistas-econômicos na Europa e o grande apoio à mudança de curso de Jeremy Corbyn no Partido Trabalhista britânico. Obviamente, essas respostas se diferenciam de modo importante umas das outras, inclusive no nível normativo. Ao mesmo tempo, todas dizem que o neoliberalismo não está funcionando, que há algo de profundamente errado com a atual maneira de organizar a vida e fazer negócios e que temos de substituí-la por algo bem diferente. Essa é uma indicação de que, ao contrário do que eu disse há alguns anos[12], uma crise real de legitimação talvez esteja fermentando. Hoje, é difundida a sensação de que as classes políticas e os partidos estabelecidos estão falidos, que foram capturados por interesses privados e deveriam ser chutados para fora. De fato, há um desacordo massivo acerca de quem e do que deve substituí-los, assim como sobre de quem é a culpa. Finanças? Imigrantes? Mulçumanos? O 1%? Mas as forças antineoliberais estão em marcha em todos os lugares, rejeitando abertamente o projeto neoliberal e enfraquecendo muito, senão estilhaçando por completo, sua hegemonia. O que emerge em situações como essa nem sempre é bonito. Lembro-me da descrição de Gramsci de uma "crise de autoridade" anterior, que diz "o velho está morrendo e o novo não pode nascer; nesse interregno, aparece uma grande variedade de sintomas mórbidos"[13]. O que vemos agora são os sintomas mórbidos.

Esse é, a meu ver, o contexto para abordar sua questão, que eu reformularia do seguinte modo: no vazio aberto pelo desmantelamento da hegemonia neoliberal, por que movimentos transformadores à direita parecem prosperar melhor do que aqueles à esquerda?

Jaeggi: Sou um pouco mais cética quanto à possibilidade de reunir esses movimentos em torno da defesa de que o neoliberalismo se encontra no fim ou de que deva ser extinto. Na Alemanha, assim como em outros lugares, há novos movimentos populistas radicais de direita etnonacionalistas, ou *völkisch*. Quase todos são racistas e se unem sob algum tipo de correção antipolítica e de *ressentimento* anti-imigração, muitas vezes acompanhados por islamofobia. Alguns são até abertamente revanchistas quanto à Alemanha nazista. No entanto, apenas uma minoria está do lado protecionista do movimento triplo e contra a mercantilização. Em questões econômicas, um grande número deles defende posições neoliberais – desde que, é claro, "nós" nos livremos de imigrantes e refugiados, "recuperemos nosso país" e nos tornemos "alemães de novo" (ou, dependendo do caso, franceses, poloneses, húngaros, dinamarqueses, e assim por diante). Há muitas inconsistências nessas várias demandas e nesses programas, na Europa e no restante do

---

[12] Idem, "Legitimation Crisis? On the Political Contradictions of Financialized Capitalism", *Critical Historical Studies*, v. 2, n. 2, 2015, p. 157-89.

[13] Antonio Gramsci, *Selections from the Prison Notebooks* (org. e trad. Quintin Hoare e Geoffrey Nowell Smith, Nova York, International Publishers, 1971), p. 276 [ed. bras.: *Cadernos do cárcere*, org. e trad. Carlos Nelson Coutinho et al., Rio de Janeiro, Civilização Brasileira, 1999-2005, v. 3, p. 184].

mundo. Contudo, não vejo uma tendência estritamente antineoliberal em ação nos programas nem nas atitudes. O que é estranho, alarmante e perturbador – tendência que ainda não compreendo – é uma aliança um tanto inusitada entre neoliberalismo econômico e político e protecionismo, nacionalismo e elementos antimodernos. Para começar, como Trump pode representar "o fim do neoliberalismo", com suas fortes alianças (não apenas) com Wall Street e seu desejo de abolir aquelas poucas proteções do Estado de bem-estar que existem nos Estados Unidos? Não seria ele, ao contrário, sua continuação?

Fraser: Ainda quero abordar sua questão anterior: por que a direita está prosperando mais que a esquerda na atual conjuntura? Antes, tentarei responder a suas objeções a minha premissa implícita de que há uma crise da hegemonia neoliberal. Em primeiro lugar, você diz que o apoio a partidos europeus de direita está mais firmado no racismo do que na oposição ao neoliberalismo; depois, que Donald Trump ainda governa como um neoliberal. Ambos os pontos se valem em parte de interpretações de questões empíricas, mas também podem convidar a uma confusão conceitual, levando-nos a confundir algumas distinções importantes: primeiro, entre políticas neoliberais e senso comum liberal; segundo, entre o sentimento populista de direita e as políticas perseguidas no gabinete pelos eleitos na base daquele sentimento. Deixe-me explicar.

Vamos supor, pelo argumento, que você tenha razão sobre a Alemanha, ao afirmar que a ascensão do AfD (Alternativ für Deutschland) não tenha nada a ver com insegurança econômica e seja apenas um caso puro de racismo. Não estou certa de que esse seja de fato o caso. Suspeito que esse partido, assim como quase todos os outros, apele para uma população heterogênea, cujos vários segmentos o apoiam por diferentes razões. Se você tiver razão, no entanto, isso faria da Alemanha um caso isolado, uma exceção na conjuntura atual. Nos outros lugares da Europa, o colapso ou o enfraquecimento dos partidos sociais-democratas e da centro-direita tradicional têm a ver tanto com a promoção conjunta que fizeram da "austeridade", da precariedade e do alto desemprego quanto com um racismo forte e de princípio. Isso é claro na França, onde tanto o Partido Socialista quanto os partidos de centro-direita perderam apoio para rivais mais à direita e à esquerda depois de passarem décadas tentando cortar proteções trabalhistas e direitos sociais – trabalho que agora vai ficar para um banqueiro ou um *outsider* político que governará sem um partido político. Isso também é verdade no Reino Unido, onde a rebelião popular contra as devastações da financeirização, promovidas pelo "novo trabalhismo" e pelos conservadores, encontrou voz na campanha do Brexit, em especial no norte desindustrializado. A prova, nos dois casos, é a impressionante volatilidade dos eleitores da classe trabalhadora da nacionalidade majoritária, que alternaram de um lado para outro entre Mélenchon e

Le Pen, na França, e Brexit e Corbyn, no Reino Unido. O que isso prova é que, longe de demonstrar qualquer vínculo de princípio com o racismo, os eleitores em questão agiram de modo oportunista, buscando o veículo mais efetivo para registrar seu protesto naquele contexto.

Até onde posso ver, esse é o caso também na Itália, na Grécia, na Espanha, na Suécia e na Dinamarca, onde movimentos etnonacionalistas prosperaram no início da inseguridade social que se seguiu à neoliberalização – imposta a eles em alguns casos pela Alemanha, é preciso dizer – e onde veículos de esquerda para expressão de protesto eram fracos ou estavam comprometidos. O fato de esses movimentos concentrarem sua ira em imigrantes não prova que a grande maioria de seus apoiadores seja de racistas incorrigíveis, embora alguns deles com certeza o sejam. Antes de lançar todos na mesma bacia de "deploráveis", como Hillary Clinton fez, eu gostaria de considerar o que mais eles talvez queiram expressar e quais outros veículos políticos estão disponíveis para que o façam. É possível que o medo de imigrantes expresse a ansiedade, não tão distante, de que as coisas se mostrem fora de controle?

Em todo caso, o que esses movimentos populistas de direta vão fazer se e quando chegarem ao poder é outra questão. Se o passado serve como guia, os políticos que eles elegerem farão acordos com a finança global para dar continuidade à política neoliberal de outra forma. Isso não refuta a tese de que os sentimentos que alimentam sua ascensão sejam antineoliberais, mas sublinha o ponto de que o colapso da hegemonia neoliberal não implica o fim da política neoliberal.

O caso mais representativo para esse ponto são os Estados Unidos, único país no Norte global, fora do leste da Europa, onde o movimento etnonacional antiliberal chegou ao poder – ou, na verdade, pareceu assumir. Você tem razão ao dizer que, desde que assumiu a presidência, Donald Trump fracassou em perseguir as políticas populistas econômicas com as quais fez sua campanha. Longe disso. Tendo tentado ganhar tempo no Nafta [Tratado Norte-Americano de Livre Comércio], nunca levantou um dedo para controlar Wall Street nem deu um único passo sério para implementar projetos de infraestrutura pública de larga escala, que criam empregos ou encorajam a manufatura. Longe de propor uma reforma tributária, cujos principais beneficiários fossem a classe trabalhadora e as famílias de classe média, Trump deu continuidade à versão republicana clichê, formulada para canalizar mais riqueza para o 1% – incluindo ele mesmo e sua família. E nada disso refuta a afirmação de que ele ganhou a presidência fazendo campanha como um *populista reacionário*. Pelo contrário, esse é um caso clássico de propaganda enganosa. Tendo substituído, sub-repticiamente, o nacionalismo econômico pelo neoliberalismo após assumir o cargo, Trump dobrou a aposta no *front* do reconhecimento, gerando um conjunto de provocações cada vez mais viciosas e excludentes. O resultado foi que os eleitores que pensavam eleger um populista reacionário obtiveram, na verdade, um *neoliberal hiper-reacionário*[14]. (Posso comentar em mais detalhes sobre isso mais tarde, se você quiser.)

Aqui, quero apenas insistir num ponto simples. O fato de que os trabalhadores que votaram em populistas de direita são traídos por aqueles que elegeram não refuta a ideia de que estejam buscando proteção social. Muitos deles, claro, não entendem do que é que precisam se proteger, colocando o ônus nos imigrantes, não na finança. Sua compreensão a respeito do que exatamente é necessário para protegê-los é, muitas vezes, equivocada. Contudo, ao votar em Trump, um segmento importante dos estadunidenses das classes trabalhadora e média queria, entre outras coisas, a revogação de acordos de "livre-comércio" e projetos de infraestrutura pública de larga escala para criar empregos de manufatura e construção bem remunerados. Mais de 8 milhões deles, incluindo aqueles que entregaram o Colégio Eleitoral a Trump, votaram em Obama em 2012 – quando ele fez campanha pela esquerda tomando a retórica do Occupy – e em Sanders nas primárias dos Democratas em 2016. Nesses três casos, esses eleitores responderam de forma consistente frente a apelos distributivos baseados na classe, enquanto as dinâmicas de reconhecimento que assumiram variaram muito ao longo do caminho. Eles também exibiram, então, uma volatilidade que nega a ideia de que não passem de racistas de carteirinha.

Jaeggi: Concordo com você que tais movimentos sejam um sintoma da crise e de que a resposta liberal usual, a da condenação moral, é inteiramente inadequada. Não é suficiente dizer que eles são moralmente errados ou absurdos nem que representam um retrocesso inesperado e contingente de conquistas "progressistas". Isso é verdade. Então, independentemente de ser ou não vista como uma rejeição ao neoliberalismo, a onda atual de populismo de direita ainda pode ser compreendida como sintoma de alguma crise, problema ou contradição que subjaz ao desenvolvimento recente do neoliberalismo, mesmo que esses movimentos reajam e deem expressão a isso de maneira problemática.

Nesse caso, a questão é saber por que essa reação tomou a forma regressiva e reacionária que tomou, em oposição a uma forma mais emancipatória. Isso não pode ser explicado por uma busca egocêntrica do autointeresse. Pense apenas no fato de que, em seu país, aqueles que mais dependem de um sistema de seguro saúde e de bem-estar social funcionando foram os que escolheram políticos que tentam abertamente destruí-los. Alguma abordagem teórica baseada na ideologia parece necessária aqui. Como o sofrimento social e a indignação gerados pela presente

---

[14] Nancy Fraser, "From Progressive Neoliberalism to Trump – and Beyond", *American Affairs*, v. 1, n. 4, 2017, p. 46-64 [ed. bras.: "Do neoliberalismo progressista a Trump – e além", *Política e Sociedade: Revista de Sociologia Política*, v. 17, n. 40, 2018; disponível em: <https://periodicos.ufsc.br/index.php/politica/article/view/2175-7984.2018v17n40p43/38983>].

crise não criaram movimentos emancipatórios, dando origem, ao contrário, a impulsos reacionários, autoritários e protofascistas? Quais são os mecanismos em ação aqui? Não devemos insinuar que aqueles que votam a favor do populismo autoritário façam isso sem qualquer "razão" – ou, vamos dizer, "ocasião" –, mas também não podemos assumir suas motivações por seu valor de face. Isso nos leva à questão do que poderia ser uma resposta de esquerda e por que a esquerda não foi capaz de lidar com tais questões ou oferecer uma alternativa viável.

Fraser: Concordo que a resposta desdenhosa esteja errada e acrescentaria até que é *contraproducente*. Os populistas de direita têm *de fato* sofrimentos genuínos, que devem ser validados, e movimentos populistas reacionários *estão* respondendo a uma crise subjacente real que também requer reconhecimento. O problema, como você sugere, reside no modo como esses sofrimentos são expressos, no diagnóstico equivocado que os movimentos fazem sobre as causas, no fato de recorrerem a bodes expiatórios e pseudossoluções.

Por que, você pergunta, essas posições se tornaram tão atrativas para tantos no presente contexto? Bom, há muito a ser dito sobre esse assunto, mas um fator-chave é o declínio mundial da esquerda no decorrer das últimas décadas. Os atores recentemente radicalizados e politizados simplesmente não têm muito acesso a visões de mundo seculares e de esquerda que poderiam oferecer interpretações anticapitalistas e anti-imperialistas da crise presente. Na ausência de alternativas de esquerda, a direita se torna a única opção para aqueles que querem mudança radical.

Essa, entretanto, não é a história inteira. Também há um aspecto mais sombrio, que deveríamos ter coragem de explorar, isto é, a hegemonização que o neoliberalismo faz – ou a "recuperação", para usar o termo de Boltanski e Chiapello – das principais correntes daquilo que um dia foi a esquerda[15]. Dizer isso é invocar um primo daquilo que você chamou de "abordagem teórica baseada na ideologia", mas numa versão que deve mais a Gramsci do que a Althusser ou à Escola de Frankfurt, e que convida a uma análise nos termos do movimento triplo.

Jaeggi: Não se trata só de a esquerda ter deixado um vácuo para a direita, ao não ser capaz de desenvolver uma boa estratégia. A seu ver, a esquerda foi prejudicada em sua capacidade de abordar esses temas, certo?

Fraser: Sim. Tem a ver com o cenário "dois contra um" que esbocei antes. Como eu disse, a social-democracia estava ancorada numa aliança "dois contra um", da mercantilização e da proteção social contra a emancipação, enquanto o capitalismo

---

[15] Luc Boltanski e Ève Chiapello, *The New Spirit of Capitalism* (trad. Gregory Elliott, Londres, Verso, 2013), p. 446-7.

financeiro gerou uma aliança da mercantilização e da emancipação contra a proteção social. Essa segunda aliança dividiu as forças sociais que uma esquerda séria tem de unir, descartou os defensores da emancipação dos trabalhadores do setor manufatureiro e das comunidades rurais que estão cambaleantes em função da financeirização e gravitando para o populismo de direita. Na verdade, é pior do que isso. Além de tê-los descartado, a nova aliança colocou as correntes dominantes dos movimentos emancipatórios em oposição direta às pessoas que poderiam (e deveriam) estar entre os aliados mais importantes na elaboração de uma resposta de esquerda à crise atual.

Deixe-me explicar como isso ocorreu. Nas décadas subsequentes aos anos 1970, surgiram dois diferentes conjuntos de lutas sociais, mais ou menos ao mesmo tempo, em muitos países do centro do capitalismo. O primeiro colocava o trabalho contra o capital, que buscava acabar com sindicatos, reduzir salários reais, realocar a manufatura para regiões com baixos salários na semiperiferia e precarizar o trabalho. Essa era uma luta de classes à moda antiga, que foi em geral ganha pelo capital, pelo menos por enquanto. Paralelamente a isso, surgia um segundo *front*, que colocava as forças da emancipação – na forma dos "novos movimentos sociais", como o feminismo, o multiculturalismo, o antirracismo, os direitos dos LGBTQ etc. – contra os defensores dos valores familiares e dos mundos da vida "à moda antiga", muitos dos quais estavam também no grupo que perdia a primeira luta e ressentiram o "cosmopolitismo" cultural associado à nova economia globalizante. Pegas na segunda luta e amplamente desatentas à primeira, as correntes hegemônicas dos movimentos progressistas deixaram a peteca cair na economia política, ignorando as transformações estruturais em andamento. Pior, voltaram-se para formas meritocráticas e individualistas de enquadrar suas agendas – pense, por exemplo, nos feminismos do "faça acontecer" dedicados a "quebrar o telhado de vidro" e permitir que mulheres "talentosas" subissem os mais altos degraus da escada empresarial. Essas correntes abandonaram esforços para compreender a dominação de gênero de maneira estrutural, como ancorada na separação capitalista entre produção e reprodução. Elas abandonaram as mulheres menos privilegiadas, sem capital cultural e social para se beneficiar desse fazer acontecer e que, portanto, permaneceram presas no porão.

O que denominei de "neoliberalismo progressista" emergiu da colisão desses dois conjuntos de lutas[16]. Por mais surpreendente que a expressão soe, ela nomeia adequadamente o bloco hegemônico que dominou a política dos Estados Unidos

---

[16] Nancy Fraser, "Progressive Neoliberalism versus Reactionary Populism: A Hobson's Choice", em *The Great Regression* (org. Heinrich Geiselberger, Cambridge, Polity, 2017). Uma versão resumida apareceu em "The End of Progressive Neoliberalism", *Dissent*, 2017 [ed. bras.: "O fim do neoliberalismo 'progressista'", *Brasil de Fato*, 27 jan. 2017; disponível em: <https://www.brasildefato.com.br/2017/01/27/o-fim-do-neoliberalismo-progressista/>].

do período de Clinton a Obama. Há variantes em outros lugares. Em cada caso, as correntes hegemônicas dos movimentos emancipatórios – como o feminismo, o antirracismo, o multiculturalismo e os direitos LGBTQ – se tornaram aliados (em alguns casos, de forma consciente e deliberada e, em outros, não) de forças neoliberais que buscavam financeirizar a economia capitalista, em particular os setores mais dinâmicos, orientados ao futuro e globalizados do capital, como Hollywood, TI e as finanças. Como sempre, o capital conseguiu a melhor parte do negócio. Nesse caso, os setores do "capitalismo cognitivo" se valeram de ideais como os de diversidade e empoderamento, que poderiam em princípio servir a diferentes fins, para embelezar políticas que devastaram a manufatura e aquilo que um dia foram vidas de classe média. Em outras palavras, usaram o carisma de seus aliados progressistas para espalhar um verniz de emancipação sobre o próprio projeto regressivo de redistribuição massiva para cima.

Jaeggi: Sempre estive convencida de que você abordava essa questão, sobre o que Hester Eisenstein chamou de *liaisons dangereuses* [ligações perigosas], com real perspicácia[17]. (De fato, você sempre esteve em sua melhor forma como teórica crítica ao buscar compreender "as lutas e os desejos da época".) Entretanto, muitas pessoas reagiram às acusações, a saber, aquelas partes do movimento feminista que compraram o neoliberalismo progressista, dizendo que você conta apenas metade da história, que sempre houve vertentes do feminismo que rejeitam essa conexão. A teoria *queer*, por exemplo, cultiva uma forte crítica às estruturas estabelecidas de poder e parece bastante empenhada em criticar os próprios vínculos com projetos hegemônicos, como na crítica à "lavagem rosa", ao "homonacionalismo", e assim por diante.

Fraser: Com certeza, nem todas as feministas foram conquistadas pela causa neoliberal, mas aquelas que foram, conscientemente ou não, constituíram o maior e mais visível segmento do movimento, enquanto aquelas que, como eu, resistiram foram confinadas às margens. Da mesma forma, progressistas no bloco neoliberal foram os sócios juniores, muito menos poderosos que seus aliados de Wall Street, Hollywood e Vale do Silício. Ainda assim, eles contribuíram para algo essencial: carisma, um "novo espírito do capitalismo". Exalando uma aura de emancipação, esse novo "espírito" conferiu à atividade econômica neoliberal uma capacidade de excitação. Associada agora ao pensamento orientado para o futuro e o libertário, bem como para o cosmopolita e o moralmente avançado, o que era sombrio de repente se tornou vibrante. Graças em grande parte a esse

---

[17] Ver Hester Eisenstein, "A Dangerous Liaison? Feminism and Corporate Globalization", *Science & Society*, v. 69, n. 3, 2005, p. 487-518; Nancy Fraser, "Feminism, Capitalism, and the Cunning of History", *New Left Review*, v. 56, 2009, p. 97-117.

éthos, políticas que fomentavam uma ampla redistribuição de riqueza e de renda em favor dos de cima adquiriram uma pátina de legitimidade.

De qualquer modo, a reação dessas feministas que você descreveu foi defensiva. O que elas entenderam como "acusação" foi, na verdade, uma tentativa de compreender a construção da *hegemonia*, o processo por meio do qual o projeto de classe regressivo do neoliberalismo alcançou uma medida de "consenso", ao refletir e partir de correntes importantes dos movimentos progressistas. Devo acrescentar que é essencial entender como a hegemonia funciona se quisermos aprender a construir uma contra-hegemonia?

Jaeggi: Mesmo que algumas dessas *liaisons* sejam não intencionais e até contrárias àquilo que esses movimentos buscavam, elas permanecem consequências não intencionais de transformações sociais que estão ocorrendo num nível mais profundo. Colocar isso no quadro do movimento triplo confere ao diagnóstico uma profundidade analítica muito maior do que, digamos, a nota sarcástica de Nina Power, de que o "capitalismo é o melhor amigo de uma garota"[18]. Ao mesmo tempo, você não concorda que, enquanto progressistas da "terceira via", como Clinton, Blair e Schröder, faziam sua parte para solidificar o projeto neoliberal, foram figuras como Reagan e Thatcher que colocaram tudo em movimento?

Fraser: Sim, isso está correto. Progressistas neoliberais não sonharam com a economia política neoliberal. Essa honra pertence à direita, aos iluminados intelectuais Friedrich Hayek, Milton Friedman e James Buchanan; a seus políticos visionários, Barry Goldwater e Ronald Reagan; e a seus possibilitadores endinheirados, Charles e David Koch, entre outros. No entanto, a versão "fundamentalista" de direita do neoliberalismo não teria como se tornar hegemônica em países cujo senso comum ainda era moldado pelo pensamento social-democrata ou pelo New Deal, pela "revolução dos direitos" e por um conjunto de movimentos sociais que descendiam da Nova Esquerda. Para que o projeto neoliberal triunfasse, ele tinha de ganhar outra embalagem, um apelo mais amplo, e tinha de ser vinculado a outras aspirações não econômicas de emancipação. Só quando encoberta como *progressista* poderia uma economia política *regressiva* se tornar o centro dinâmico de um novo bloco hegemônico.

Eu enfatizaria, ainda, três pontos. Primeiro, o neoliberalismo não é apenas uma política econômica, mas também um *projeto político* que busca alcançar hegemonia ao montar um bloco histórico. A estratégia escolhida é vincular suas políticas de distribuição plutocráticas e expropriativas a uma política de reconhecimento que alcance amplo apoio. Por consequência, e esse é meu segundo ponto, o neoliberalismo

---

[18] Nina Power, *One-Dimensional Woman* (Winchester, Zero Books, 2009), p. 21.

não é monolítico; pelo contrário, tem vertentes progressistas e regressivas. A diferença diz respeito ao reconhecimento. As duas variantes promovem políticas distributivas que beneficiam sobretudo o 1%, mas somente uma delas articula esse programa com uma política de reconhecimento aparentemente inclusiva, ao passo que a outra o vincula, ao contrário, a uma alternativa excludente. Por fim, a vertente *progressista* do neoliberalismo foi bem-sucedida em se tornar hegemônica, derrotando não só as forças antineoliberais, como também as neoliberais *reacionárias*. A estratégia vitoriosa vinculou uma política de distribuição profundamente desigual e antitrabalho a outra, de reconhecimento moderna, "orientada para o futuro" e, aparentemente, emancipatória.

Isso foi certamente o que ocorreu nos Estados Unidos. Lá, o neoliberalismo progressista alcançou hegemonia nos anos 1990, quando Bill Clinton assumiu a Presidência. Mais ou menos na mesma época, formações paralelas emergiram em outros lugares, na América Latina, na Europa e no Reino Unido. O caso paradigmático foi o "Novo Trabalhismo" de Tony Blair, assim como Gerhard Schröder na Alemanha. Nos Estados Unidos, a ala clintoniana do Partido Democrata desarticulou em silêncio a antiga coalizão do New Deal que havia unido o trabalho organizado, os imigrantes, os afro-americanos, as classes médias urbanas e algumas frações do grande capital industrial por várias décadas. Em seu lugar, forjaram uma nova aliança entre empreendedores, banqueiros, suburbanos, "trabalhadores simbólicos", novos movimentos sociais, latinos e juventude, retendo o apoio dos afro-americanos que sentiam não ter para onde ir. Bill Clinton chegou à Presidência com o discurso da diversidade, do multiculturalismo e dos direitos das mulheres. Uma vez no cargo, entretanto, seguiu os passos do Goldman Sachs, desregulando o sistema bancário e negociando os acordos de livre-comércio que aceleraram a desindustrialização.

A combinação de reconhecimento progressista com distribuição regressiva foi poderosa o bastante, ao menos por um tempo, para derrotar a direita, os republicanos nos Estados Unidos, os conservadores no Reino Unido, cujo contraprojeto combinava distribuição regressiva com reconhecimento reacionário – etnonacionalista, anti-imigrante e pró-cristão. Todavia, a vitória do neoliberalismo progressista veio a um preço. O que foi traído foram os centros industriais em declínio, em especial o "Cinturão da Ferrugem", que um dia fora a fortaleza da social-democracia do New Deal, mas hoje é a região que entregou o colégio eleitoral para Donald Trump em 2016. Essa região, assim como novos centros industriais no sul, tomou o principal golpe quando a desregulamentação financeira e as políticas do livre-comércio destruíram os centros de manufatura ao longo das duas últimas décadas.

Mesmo que essas comunidades estivessem sendo devastadas, o bloco neoliberal progressista difundia um *éthos* de reconhecimento superficialmente igualitário e emancipatório, centrado nos ideais de "diversidade", "empoderamento" das mulheres, direitos LGBTQ, pós-racialismo, multiculturalismo e ambientalismo. Entretanto, esses ideais foram interpretados de modo específico e limitado, compatível com a *goldman sachificação* da economia norte-americana. Proteger o meio ambiente significava negociar carbono. Promover a casa própria significava realizar empréstimos *subprime* vinculados a (e revendidos como) seguros assegurados com hipotecas. Igualdade significava meritocracia. A redução da igualdade à meritocracia foi determinante. O objetivo do neoliberalismo progressista não era abolir a hierarquia social, e sim "diversificá-la", "empoderando" mulheres "talentosas", negros e minorias sexuais para que alcançassem o topo. Esse ideal era inerentemente *específico a classe*, orientado para garantir que indivíduos "merecedores" de "grupos subrepresentados" obtivessem posições e pagassem como iguais, junto com os homens brancos e heterossexuais de *sua própria classe*. A variação feminista é reveladora, mas não singular. Focada no "faça acontecer" e na "quebra do telhado de vidro", suas principais beneficiárias só poderiam ser aquelas que já tinham o capital social, cultural e econômico necessário.

O neoliberalismo progressista foi perfeitamente encarnado por Hillary Clinton em 2016 e se tornou o principal alvo da campanha de Trump. Toda a eleição foi, na verdade, um referendo sobre o neoliberalismo progressista. Se quisermos entender a vitória de Trump, a da campanha do Brexit e a exibição de força de partidos populistas de direita em outros lugares, temos de compreender com o que aqueles que votaram neles estavam insatisfeitos e determinados a acabar.

Jaeggi: Trata-se de fato de uma análise desafiadora. Então, aquilo com o que estamos nos confrontando é mais do que uma simples recaída contra a emancipação das mulheres, o antirracismo, os direitos LGBTQ e os outros movimentos. Isso pode ajudar a explicar por que os movimentos autoritários e o populismo de direita gastam tanta energia desacreditando a elite cultural liberal de esquerda e as políticas de minoria. Na Alemanha, por exemplo, estamos observando ataques intensos à "ideologia de gênero" [genderism], ao "politicamente correto", a elites multiculturais e *queer*, retratadas como cosmopolitas sem raízes, sem "nação" – e até sem gênero –, o que evoca fortes memórias de estereótipos antissemitas[19]. A explicação mais comum da esquerda é que isso é só retórica, que visa a despertar emoções, quando de fato se trata da economia e da oposição protecionista ao neoliberalismo. No entanto, isso é muito superficial. Eu diria que sua caracterização vai um pouco mais fundo, na medida em que não negligencia nenhum dos lados do fenômeno. Se o problema aqui não é só o neoliberalismo, mas o neoliberalismo *progressista*, então, de modo inusitado, os líderes neopopulistas estão percebendo algo quando atacam o multiculturalismo

---

[19] Para análises do caráter antigênero e de sua relação com a recente onda do populismo e do autoritarismo de direita, ver Sabine Hark e Paula Irene Villa (orgs.), *Anti-Genderismus* (Bielefeld, Transcript, 2015). Para uma análise esclarecedora, ver Eva von Redecker, "'*Anti-Genderismus*' and Right-Wing Hegemony", *Radical Philosophy*, v. 198, jul.-ago. 2016, p. 2-7.

e outras causas progressistas. Não se trata apenas de racismo reprimido nem de uma reação fora do lugar ao neoliberalismo como tal; pelo contrário, em sua descrição, esses movimentos tomam um aspecto real da situação como alvo. Por mais que nós, na esquerda, apoiemos os impulsos por trás desses movimentos progressistas, temos de admitir que há um vínculo entre a forma que eles assumiram e o neoliberalismo – um tipo de "aliança" – que contribuiu para a situação com a qual somos agora confrontadas. Esse é um ponto importante e uma análise interessante. Há uma conexão, que precisa ser explicitada e que, em sua visão, joga luz sobre o porquê de o "politicamente correto" talvez não ser um alvo tão absurdo para a nova direita.

Fraser: Você explicou a ideia básica com extrema clareza. O lado do reconhecimento da história não é mera ideologia, mas a autoafirmação muito real de um estrato social, cuja ascensão está fundamentada ao mesmo tempo na mudança para o capitalismo pós-industrial, cognitivo e globalizante, e em sua própria autocompreensão como cultural e moralmente superior às comunidades paroquianas da classe trabalhadora, deixadas para trás por essas mudanças. Então, sim, trata-se de ambos, reconhecimento e distribuição – ou, ainda melhor, uma forma específica em que esses dois aspectos da justiça se interligaram na era do capitalismo financeirizado. Os movimentos populistas de direita rejeitam o pacote como um todo. Ao fazerem isso, tomam como alvo dois componentes reais e plenos de consequências de um único bloco histórico cuja hegemonia diminuiu suas chances, e as de seus filhos, de levar uma vida boa.

Jaeggi: Essa análise ilumina de maneira interessante um debate que desperta fúria na Europa. Didier Eribon e outros argumentaram que a esquerda abandonou a "questão social" e deveria agora voltar a ela[20]. A discussão subsequente deveria levar a um processo muito necessário de autorreflexão, mas duvido que possamos somente "retornar" à questão social. Isso me parece subestimar o real escopo e o caráter da crise. Afinal, lutas por banheiros para todos os gêneros não provocaram o declínio do Cinturão da Ferrugem, tampouco a abolição do politicamente correto vai solucionar os problemas dos "pobres abandonados". Assim como um simples "retorno a questões de classe" não vai resolver. Não devemos nos tornar nostálgicos da política "tradicional" da classe trabalhadora, e sim tirar proveito do momento aberto pela Nova Esquerda, em que as críticas social e artística – para utilizar o conceito de Boltanski e Chiapello – foram unidas[21]. Isso é o que eu chamaria de momento "emancipatório" e de um solo mais firme para políticas emancipatórias.

---

[20] Didier Eribon, *Returning to Reims* (trad. Michael Lucey, Los Angeles, Semiotext(e), 2013).
[21] Luc Boltanski e Ève Chiapello, *The New Spirit of Capitalism*, cit., p. 38-40.

Fraser: Sobre esse ponto, concordo com a maior parte. Certamente, não há como voltar a uma política de classe à moda antiga. Essa abordagem sempre supôs uma definição limitada de classe e luta de classes, como eu disse no início. Assim, eu enfatizaria a ampliação daquilo que chamamos de "questão social" para tornar visíveis os terrenos ocultos. A crise do capitalismo financeirizado tem muito a ver com a ecologia, a democracia, a reprodução social e a organização do trabalho remunerado. Esses assuntos precisam estar no centro de qualquer política de esquerda que queira desafiar o atual regime. Eu também enfatizaria a ampliação daquilo que chamamos de "classe trabalhadora". Fiquei muito impressionada com o forte contraste entre como essa categoria foi invocada por Donald Trump, de um lado, e Bernie Sanders, de outro. A "classe trabalhadora" invocada por Trump era branca, heterossexual, masculina e cristã, ancorada na mineração, na perfuração, na construção e na indústria pesada, enquanto a "classe trabalhadora" cortejada por Sanders era ampla e mais extensa, englobando não só os trabalhadores das fábricas do Cinturão da Ferrugem, mas também o setor doméstico, público, trabalhadores de serviço, incluindo mulheres, imigrantes e pessoas não brancas – não apenas os explorados, mas também os expropriados e os despejados. Não quero idealizar Sanders, que é um retrocesso em alguns sentidos, mas sua visão ampla da "classe trabalhadora" já está bem à frente dos setores da esquerda que você acabou de invocar.

Jaeggi: Eu gostaria de fazer mais uma observação, com a esperança de levar a análise um pouco adiante. Ela diz respeito ao fato (e concordamos quanto a isso) de nos confrontarmos com tendências de crise e devermos enfatizá-las em nossa análise. Mesmo que sua análise das "alianças" que levaram ao neoliberalismo progressista esteja correta, eu ainda sustentaria que um exame mais profundo, orientado pela crise ou pela contradição, deveria ultrapassar esse nível. Se nosso objetivo é localizar as causas das transformações em questão – de acordo com o que poderíamos chamar de um espírito materialista –, não deveríamos olhar apenas para esses movimentos e contramovimentos. Deveríamos também olhar para a emergência do "capitalismo cognitivo" e de como ela veio acompanhada de uma dinâmica política e econômica que impedia a transformação emancipatória necessária para responder adequadamente a ele.

Você explicitou há pouco as causas materiais para a assim chamada "virada cultural". Gosto dessa abordagem. Eu complementaria dizendo que aquilo que poderíamos chamar de "liberalização cultural" no que concerne a valores familiares, direitos LGBTQ e direitos de minorias só se tornou possível por meio de transformações econômicas e sociais profundas. Não quero defender um determinismo unidimensional aqui, uma vez que as influências certamente vão nas duas direções. O "setor criativo" e seu potencial de inovação extrai vitalidade do impacto criativo das novas e liberalizadas formas de vida, e vice-versa. As últimas também são possibilitadas em parte pelos novos arranjos sociais que se desenvolvem com uma nova economia, com seu foco nas habilidades comunicativas, de cooperação e outras dimensões da subjetivação neoliberal. Em outras palavras, o neoliberalismo progressista é uma tendência "no mundo", gerada por condições materiais, e seria um erro reduzi-lo a um caso de juízos políticos equivocados ou alianças mal escolhidas.

Movimentos sociais têm seu papel nas transformações em questão, mas também requerem um *momentum*, dependem de "elementos passivos", como diria Marx, e de ruptura nas instituições e nas práticas de uma sociedade. Se tanto os direitos LGBTQ quanto o declínio do Cinturão da Ferrugem têm raízes no mesmo processo de transformação social e econômica – ou seja, se a abertura para direitos antidiscriminação é resultado de uma transformação que ao mesmo tempo levou uma crise a regiões industrializadas –, isso não os coloca em "oposição direta". Nenhum é direta ou indiretamente responsável pelo outro. Livrarmo-nos de banheiros separados por gênero não vai trazer de volta um único emprego em Wisconsin. Essas duas questões, as quais Oliver Nachtwey chama de igualdade "horizontal", em vez de "vertical", não estão conectadas de maneira direta ou causal[22]. É apenas num nível simbólico, da economia de atenção, que elas competem. Esse não é um nível desimportante, com toda a certeza. Mas, de novo, prestar atenção às transformações subjacentes, a meu ver, também significa que não se deve superestimar o papel da esquerda aqui. Eu continuaria defendendo isso, mesmo achando que suas análises são sempre muito frutíferas e me subscrevendo a uma parcela substantiva delas.

Fraser: Não tenho certeza se você sugeriu que discordávamos sobre a importância de relacionar uma análise político-hegemônica das lutas sociais a uma análise da crise sistêmica objetiva. Minha visão, defendida repetidamente nesse livro, é a de que uma teoria crítica da crise precisa dos dois níveis. Então, não acredito que discordemos aqui, mas, talvez, concebamos os vínculos entre eles de modo distinto.

De qualquer modo, estou bastante impressionada com isso que você acabou de dizer sobre a "base material" do progressismo. Gosto da ideia de uma sinergia de mão dupla entre liberalização cultural e inovação capitalista cognitiva. Também gosto da ideia de que, embora o Cinturão da Ferrugem e os direitos LGBTQ estejam ancorados no mesmo conjunto de macrotransformações, não precisam ser antitéticos. Isso concorda com minha própria percepção de que as aspirações pela emancipação e pela proteção social, colocadas hoje como antitéticas, podem ser compatibilizadas e se reforçarem mutuamente. Este é, na verdade, um dos objetivos políticos mais

---

[22] Oliver Nachtwey, *Die Abstiegsgesellschaft: Über das Aufbegehren in der regressiven Moderne* (Berlim, Suhrkamp, 2016).

fundamentais de minha análise: explicitar a possibilidade de uma aliança contra-hegemônica entre as forças sociais colocadas uma contra a outra como antagonistas. Como eu disse, no entanto, é apenas compreendendo, em primeiro lugar, como essa oposição foi construída que podemos enxergar um caminho pelo qual ela poderia ser desconstruída, por meio de uma nova reconfiguração do movimento triplo.

Quero enfatizar mais um ponto a respeito do *habitus* dos profissionais progressistas e dos trabalhadores simbólicos que acabamos de descrever: a confiança deles de que representam os bastiões do progresso da humanidade ao cosmopolitismo moral e ao esclarecimento cognitivo. Essa percepção de superioridade cultural foi central para a identidade e a postura desse estrato, mas também funciona como estratégia bourdieusiana de "distinção"[23], a qual imbuiu o neoliberalismo progressista com um "tom" superior, que recaiu muito facilmente num apontar de dedos moralizante e numa condescendência com pessoas de zonas rurais ou de classes trabalhadoras, com a insinuação de que são culturalmente retrógrados ou estúpidos. Não é difícil compreender por que isso gerou *ressentimento*. O insulto da hierarquia de status foi combinado com a injúria da dominação de classe. Populistas de direita, como Trump, exploraram esse sentimento.

Jaeggi: Creio que possamos encontrar radicais de esquerda à moda antiga que também compartilham desse tipo de *ressentimento*. E concordo totalmente quanto ao moralismo e ao apontar de dedos. Moralismo é sempre um sinal de fraqueza da esquerda, de sua dissolução em algum tipo de humanitarismo.

Acredito, todavia, que muitos dos ativistas que gritam contra um discurso racista ou sexista provavelmente apresentariam uma interpretação distinta daquilo que estão fazendo. De minha parte, concordo que o gesto seja, muitas vezes, terrivelmente moralista. Ao mesmo tempo, penso que concordamos que as relações de poder que mantêm o racismo, o sexismo e a homofobia no lugar se ancoram numa rede um tanto intricada de insultos, piadas, comportamentos impróprios e microagressões cotidianas individuais. Com isso em mente, muito daquilo que parece ser condescendência moral pode ser lido como uma reflexão sobre os fenômenos sociais que têm de ser abordados. O objetivo é alterar as relações de poder, e não só distribuir culpa moral. Da mesma forma, imagino que o moralismo observável seja em parte criado pela ausência de um amplo movimento que corporifique uma práxis diferente e ajude a preparar o cenário para um encontro entre as massas de pessoas "normais" e algumas elites liberais que as repreendem.

---

[23] Pierre Bourdieu, *Distinction: Social Critique of the Judgment of Taste* (trad. Richard Nice, Nova York, Routledge, 1986) [ed. bras.: *A distinção: crítica social do julgamento*, 2. ed., Porto Alegre, Zouk, 2011].

Fraser: Concordo com esse último ponto. Chamar a atenção dos progressistas por sua condescendência não é, de maneira alguma, querer dizer que racismo, sexismo, homofobia, islamofobia e outras formas de discriminação não sejam reais ou que sejam irrelevantes. Sugere, no entanto, que muito da atual oposição a essas injustiças assume uma visão superficial e inadequada delas; que exagera, de modo grosseiro, o quanto os problemas estão dentro da cabeça das pessoas, ao passo em que erra a profundidade das forças institucionais-estruturais por trás delas. Essa crítica não se aplica aos segmentos da oposição que representam a minoria. Para o senso comum progressista, contudo, está bastante adequada.

Deixe-me explicar o que quero dizer em relação à raça, que permanece um tema político inflamado nos Estados Unidos. Você pode não saber disso, ao observar a obsessão atual com as microagressões, mas a opressão racial nos Estados Unidos hoje não é, no fundo, uma questão de atitudes depreciativas ou de mau comportamento, embora elas existam. O cerne está, sim, nos impactos racialmente específicos da desindustrialização e da financeirização no período da hegemonia progressista-neoliberal, como refletida ao longo das histórias de opressão sistêmica. Nessa época, norte-americanos pretos e marrons – aos quais o crédito foi por muito tempo negado –, confinados a moradias inferiores e segregadas e que recebiam pouco para ter poupanças, foram o alvo sistemático de fornecedores de empréstimos *subprime* e, por consequência, experienciaram as taxas mais altas de devolução de moradias no país. Nesse mesmo período, cidades e bairros de minorias que recebiam havia muito tempo poucos recursos públicos foram atingidos pelo fechamento de fábricas nos centros de manufatura em declínio. Suas perdas impactaram não só os empregos, mas também as receitas de impostos, que os privaram de fundos para escolas, hospitais e manutenção da infraestrutura básica, levando por vezes a desastres como o de Flint – e, num diferente contexto, o da 9ª Ala de Baixo em Nova Orleans[24]. Por fim, homens negros, que havia muito tempo eram submetidos a sentenças distintas e aprisionamento mais duro, a trabalhos forçados e a violência socialmente tolerada, inclusive pelas mãos da polícia, foram, nesse período, recrutados em massa

---

[24] Fraser se refere aqui a dois casos famosos em que comunidades de maioria negra nos Estados Unidos sofreram grandes danos em função do fracasso sistemático dos governos federal, estadual e local no que tange a investimento na manutenção e no reparo de uma infraestrutura que desmoronava. Em 2014, os 100 mil moradores de Flint, Michigan – que já foi um orgulhoso centro de fabricação de automóveis, mas agora é um ícone de desindustrialização e declínio urbano – foram expostos à contaminação por chumbo no suprimento de água, como resultado dessa privação. A 9ª Ala de Baixo é um bairro de maioria negra em Nova Orleans que sofreu o prejuízo mais extenso quando o furacão Katrina atingiu os Estados Unidos, em agosto de 2005. A forma de lidar com o desastre natural foi notória não só em função da grande falta de preparação, da pouca coordenação e da resposta lenta e inadequada, mas também pelo fracasso de longa data do governo na construção e na manutenção dos diques necessários para proteger o bairro de ondas de tempestades. [Nota do editor Brian Milstein.]

para um "complexo industrial-prisional", mantido em capacidade máxima por uma "guerra contra as drogas" muito focada na posse de cocaína e crack e por taxas desproporcionalmente altas de desemprego, tudo cortesia das "conquistas" legislativas bipartidárias, orquestradas por Bill Clinton. É preciso acrescentar: será que, por mais inspiradora que tenha sido, a presença de afro-americanos na Casa Branca não conseguiu ao fazer frente a esses desenvolvimentos?

Estou tentando mostrar a profundidade em que o racismo está ancorado na sociedade capitalista contemporânea e na incapacidade da moralização progressista-neoliberal de lidar com ele. (Isso também é verdadeiro para o sexismo e outros eixos de dominação que se encontram estruturalmente respaldados na sociedade capitalista.) Tal como as compreendo, as bases estruturais do racismo têm a ver tanto com a classe e a economia política quanto com status e (não)reconhecimento. Igualmente importantes, as forças que estão destruindo as oportunidades de vida de pessoas não brancas pertencem ao mesmo complexo dinâmico que aquelas forças que estão destruindo as oportunidades de vida de brancos, ainda que haja especificidades.

Ofereço esta análise como uma correção à moralização superficial que prevalece hoje nos círculos progressistas. O que deveria distinguir a esquerda dessas posturas é o foco nas bases estruturais fundamentais da opressão social. Ao enquadrar o problema em termos de capitalismo, compreendido como uma ordem social institucionalizada, a esquerda deveria insistir que o racismo, por exemplo, tem bases estruturais na sociedade capitalista, as quais precisam ser combatidas não apenas culturalmente, como institucionalmente, por meio da transformação das separações constitutivas que discutimos ao longo deste livro. Esta é a alternativa ao moralismo progressista que apoio: não deixar o racismo e o sexismo de lado como "superestruturais", e sim insistir que são estruturais e estão profundamente imbricados na dominação de classe (e gênero), que não têm como ser compreendidos nem superados sem que essas dimensões sejam levadas em conta. Essa é uma vantagem adicional de nossa visão expandida do capitalismo como ordem social institucionalizada, pois mostra que não precisamos jogar a dominação de classe e a hierarquia de status uma contra a outra. Ambas são parte e parcela da sociedade capitalista, coprodutos de suas divisões estruturais. É possível e mesmo necessária uma oposição conjunta a ambas.

Jaeggi: Talvez possamos cavar um pouco mais fundo no que tange às condições da fraqueza da esquerda. Com certeza, não se trata apenas de um juízo ruim a respeito de com quem se juntar. Essa aliança infeliz entre neoliberalismo e emancipação ainda pode ser enquadrada em termos de reconhecimento e redistribuição? Não é possível que a luta por hegemonia cultural faça parte das *liaisons dangereuses* e também da raiva e do *ressentimento* a que você se refere? A negligência em relação à classe trabalhadora não seria também uma negligência em relação a sua dimensão "cultural", um não reconhecimento em termos de seu estilo de vida, forma de vida e, se você quiser, de "cultura"? A classe trabalhadora, os pobres abandonados e os segmentos "não boêmios" do precariado não estão despossuídos apenas economicamente, mas também culturalmente.

Não é que as vozes estabelecidas tenham abandonado a questão da classe. Elas também têm promovido ativamente e, de algumas formas, têm até mesmo sensacionalizado temas culturais na televisão e na mídia, sobretudo quanto a assuntos de sexualidade e não heteronormatividade ou identidades de gênero não cis. Se falamos de hegemonia cultural, esses são os assuntos que "vendem", uma vez que são interessantes, excitantes e "boêmios" o suficiente para atrair atenção pública, ao passo que as lutas "inteiramente entediantes" da classe trabalhadora não conseguem ter atenção, a menos que sejam retratadas como traficantes de meta-anfetamina ou de outro modo sensacionalista. Na Alemanha, nos anos 1970, havia um famoso livro de esquerda, de Erika Runge, baseado em entrevistas com mulheres da classe trabalhadora[25]. Foi um *best-seller* daquele momento, mas não é possível imaginar alguém fazendo isso agora, estando tão interessado no destino e nas lutas cotidianas das mulheres da classe trabalhadora. (Arlie Hochschld é uma exceção, mas, na verdade, a atenção que seu livro recente, *Strangers in Their Own Land*, recebeu tem muito a ver com o rescaldo da eleição nos Estados Unidos[26].)

Voltando, porém, à questão da redistribuição e do reconhecimento. A negligência da luta de classes não é também uma negligência em termos de reconhecimento? Duvido que estas duas questões – a da redistribuição e a do reconhecimento – possam ser separadas. A raiva a que você se referiu não é só causada por privação econômica, afinal Trump certamente não é um membro da "classe trabalhadora" no que concerne a renda, riqueza, recursos e oportunidades, mas fala com ela sobre certos elementos de *habitus* e estilo de vida. Então, seu apelo tem a ver não apenas com seu modo de falar dos sofrimentos econômicos – que, de qualquer modo, ele não vai atacar, pelo contrário –, mas com um carisma no nível cultural. Ele é como um "bilionário de classe baixa" – tem a linguagem, a atitude e o *ressentimento* –; portanto, há algo nele que parece não ser falso.

Fraser: Na verdade, hoje há uma retomada do interesse pela "classe trabalhadora", sua cultura, política e autocompreensão. Infelizmente, porém, o termo ainda é quase sempre definido de modo limitado, à moda antiga, o que tem como efeito sugerir que os problemas de classe são diferentes dos das mulheres, dos imigrantes e dos das pessoas não brancas, algo que está em competição contra eles.

---

[25] Erika Runge, *Frauen* (Frankfurt, Suhrkamp, 1969).

[26] Arlie Russell Hochschild, *Strangers in Their Own Land: Anger and Mourning on the American Right* (Nova York, The New Press, 2016).

Suponho que essa seja também a noção que você tem em mente quando fala do não reconhecimento da cultura da classe trabalhadora e do profundo apelo de Donald Trump àqueles que imaginam ver escritas nele muitas das facetas que não são valorizadas neles mesmos. Essa é uma noção fascinante, que vale a pena explorar. Deixe-me sugerir, porém, outra hipótese, que aponta para uma direção distinta, ao buscar explicar por que Trump teve apelo entre aqueles que talvez achem que o presidente *não* se pareça com eles. Estou falando em particular de mulheres brancas. Creio que você saiba que a maioria delas votou nele – cerca de 52%, na verdade –, apesar das gravações do Access Hollywood em que ele se gabava de ser capaz de "agarrar [mulheres] pela xoxota" impunemente. É duvidoso que os votos das mulheres em Trump tenham sido baseados na identificação. Seu apelo pode residir, ao contrário, em sua pugnacidade, sua prontidão em lutar por qualquer motivo. Esse é o ponto em que a imagem do predador se metamorfoseia naquela do protetor, alguém que está na esquina cuidando de nós. Para pessoas que são expropriadas e se sentem não só negligenciadas ou não reconhecidas, mas *expostas* e *desprotegidas*, isso é muito poderoso. Algo que está bem na interseção entre distribuição e reconhecimento, implicando ambos.

Uma vez que você perguntou sobre essas categorias, eu gostaria de falar um pouco mais sobre como as uso aqui, em conjunto com alguns conceitos gramscianos, para analisar a atual crise hegemônica. Minha estratégia não é separar distribuição e reconhecimento, e sim pavimentar a construção e a desconstrução de um senso comum hegemônico, bem como a ascensão e a queda do bloco histórico associado a ele, tudo com vistas a avaliar as perspectivas para uma transformação social emancipatória. Reconhecimento e distribuição são centrais nessa análise das razões históricas. Pelo menos desde meados do século XX, nos Estados Unidos e na Europa, as hegemonias capitalistas foram forjadas pela combinação de visões a respeito dessas duas diferentes dimensões da justiça. O que tornou Trump e o trumpismo possíveis foi o descrédito do nexo normativo entre distribuição e reconhecimento específico do neoliberalismo progressista. Ao pavimentarmos a construção e o rompimento desse nexo, podemos não apenas esclarecer o trumpismo, como também as perspectivas pós-Trump com olhos em um bloco contra-hegemônico que poderia resolver a crise. Deixe-me ilustrar esse ponto retornando uma vez mais aos Estado Unidos.

Antes da ascensão de Trump ao poder, o senso comum político norte-americano era bastante restrito, construído, como eu disse, em torno da oposição entre duas vertentes do neoliberalismo: uma progressista e a outra regressiva. O que foi oferecido, em outras palavras, foi uma escolha clara entre duas diferentes políticas de reconhecimento, mas apenas uma política (neoliberal) de distribuição, ou seja, podia-se optar pelo multiculturalismo ou pelo etnonacionalismo, mas se estava preso de qualquer modo à financeirização e à desindustrialização. Isso deixou uma *lacuna* na organização hegemônica da vida política, uma zona vazia, não ocupada, em que uma política distributiva igualitária, pró-trabalho e antineoliberal talvez pudesse ter fincado raiz. E isso deixou um segmento considerável dos estadunidenses, vítimas da financeirização e da globalização, sem voz política. Dados os processos sociais que durante todo o tempo, moíam suas condições de vida, foi só questão de tempo até alguém se mexer para ocupar aquela lacuna.

Houve alguns rumores nessa direção em 2007-2008, com a crise financeira e a eleição de Obama, e novamente em 2011, com a erupção do Occupy Wall Street. E a ordem hegemônica permaneceu intacta, ao menos na superfície. Então, em 2015-2016, o terremoto realmente veio. Os roteiros usuais foram virados de cabeça para baixo por dois *outsiders*, fazendo com que os dois maiores *establishments* políticos parecessem entrar em colapso. Desafiando seus respectivos caciques partidários – chefes, especialistas, *éminences grises* e grandes doadores –, Trump e Sanders feriram a "economia manipulada" do neoliberalismo, mas esposaram visões bastante distintas de reconhecimento. O resultado imediato foi colocar duas novas opções políticas na mesa: *populismo reacionário* e *populismo progressista*. Nenhuma dessas duas opções, todavia, se materializou. A derrota de Sanders para Hillary Clinton removeu a opção populista-progressista da cédula. E, uma vez no poder, como eu disse, Trump abandonou seu populismo econômico e dobrou a aposta na política reacionária de reconhecimento, que se intensificou e se tornou muito mais viciosa. O que alcançamos, reitero, foi um *neoliberalismo hiper-reacionário*.

O neoliberalismo hiper-reacionário, contudo, não é um novo bloco hegemônico. Trata-se, ao contrário, de um amálgama instável e caótico, que se deve em parte à psicologia de Trump e em parte a sua codependência disfuncional do *establishment* do Partido Republicano. E há um problema mais profundo. Ao acabar com a face populista-econômica de sua campanha, Trump de fato tenta restabelecer a mesma lacuna hegemônica que ajudou a explodir em 2016. Ironicamente, está acompanhado nessa empreitada pela ala clintoniana da "resistência", que busca reviver o neoliberalismo progressista de uma nova maneira e, com isso, fazer com que a esfera pública retorne a seu estado prévio, como uma zona livre de populismo. Entretanto, nem os clintonianos nem o próprio Trump podem suturar essa lacuna hegemônica, em minha opinião. O populismo veio para ficar, não irá embora sem alarde. O resultado é um interregno instável, sem qualquer hegemonia segura.

Essa é a situação que confronta a esquerda hoje. Quero analisar se ela oferece uma abertura para a construção de um bloco contra-hegemônico. Em caso afirmativo, o candidato mais provável parece ser alguma nova variação do *populismo progressista*, que combine um programa distributivo igualitário e pró-classe trabalhadora com uma visão não hierárquica e inclusiva de uma ordem de reconhecimento justa – ou, de novo, emancipação mais proteção social.

Jaeggi: Tenho uma questão adicional. Se queremos falar sobre o movimento triplo e uma nova aliança entre emancipação e proteção social, precisamos de uma resposta de esquerda à questão de como deve ser a proteção social num mundo globalizado, quem deveria ser protegido e quem pertence ao "círculo" de pessoas que podem ser contabilizadas sob a proteção social. Pessoas como Trump, Le Pen ou Nigel Farage respondem, de forma bastante simples, que temos de voltar ao Estado-nação e que as fronteiras nacionais devem fornecer os meios para definir aqueles que deveriam ser socialmente protegidos, e parte do apelo desses movimentos tem a ver com a ideia de proteger a economia nas fronteiras nacionais. Essa concepção de retornar à proteção nacional também carrega um apelo entre certas vozes da esquerda, e, portanto, a motivação que está por trás dela é algo com o que a esquerda terá de lidar.

Fraser: Essa é uma questão urgente e difícil. Estou convencida, para começar, de que o gênio da globalização está muito fora da lâmpada para ser recolocado lá dentro. Essa é uma das razões pelas quais o Brexit e Trump, entre outros, não podem cumprir suas promessas aos eleitores da classe trabalhadora. No Reino Unido, as consequências de curto e médio prazo do Brexit não serão, de forma alguma, maior proteção social, e sim maior exposição à globalização, pois, sem os acordos da União Europeia, os britânicos – ou o que sobrou deles, dado o que ocorreu na Escócia e na Irlanda do Norte – vão estar à deriva, sozinhos. O mesmo vale para os Estados Unidos. No momento em que Trump acabou com o Acordo de Parceria Transpacífica, a China anunciou que buscaria o próprio acordo comercial regional com os países asiáticos. Então, não é que possamos nos proteger rasgando esses acordos, mesmo que – é verdade – eles sejam a favor do capital e contra os trabalhadores. Na ausência de uma coordenação transnacional ou global, o que temos são protecionismos rivais nacionais ou regionais. Isso é perigoso. Pense no fim dos anos 1920 e 1930, quando a escalada da competição entre protecionismos nacionais levou à Segunda Guerra Mundial.

Em suma, a proteção social não pode ser vista hoje num quadro nacional. Como notei, mesmo o capitalismo administrado pelo Estado, que sintetizou a mercantilização com a proteção social, exigiu Bretton Woods e outras formas de coordenação internacional. Essa abordagem, é claro, não fez nada para se contrapor às vastas discrepâncias na capacidade dos Estados de garantir proteção social, que são o legado duradouro do colonialismo. Pelo contrário. O modelo administrado pelo Estado trabalhou para sugar o valor da periferia para o centro, tornando a proteção metropolitana dependente da exposição (pós-)colonial à predação. Assim, esse não pode ser um modelo para nós. Além disso, enfrentamos algumas questões urgentes, como mudança climática e regulação financeira, que não têm como serem tratadas no nível nacional. Esses temas demandam uma forma de governança global. Por fim, como discutimos nos capítulos 1 e 2, o capitalismo é e sempre foi uma dinâmica global. Quaisquer soluções que venhamos a desenvolver, mesmo aquelas desenhadas para promover certos tipos de autonomia no nível nacional ou local, têm de ser desenvolvidas com essa dinâmica global em mente.

Seguindo em frente

Jaeggi: Eu gostaria de perguntar uma última vez acerca das pressuposições por trás de seu diagnóstico. Sua tese é de que essa aliança neoliberal-progressista gerou uma recaída no protecionismo reacionário, mas também há uma possível explicação de que ela tenha apenas aberto as comportas para tendências regressivas muito mais substantivas que já estavam presentes e latentes. Também podemos pensar sobre a possibilidade de o racismo ter uma dinâmica e um poder próprios. Quando Adorno e Horkheimer foram confrontados com o nacional-socialismo, concluíram que há potenciais regressivos dramáticos *inscritos* no próprio processo civilizatório e de esclarecimento. Eles passaram a situar o problema num nível mais profundo do que o próprio capitalismo. No entanto, mesmo se concedermos que essas tendências estão vinculadas a dinâmicas particulares ao capitalismo, do ponto de vista da crítica da ideologia, ainda se poderia dizer que algo como o sexismo não se resume a seu caráter funcionalmente necessário para justificar a indispensável contribuição das mulheres ao trabalho reprodutivo não remunerado. O sexismo, assim como o racismo, serviu por muito tempo como meio de compensar trabalhadores homens (brancos) em uma esfera extraeconômica, pela exploração material que sofriam. Então, a dor atual talvez não resulte da união do progressismo com seu inimigo de classe neoliberal, mas de o progressismo tirar o "prêmio de consolação" do privilégio masculino ou da supremacia branca[27]. É possível que, para alguns, esse "prêmio de consolação" tenha se tornado aquilo que havia de mais real, uma fonte de reconhecimento distorcido e de sensação de estabilidade. Assim, o aumento da desigualdade e da precariedade pode ser suportável, mas somente enquanto essa hierarquia simbólica, que coloca homens brancos no topo, permanecer inabalada. Agora que um movimento de emancipação parcialmente bem-sucedido parece estar erodindo essa hierarquia, testemunhamos uma reação defensiva daqueles que estão desesperados para manter uma estrutura ideológica ultrapassada.

Fraser: Eu gosto da profundidade da questão que você levanta e da ponderação com que a aborda. Vejo alguma verdade na visão que você atribui a Horkheimer e Adorno, mas com uma reserva importante: eu localizaria a fonte das profundas tendências regressivas no capitalismo, não na civilização nem no esclarecimento.

---

[27] Ver Eva von Redecker, "'*Anti-Genderismus*' and Right-Wing Hegemony", cit.

Também consigo ver alguma verdade na hipótese do "prêmio de consolação". Mas o que se segue disso politicamente? Eu diria que uma resposta viável de esquerda – seja populista progressista, seja socialista democrática – tem de oferecer um bem distinto para aqueles cuja consolação é ameaçada no presente e que isso tem de ser existencialmente substantivo e psicologicamente convincente do que "privilégio masculino" ou "privilégio da pele branca". Uma postura exclusivamente defensiva não é a resposta, pois tira a "consolação" existente e não oferece nada em troca. Para parafrasear Marx, o objetivo não é arrancar "as flores imaginárias dos grilhões [...] para que o homem suporte grilhões desprovidos de fantasias ou consolo, mas para que se desvencilhe deles e a flor viva desabroche"[28].

Jaeggi: Vamos dizer que aceitamos seu diagnóstico – de que estamos confrontadas com um protecionismo social reacionário contra um neoliberalismo progressista em colapso. O que fazemos agora? Não queremos ser complacentes nem assumir a postura moralizante que só vai fortalecer a direita. Ao mesmo tempo, é bastante claro que a maior parte da esquerda se encontra em posição defensiva. Por mais problemático que o neoliberalismo progressista tenha sido, haja vista a situação atual, não deveríamos priorizar a defesa dos progressos alcançados por ele, ainda que imperfeitos? Podemos criticar esses movimentos por não terem olhado para a frente o suficiente ou por não terem oferecido uma alternativa válida, mas também é claro que agora temos de proteger os mais vulneráveis, que podem se tornar alvos dos movimentos populistas de direita. Parece haver urgência em combater o racismo, a xenofobia e a misoginia que ressurgem agora. Então, como dar conta dessa necessidade imediata de defender o progresso existente sem perder de vista os problemas mais profundos das políticas progressistas?

Fraser: Meu instinto é aproveitar o momento e ir para a ofensiva. Já sugeri que nem o neoliberalismo hiper-reacionário nem o progressista serão capazes de (re)estabelecer uma hegemonia segura no período que está por vir, bem como que estamos diante de um interregno caótico e instável que, como você disse, se encontra repleto de perigo. Apesar disso, talvez haja uma abertura agora para a construção de um bloco contra-hegemônico em torno do projeto do *populismo progressista*. Ao combinar, num único projeto, uma orientação econômica igualitária e pró-classe trabalhadora com outra, de reconhecimento, inclusiva e não hierárquica, essa formação teria ao menos uma chance de unir *toda* a classe trabalhadora, não

---

[28] Karl Marx, *Contribution to the Critique of Hegel's Philosophy of Law*, trad. Jack Cohen, Clemens Dutt, Martin Milligan, Barbara Ruhemann, Dirk J. Struik e Christopher Upward, em Karl Marx e Friedrich Engels, *Collected Works*, v. III, p. 178 [ed. bras.: *Crítica da filosofia do direito de Hegel*, trad. Rubens Enderle e Leonardo de Deus, São Paulo, Boitempo, 2005, p. 146].

só as parcelas historicamente associadas à manufatura e à construção, que foram endereçadas por populistas reacionários e pela esquerda tradicional, mas também as parcelas da classe trabalhadora mais amplas, que realizam trabalho doméstico, de agricultura e de serviços – remunerados e não remunerados, em firmas privadas ou em domicílios privados, no setor público e na sociedade civil –, atividades nas quais mulheres, imigrantes e pessoas não brancas estão fortemente representados. Ao cortejar ambos os segmentos, os expropriados e os explorados, um projeto populista progressista poderia posicionar a classe trabalhadora, entendida de forma expandida, como a principal força na aliança que também inclui segmentos substanciais da juventude, da classe média e do estrato profissional-gerencial.

Para que isso ocorra, os membros da classe trabalhadora que apoiam Trump e Sanders teriam de se compreender como aliados, vítimas diferentemente situadas de uma única "economia manipulada", a qual poderiam juntos buscar transformar. O que depõe a favor dessa possibilidade, pelo menos nos Estados Unidos, é o fato de haver, entre os apoiadores de Sanders e de Trump, algo que se aproxima de uma massa crítica de eleitores que rejeitou as políticas neoliberais de distribuição em 2015-2016. Por outro lado, o que depõe contra são as divisões que se aprofundam e as antipatias, que fervilham há tempos, mas que recentemente se tornaram uma febre atiçada por Trump, o que parece validar a visão, adotada por alguns progressistas, de que os eleitores de Trump são "deploráveis" – racistas, misóginos e homofóbicos irredimíveis. Também é reforçada a visão inversa, adotada por muitos populistas reacionários, de que todos os progressistas são moralistas incorrigíveis e elitistas pretensiosos que olham para eles com desdém enquanto tomam *cappuccino* e ganham rios de dinheiro. As perspectivas para o populismo progressistas dependem de um enfrentamento bem-sucedido dessas duas visões. É nesse ponto que proponho que nos concentremos, como já fiz ao longo deste capítulo.

Jaeggi: Pergunto-me se não ajudaria revisitar um conceito que você utilizou e que está em circulação há algum tempo no que diz respeito ao diagnóstico de nossa época: o de *ressentimento*. Ele parece ser mais do que uma *façon de parler* [maneira de falar]. Trata-se de outra ferramenta para compreender a estrutura interna dessas dinâmicas que canalizam o sofrimento social e a indignação em direção a impulsos reacionários, autoritários e protofascistas, em vez de em direção a movimentos emancipatórios. Penso que isso não se explica apenas pela busca desenraizada pelo autointeresse, a despeito das tendências nacionalistas excludentes, uma vez que as pessoas escolheram uma política que claramente trai seus interesses – afinal Trump não fez segredo de seus planos de eliminar o Obamacare. Mesmo que você tenha esboçado, de modo convincente, razões para a antipatia à assim chamada elite cultural de esquerda liberal, isso não faz dela uma decisão racional. Você não quis sugerir que esses afetos políticos eram legítimos, haja vista que legitimar não significa escusar. Então, eu diria que, mesmo que os interesses reais deles não sejam satisfeitos, seu *ressentimento* é.

É isso que torna o conceito interessante para uma análise de nossa situação. Desde que não o concebamos só como um conceito sociopsicológico, mas também como uma forma de "afeto" genuinamente social, podemos examinar as causas estruturais mais profundas do *ressentimento* como parte de uma análise mais compreensiva da crise e da regressão. O *ressentimento* é o que eu chamaria de um afeto de segunda ordem. O material do qual o *ressentimento* parte não é uma situação social em si, a ausência de bens ou de gratificações sociais desejadas, mas uma situação julgada normativamente como ruim, não merecida e não justificada – uma situação de indignação e ofensa. Contudo, há outro elemento, para o qual Max Scheler apontou em sua brilhante análise: o *ressentimento* sempre está combinado com um sentimento de impotência, de se sentir impotente[29]. Mais uma vez, essa impotência não diz respeito a um problema de primeira ordem – por exemplo, não posso mudar o fato de que estou desempregada ou sem seguro saúde. Pelo contrário, a impotência que desencadeia o *ressentimento* é a inabilidade de sequer expressar sentimentos de indignação e ofensa. Na cultura neoliberal de "assumir responsabilidade", é fácil enxergar como as pessoas se veem numa situação em que mesmo sua indignação é banida. No entanto, essa impotência também é atribuída à (e projetada na) "elite de esquerda". A suposta "proibição de pensar" – o fato de o politicamente correto os impedir de expressar sentimentos vingativos e invejosos frente àqueles que consideram que "não merecem" seus respectivos recursos, atenção e reconhecimento público – se torna, como era de se esperar, uma de suas principais linhas de frente. É por isso que podemos esperar que o *ressentimento* seja sentido mesmo por aqueles que, do ponto de vista objetivo, não são despossuídos nem impotentes, bem como que possa ser direcionado contra aqueles que não têm muito poder. De modo incidental, pelo menos um estudo mostra que os principais apoiadores de Trump, distribuídos por diferentes estratos sociais e econômicos, obtiveram pontuação alta em "autoritarismo"[30].

Também está claro, no entanto, que o *ressentimento* é um mecanismo de defesa. Quando os limites da ordem começam a desmoronar – por exemplo, a dissolução das identidades de gênero e das fronteiras nacionais –, o trabalho e a situação de vida precários, assim como a experiência mais generalizada de impotência e de orientação social precária, trazem à tona a necessidade de "ser o mestre em sua própria casa" ("construir o muro"). Isso só pode ser alcançado na imaginação.

---

[29] Max Scheler, *Ressentiment* (trad. Louis Coser, Milwaukee, Marquette University Press, 1994 [1915]).

[30] Matthew C. MacWilliams, *The Rise of Trump: America's Authoritarian Spring* (Amherst, The Amherst College Press, 2016); ver Peter E. Gordon, "The Authoritarian Personality Revisited: Reading Adorno in the Age of Trump", *Boundary 2*, v. 44, n. 2, 2017, p. 31-56.

O *ressentimento* autoritário é urgentemente dirigido contra os culpados pela violação e dissolução da "santidade do lar" e pela transformação de "nosso lar" num lugar estranho. E se sentir "alienado" por esse tipo de *Heimatverlust* ("perda da casa") é, em si mesmo, uma instância de bloqueio ideológico da realidade e uma negação das causas reais da própria alienação. É isso que o torna um momento da regressão. Falar de *ressentimento* como modo de regressão aqui parece ajudar a compreender como essas emoções são "reais", mesmo que ilusórias.

Embora você rejeite uma aliança com o neoliberalismo progressista e sua tendência de enquadrar as coisas em termos de um "nós" versus "eles" moralizador, ainda deveríamos nos perguntar se esses impulsos reacionários vêm de um *ressentimento* contra a moralização do neoliberalismo progressista, que é em si uma resposta regressiva à crise concebida. *Rejeitar* se juntar a neoliberais progressistas para defender conquistas emancipatórias pode representar seus próprios perigos.

Fraser: O que você disse sobre a regressão é muito interessante e vale a pena ser desenvolvido, mas discordo da conclusão política que você extrai daí, que me parece uma variante da velha ideia do "mal menor". Essa é a habitual postura da esquerda, retomada de tempos em tempos, de falar como marionete de objetivos liberais e esmagar os próprios objetivos, por medo de Trump ou da AfD. Conquanto busque nos salvar do "pior", essa estratégia, na verdade, fertiliza o solo que germina bichos-papões novos e cada vez mais perigosos, o que justifica, por sua vez, mais deformações – e assim por diante, num círculo vicioso. Quando ela ganha, suas políticas não servem para diminuir, e sim para estocar o ódio populista. Você mesma disse que o *ressentimento* sentido por muitos apoiadores de direita é uma resposta a sofrimentos reais, ainda que muito dele seja mal direcionado a imigrantes e outros bodes expiatórios. *Nossa* resposta adequada não é condenação moral, mas validação política, enquanto canalizamos a raiva contra as predações sistêmicas do capital financeiro.

Essa resposta também serve para reagir à sugestão de que deveríamos agora nos juntar aos neoliberais para afastar o fascismo. O problema não é só que o populismo reacionário (ainda) não é fascismo; é que, visto analiticamente, liberalismo e fascismo não são coisas separadas, das quais uma é boa e a outra é ruim, mas duas faces profundamente interconectadas do sistema mundial capitalista. Embora elas não sejam equivalentes do ponto de vista normativo, ambas são produtos do capitalismo desenfreado, que desestabiliza mundos da vida e hábitats em todos os lugares, levando em sua esteira tanto libertação individual quanto um sofrimento não dito. O liberalismo expressa o primeiro lado, libertador, desse processo, enquanto encobre a raiva e a dor associadas ao segundo. Deixados para apodrecer na ausência de uma alternativa, aqueles sentimentos alimentam autoritarismos de todos os tipos, incluindo os que de fato merecem o nome de "fascismo" e os que não o merecem. Em outras palavras, sem uma esquerda, o redemoinho do "desenvolvimento" capitalista só pode gerar forças liberais e contraforças autoritárias, vinculadas entre si numa simbiose perversa. Assim, longe de ser o antídoto do fascismo, o (neo)liberalismo é seu parceiro na crise. O verdadeiro antídoto contra o fascismo – proto, quase ou real – é um projeto de esquerda que canalize a raiva e a dor dos despossuídos em direção a uma restruturação social profunda e a uma "revolução" política democrática. Até muito recentemente, esse projeto não tinha nem como ser vislumbrado, tão sufocantemente hegemônico era o senso comum neoliberal. Graças a Sanders, a Corbyn, a Mélenchon, ao Podemos e ao primeiro Syriza, por mais imperfeitos que sejam, podemos novamente visualizar um conjunto maior de possibilidades.

Em geral, portanto, recuso-me a me juntar a eles. Na verdade, meu cenário preferido é exatamente o oposto: a separação a serviço do realinhamento. Onde você busca união com os liberais, eu gostaria de ver a esquerda realizar duas grandes mudanças. Primeiro, a massa menos privilegiada de mulheres, imigrantes e pessoas não brancas tem de ser cortejada para longe das feministas do "faça acontecer", dos antirracistas e dos anti-homofóbicos meritocratas e dos cúmplices da diversidade empresarial e do capitalismo verde que sequestraram suas preocupações compatibilizando-as com o neoliberalismo. Esse é o objetivo de uma iniciativa feminista recente, que busca substituir o "feminismo do faça acontecer" por um "feminismo para os 99%"[31]. Outros movimentos emancipatórios deveriam copiar essa estratégia.

Em segundo lugar, comunidades de classe trabalhadora em declínio têm de ser persuadidas a desertar seus atuais aliados criptoneoliberais. O truque é convencê-los de que as forças que promovem o militarismo, a xenofobia e o etnonacionalismo não podem e não poderão lhes oferecer os pré-requisitos materiais essenciais para uma vida boa, enquanto um bloco populista-progressista talvez possa. Desse modo, é possível separar aqueles eleitores do populismo de direita que poderiam e deveriam ser responsivos a tal apelo daqueles racistas inveterados e etnonacionalistas da nova-direita [*alt-right*], que não podem. Estou certa de que o primeiro conjunto é maior do que o segundo por uma grande margem. Não nego, claro, que os movimentos populistas reacionários se baseiem muito numa retórica carregada nem que tenham encorajado grupos de supremacistas brancos, antes marginais. Todavia, rejeito a conclusão, muito apressada, de que a maioria dos eleitores do

---

[31] Linda Martin Alcoff, Cinzia Arruzza, Tithi Bhattacharya et al., "Women of America: We're Going on Strike. Join Us So Trump Will See Our Power", *The Guardian*, 6 fev. 2017, disponível em: <https://www.theguardian.com/commen-tisfree/2017/feb/06/women-strike-trump-resistance-power>; Linda Martin Alcoff, Cinzia Arruzza, Tithi Bhattacharya et al., "We Need a Feminism for the 99%: That's Why Women Will Strike This Year", *The Guardian*, 27 jan. 2018, disponível em: <https://www.theguardian.com/commentisfree/2018/jan/27/we-need-a-feminism-for-the-99-thats-why-women-will-strike-this-year>. [Ver: Cinzia Arruzza, Tithi Bhattacharya e Nancy Fraser, *Feminismo para os 99%: um manifesto*, trad. Heci Regina Candiani, São Paulo, Boitempo, 2019. – N. E.]

populismo reacionário esteja eternamente fechada a apelos em nome de uma classe trabalhadora expandida, do tipo evocado por Bernie Sanders e teorizado aqui. Essa visão não está apenas empiricamente errada, ela é contraproducente, provavelmente autorrealizadora.

Jaeggi: Gosto de suas tentativas de diferenciar, e, claro, se não quisermos desistir, temos de permanecer atentas a possíveis realinhamentos. É verdade também que políticas de esquerda têm de ser ofensivas, o que exige mais até para fazer um pequeno incremento no progresso. Ao mesmo tempo, ir para a ofensiva não pode significar só aprofundar a confrontação nos mesmos termos que antes nem seguir a mesma estratégia de "se juntar" contra movimentos regressivos de modo mais vigoroso e radical. Pelo contrário, é necessário desenvolver um projeto alternativo e um movimento social emancipatório que atraia aqueles que não são fascistas inveterados e que fale para seus sofrimentos reais. Nesses pontos, estamos de acordo.

Deixe-me, entretanto, fazer uma pergunta provocativa. Quase parece que, de algum modo, você pensa que a situação atual abre mais perspectivas para a esquerda do que as que existiam. Talvez "otimismo" seja uma palavra muito forte, mas, na medida em que esses eventos prejudicaram a segurança da hegemonia neoliberal, você parece enxergar uma abertura para a esquerda romper com a política que levou a essa situação. De minha parte, ainda acho essa mudança massiva em direção à direita radical, à política nacionalista, racista e sexista, muito perturbadora para que esse otimismo seja mantido. Como eu já disse, ainda não ficou claro para mim se eles estão de fato "rompendo com o neoliberalismo".

Fraser: Bom, eu já disse que o neoliberalismo persiste como política, mesmo sob Trump. O que ruiu foi a *hegemonia* neoliberal-progressista. É essa combinação que define a presente conjuntura. De um lado, um ataque contínuo, por décadas, aos padrões de vida no sentido mais amplo, que transcende "o econômico"; de outro, a deslegitimação do regime e dos partidos que perpetraram ou apoiaram esse ataque. Esse é o plano de fundo contra o qual interpreto sua questão. Tal conjuntura contém novas oportunidades para a esquerda, as quais não estavam disponíveis antes do desmantelamento da hegemonia neoliberal-progressista?

Quero dizer três coisas em resposta a essa questão. A primeira é que, para a ampla maioria das pessoas, quaisquer ganhos alcançados pelo neoliberalismo progressista foram muito pequenos. Isso não é verdadeiro apenas para aqueles que desertaram para o populismo de direita. Também vale para os que permanecem presos aos partidos progressistas ou de centro-esquerda, partidos que abandonaram suas demandas enquanto implementavam a neoliberalização. Estou falando da massa de mulheres, imigrantes, pessoas não brancas e pessoas não cis e não heterossexuais. De fato, esses grupos conquistaram alguns direitos no papel, mas esses direitos foram conquistados justamente enquanto a neoliberalização erodia as condições materiais necessárias a seu exercício. A vasta maioria não partilhou dos benefícios, que foram em sua maior parte para o estrato profissional-gerencial e o 1%. Membros desses grupos têm muito a ganhar com a esquerda, motivo pelo qual muitos foram atraídos por Sanders, Mélanchon, Podemos e Jeremy Corbyn. É um erro pensar de forma defensiva acerca do que eles têm agora a perder. Eles podem e devem ser cortejados pela esquerda, assim como devem ser as parcelas da classe trabalhadora do populismo reacionário que podem ser ganhas. Deve-se adotar esse tipo de "otimismo", se é disso que se trata, menos como uma previsão empírica do que como uma pressuposição pragmática para nossa ação. Assumir a posição alternativa, "pessimista", é fechar a possibilidade e garantir a derrota.

Esse foi o primeiro ponto. O segundo foi o que falamos antes sobre o lado objetivo da crise, a quase implosão da ordem financeira global em 2007-2008, a mudança climática, a crise na reprodução social, a terrível deterioração de condições de vida e mundos da vida, bem como a capacidade das pessoas de cuidarem de suas famílias sob esse ataque neoliberal. Essa é a crise objetiva. O que temos hoje é a crise no nível da hegemonia – o lado da ação social ou do participante da crise. Por um longo período, esse lado da crise não apareceu, e eu me perguntava quando ele apareceria. Ele apareceu agora.

Jaeggi: Nos termos errados, todavia, e com consequências possivelmente perigosas.

Fraser: Bom, a história nem sempre se desdobra do modo que queremos. Apesar disso, agora temos não apenas uma crise objetiva do sistema, como outra, uma crise da hegemonia política. Repito: como projeto *hegemônico*, o neoliberalismo acabou. Ele pode manter a capacidade de dominar, mas perdeu a de persuadir, e não posso fingir que estou infeliz por isso. Isso, porém, não significa que eu esteja na posição de fazer qualquer previsão a respeito do que vai acontecer a seguir. Quais são as chances de um cenário de populismo progressista, proteção--mais-emancipação, que propus, se efetivar? Quais são as chances de a crise atual galvanizar as lutas de suficiente fôlego e visão para transformar o presente regime numa direção emancipatória? Não tenho como saber, e é muito cedo para arriscar um palpite. Mas eu não via muitas aberturas para a emergência de uma nova esquerda antes e vejo algumas agora.

O terceiro ponto, por fim, reside no fato de as raízes de todos esses fenômenos de crise, sociais e estruturais, serem oriundas de múltiplas e profundas contradições do capitalismo, que nossa concepção expandida trouxe à luz. Os fenômenos de crise que discutimos representam a forma aguda que essas contradições assumem hoje, no capitalismo financeirizado. Se isso estiver correto, a crise não será resolvida com o ajuste desta nem daquela política. O caminho para sua resolução só pode ser o da transformação estrutural profunda dessa ordem social. O necessário, acima de tudo, é superar a gananciosa subjugação no capitalismo financeirizado, da política à economia, da reprodução à produção e da natureza não humana à "sociedade humana" – mas dessa vez sem sacrificar a emancipação e a proteção social. Isso, por sua vez, requer reinventar as separações institucionais que constituem a sociedade capitalista. Se o resultado será compatível com o capitalismo, é algo que permanece em aberto.

Jaeggi: Admiro seu vigor, mas isso soa um pouco como a velha estratégia da esquerda de torcer por um "acirramento das contradições". Essa estratégia nem sempre funcionou. A alternativa de Rosa Luxemburgo entre "socialismo ou barbárie" talvez não esgote o domínio de opções. Concordamos, entretanto, que vivemos numa situação aberta, e que, sem um projeto emancipatório para além das alternativas às quais as pessoas parecem presas agora, as coisas podem ficar feias.

Fraser: As contradições estão se acirrando independentemente de nossa vontade, a despeito daqueles velhos rumores antiesquerda. A questão real é como respondemos ao acirramento e às coisas feias que surgem em seu despertar. Sobre isso, acredito que concordamos. Se fracassarmos na procura de uma política transformadora hoje, vamos prolongar o presente interregno, o que significa condenar trabalhadores de todos os gêneros, crenças e cores a um crescente estresse e a um declínio na saúde, bem como a um aumento das dívidas e do excesso de trabalho, ao *apartheid* de classe e à insegurança social. Isso significa imergi-los também numa propagação cada vez maior de sintomas mórbidos, em ódios nascidos do ressentimento e expressos na tendência de criar bodes expiatórios, em surtos de violência seguidos por repressão, num mundo cão onde as solidariedades se contraem ao ponto do desaparecimento. Para evitar esse destino, temos de romper efetivamente com a economia neoliberal e com as várias políticas de reconhecimento que a apoiaram nos últimos tempos, rejeitando não apenas o etnonacionalismo excludente, como também o individualismo meritocrático-liberal. Apenas ao combinar uma política de distribuição igualitária robusta com uma política de reconhecimento substantivamente inclusiva e sensível à classe é que podemos construir um bloco contra-hegemônico a nos levar, para além da atual crise, a um mundo melhor.

ÍNDICE REMISSIVO

abordagem estrutural/sistêmica *vs.* ação/social, 72-5, 86-7, 142-5

abordagem ortodoxa
    história oficial e de fundo, 43-6, 64-76, 169-73
    elementos centrais do capitalismo, 29-34, 43

abordagens no nível da ação *vs.* no nível do sistema, 72-5, 86-7, 142-5

abordagens normativo-funcionalistas, 36-9, 138-41, 160-3

acumulação
    "acumulação primitiva", 44, 57-8, 60-2, 121-2
    de capital, 31-3
    de mais-valor, 80-1, 87
    ver também exploração e expropriação ("ex"); regimes de acumulação

Adorno, T. W., 31
    e Horkheimer, M., 155-6, 234

afro-americanos/americanos negros, 123-5, 228-9

Agência de Proteção Ambiental (EPA), EUA, 118

alienação, 40, 153-6
    como crítica ética, 149-50
    do "ser da espécie", 153-5

alocação, mercados de, 38-9

alternativa pós-capitalista, 191-2

anarquismo, 75, 197, 199-202

"antropoceno", era do, 53

Arendt, H., 156-7, 183

Arrighi, G., 56, 114

assimetria de poder, 206

autodeterminação, 150-2

autonomia, 151-2

base/superestrutura, modelo de, 30, 65, 85

Bell, D., 137, 163-4

Bellamy Foster, J., 110

Benjamin, W., 110

Bennholdt-Thomsen, V., 48

biomassa, 116-7

bloqueios e processos de aprendizagem, 178-80, 198

Boltanski, L. e Chiapello, E., 104, 218

Bourdieu, P., 49

Bretton Woods, sistema de, 92-6, 203, 233

Brexit, campanha do, 213-6, 223, 233

Brics, países do, 126, 127

capital, acumulação de, 31-2
capitalismo administrado pelo Estado, 92-3, 96-8, 102-3, 106, 123-6
    natureza/ecologia, 117-9
    regimes de acumulação racializados, 124-9
"capitalismo cognitivo", 20, 211, 220, 225
    e liberalização cultural, 225-6
capitalismo financeirizado, 93-6
    natureza/ecologia, 118-20
    e neoliberalismo, 95-100, 212-7, 224-5
    racializado, 125-8
    regimes produtivo e reprodutivo, 104-6, 188-9
    universalizado, 131-2
capitalismo liberal, 92, 101-2, 117, 123
capitalismo mercantilista, 91-2, 116, 121-2
capitalismo pós-racista/pós-sexista, 127-33
características centrais do capitalismo, 29-34, 43
carbono, emissões de/mercado de, 119-20
Chakrabarty, D., 207
classe
    divisão de, 20-30
    gênero e raça, 107-8, 188-91, 223
    e hegemonia cultural, 229-31
    ver também classe trabalhadora
classe trabalhadora, 101-3, 124-5, 160-1
    e neoliberalismo, 229-31, 235-6, 238-40
    retomada do interesse pela, 230-1
    visão expandida, 225
Clinton, Bill, 223
Clinton, Hillary, 213, 216, 223, 232
Cohen, G. A., 16
colonialismo *ver* movimentos pós-coloniais/decoloniais; raça
colonização, tese (de Habermas), 68-70, 98-9, 175, 193, 196-8
combustível/energia fóssil, 116-20

comodificação
    fictícia, 37, 169
    da natureza, 53-4, 113-5, 117-8
    da reprodução social, 50-1, 105-6, 188-9
    da sociedade, 35-9, 147-9, 168-9, 174-5
concepção expandida de capitalismo, 49-50, 187
concepção expandida de lutas de classe, 188
confisco mais recrutamento para a acumulação, 63-5
contestação *ver* movimentos sociais
contradições interdomínios, 160-1, 163-5
contradições normativas, 167
Corbyn, Jeremy, 213, 241
crise financeira global (2007-2008), 13, 93, 97
    crítica imanente, 158-60
    níveis objetivo e subjetivo, 23-5, 88
crises
    e contradições, 13-7, 21-5, 164, 176-9
    "crise de autoridade", 214
    crise do cuidado, 105
    "crise geral", 92, 101-2, 176-7, 183
    divisão, dependência e denegação, 172-6
crises latentes e resolução e problemas, 180-4
crítica(s)
    ética, 147-50
    ético-estrutural, 150
    imanente, 158-61
    da liberdade, 150-3, 190-1
    moral, 140-7
    do capitalismo, 13-25, 135-84
    funcionalistas, 136-40
Cronon, W., 112-3
Crouch, C., 97
cuidado, aprovisionamento de, 105-6
cuidado, trabalho de, 82, 105, 118-9, 189-90, 195
"cultura do capitalismo", 137

democracia, 96-7, 151-3, 190-2, 197-8
denegação, divisão e dependência, 90, 172-6
    bloqueios e processos de aprendizagem, 178-80
    e teoria universal da história, 178-81
"despossessão", 44-5, 52, 124-7
    ver também exploração e expropriação ("ex"); "acumulação primitiva"
determinação humana e autovalorização do capitalismo, 39-40
dinâmica no nível do sistema, 83-6,
dinâmica no nível social, 86-7
distribuição
    crítica moral à, 141-2
    mercados de, 38-9
dominação
    formas de, 154-5
    e não dominação, 197-8
domínios não econômicos, 75-6, 167-8, 198
donas de casa, aumento das, 48, 107-8
dualismos: economia e sociedade, 168-70

ecologia *ver* natureza/ecologia
economia "enraizada", 79- 80, 85-6
economia e política
    divisão, 152-3, 192, 195
    história oficial e de fundo, 53-7
    poder privado e poder público, 93-4, 99-100
    regimes de política e economia, 89-95
economia e sociedade, dualismos, 169-70
Eisenstein, H., 220
Elson, D., 192
emancipação, 144, 149, 169-70
    proteção social e mercados (movimento triplo), 109-12, 218, 232-3
Engels, F., 101, 202
Eribon, D., 224

esquerda
    moralismo de, 227-9
    Nova Esquerda, 98, 100
    ver também entradas com progressista
Estado de bem-estar social, 99, 102-3
    ver também política social-democrata; capitalismo administrado pelo Estado
Estados pós-coloniais, 103, 125-6
estágios históricos do capitalismo, 18-9, 82-3
    ver também regimes de acumulação
estratégias de integração e formas de vida, 156-8
etnonacionalismo, 213-4, 216-7
excedente social, 38-40, 146-7, 151-4
exploração e expropriação ("ex")
    história oficial e de fundo, 43-6
    raça e gênero, 129-33
    raça e imperialismo, 57-65, 92, 121-7
    teoria marxista, 57, 61-2, 144-6
exploração e expropriação econômica e política ("ex"), 121-7

família, papel da, 106-9
fascismo e neoliberalismo, 238-40
fases do capitalismo, 95-7
feminismo
    e neoliberalismo progressista, 218-23
    teoria marxista-feminista, 46-52, 127
feudalismo *vs.* sociedade civil burguesa, 161-3
"força estruturante" do capitalismo, 40
fordismo, 36, 102-3
forma mercadoria, 66-7
forma de vida, abordagem, 14-5, 49, 68-70, 145
    como base para a crítica, 157-8
    e ordem social institucionalizada, 84
    ver também prático-teórica, abordagem
Fórum Social Mundial (FSM), 201

Foucault, M., 49, 88, 170-2
fronteiras emancipatórias e não emancipatórias, 197
funcionalista-normativa, abordagem, 36-9, 138-40, 161-3

Giddens, A., 181-2
Gill, S., 95
Gilroy, P., 207
Ginsborg, P., 103
global
    crise financeira global (2007-2008), 13, 93-4, 97
    instituições financeiras globais, 93, 95, 126-7
    governança global/transnacional 54-6, 59--61, 93-5, 202, 233
    movimentos do Sul global, 206-8
    neoliberalismo global, 95-100, 232-4
    redes globais de cuidado, 105
    Sul global/Norte global, 119-20
Gorz, A., 194
Gramsci, A., 207, 214, 218

Habermas, J., 17-8, 56, 68-9, 73-4, 86, 98, 152, 164, 170, 175, 193, 196-7
Haraway, D., 53
Harvey, D., 45, 51, 60-1, 96, 124, 208
Hegel, G. W. F., 18-9, 37, 49, 76, 88-9, 140-1, 144-5, 153, 162, 175
hegemonia
    contra-hegemonia, 87, 221
    crise/desmantelamento de, 184, 215-6, 232-3, 235-6, 240-1
    cultural, 229
    internacional/imperialista, 92-4
    neoliberal, 213-6, 220-5, 228-9, 235-6, 240-1
Heidegger, M., 112, 155

história oficial à de fundo, quadro conceitual da, 43-6, 65-76, 170-3
história, teoria universal da, 175-8
historicidade, 153-4
historicizando o capitalismo, 79-133
Hochschild, A., 230
Honneth, A., 18
Horkheimer, M., 20, 69, 144
    e Adorno, T. W., 156, 234

imperialismo *ver* movimentos pós-coloniais/decoloniais; raça
impotência, 237
industrialização
    estágios do capitalismo, 116-21
    substituição de importações, 125-6
    "zonas de processamento de exportação", 127
intersecções: capitalismo pós-racista/pós-sexista, 127-33

justiça *ver* crítica moral

Kuhn, T., 83

liberalismo igualitário, 142-3, 146
liberalismo e pós-estruturalismo, 18-20
libertação individual, 227
Liebig, J., 110
limites estruturais da democracia, 152
liquidacionismo, 192
    e proibicionismo, 195
lógicas da mudança, 88-9
Lohmann, G., 145
Lukács, G., 66, 172
lutas de classe
    definição marxista, 186

e lutas de fronteira, 185-95
e "novos movimentos sociais", 219
lutas de fronteira, 71-3, 77, 87, 193-9
    defensivas e ofensivas, 193
    e lutas de classe, 185-95
    transformadoras e afirmativas, 193-6
lutas sociais *ver* lutas de fronteira; lutas de classe, movimentos sociais
Luxemburgo, R., 51, 60-1, 242

MacIntyre, A., 178, 182, 184
MacLean, N., 97
mais-valor, 80-1, 87
Marcuse, H., 156, 187
Marx/marxismo
    "acumulação primitiva", 44, 57-8, 60-2, 121-2
    características centrais do capitalismo, 29--33, 39, 41
    crise objetiva e subjetiva, 88
    críticas do capitalismo, 22-5, 150, 175, 177
        ética, 148-9
        imanente, 159-60
        moral e normativa, 140-7, 153-4
    "desaparecimento" do Estado, 202
    dinâmica no nível do sistema, 83-6
    divisão entre economia e política, 191
    exploração, 59, 63-4, 144-5
    história oficial à história de fundo, quadro conceitual da, 43-6
    movimentos indígenas, 207-9
    movimentos sociais, 194
    natureza/desnaturalizando a natureza, 52-4, 109
    pensamento "marxista negro", 61
    quadro conceitual hegeliano-marxista, 18-9, 175
    teoria feminista, 46-50, 52-4, 127-8
    ver também alienação; lutas de classe

materialismo histórico, 177
McCarthy, T., 143
McEmpregos, 65, 105, 189
McNeill, J. R., 116
mercados, 33-43
    proteção social e emancipação (movimento triplo), 209-12, 218-9, 233
    mercados "autorregulados", 42
    mercados "enraizados" e "desenraizados", 42-3
mercados de trabalho/trabalhadores, 29-30
    crítica moral, 146
    lutas de classe, 186
    McEmpregos, 65, 189
    racializados, 124
    trabalho livre, 29-30, 41, 63-5, 159
Mies, M., 47-8, 107
Milstein, B., 86
Moore, J. W., 111, 113-5
moralismo da esquerda, 229
movimento triplo, 209-12, 218-9, 233
movimentos
    ambiental, 118-21,
        e anticolonialismo, 118
        e políticas públicas, 115
    decrescimento, 203
    indígenas, 207-8
    LGBTQ, 212, 219-20, 222-3, 225-6
    pós-coloniais/decoloniais, 204-9
    sociais, 98-9, 141, 167, 185-242
    sociais regressivos, 213
    do Sul global, 207
    de trabalhadores, 102
mudanças epistêmicas, 43-53
mulheres *ver* feminismo; capitalismo pós-racista/pós-sexista; produção e reprodução

Nachtwey, O., 226

não dominação, 197
Narayan, U., 205
natureza/ecologia, 109-15
    comodificação da, 53, 113, 117
    natureza humana à não humana, da, 51-4, 111-2
    regimes socioecológicos de acumulação, 116-21
    e relação da sociedade, 113, 115, 156
natureza humana à não humana, da
    dicotomia Natureza/Humanidade, 111-2
    história oficial e de fundo, 51-4
    ver também natureza/ecologia
negros americanos/afro-americanos, 123-5, 228
neoliberalismo, 51, 53, 171-2
    ascensão e queda do, 95-100, 212-34
    progressista, 104, 109, 132, 212-34
    recaída no protecionismo reacionário, 234-42
neoliberalismo hiper-reacionário, 216-7, 232, 235-6
níveis objetivo e subjetivo das crises, 24, 88
normatividade
    liberalismo e pós-estruturalismo, 18-9
    lutas de fronteira, 193-9
    e ontologias sociais, 68, 70-1, 85
nostalgia, 50, 108, 212
"novo constitucionalismo", 95

Occupy Wall Street, 199-200, 212-3, 217, 232
O'Connor, J., 113, 164
"onguização" da política, 201
ontologias sociais, 67-9, 71, 85
ordem social
    histórica, 79
    institucionalizada, 65-76, 79-81, 83-6, 135

participação, 152
pensamento "marxista negro", 61
perspectivas dos participantes e dos observadores, 182-3
pluralismo cultural, 206

poder privado e poder público, 93-4, 99
poder público *ver* economia e política
Polanyi, K., 34, 36-7, 39, 41-2, 50, 54, 56, 63, 79, 84-5, 113, 162, 164, 168-70, 186, 209-12
    crítica de Fraser a, 209-12
    dualismo economia e sociedade, 164, 168-70
    economia "enraizada", 79, 84-5
    Legislação de Speenhamland, 162
    lutas de fronteira, 186
política *ver* economia e política
política social-democrata, 99, 104
populismo progressista, 109, 232, 235
populismo reacionário/de direita, 132, 213-9, 223-4, 227, 234-42
Power, N., 221
prático-teórica, abordagem, 20, 69-70, 73
    ver também forma de vida, abordagem
processos de aprendizagem e bloqueios, 178-80, 198
produção de mercadorias *ver* produção e reprodução
produção e reprodução
    capitalismo financeirizado, 105, 188-9
    história oficial e de fundo, 46-68
    lutas de classe/de fronteira, 187-90
proibicionismo, 195
propriedade privada e divisão de classe, 33-45
proteção social (movimento triplo), 209-12, 218-9, 233

raça
    classe e gênero, 107-8, 188, 190, 204
    e ecoimperialismo, 117
    imperialismo
        e Estados pós-coloniais, 103, 125
        e expropriação/exploração ("ex"), 57--65, 92, 121-7
racismo
    capitalismo pós-racista/pós-sexista, 127-33
    movimentos sociais europeus, 215-6
    e neoliberalismo progressista, EUA, 229
Rawls, J., 19
Reagan, Ronald, 97, 99, 221
recaída no protecionismo, 234-42
recaída no protecionismo reacionário, 234-42
recursos internos para a crítica, 170-2
redistribuição *vs.* reconhecimento, 21, 221-2, 224, 231
regimes de acumulação, 82
    dinâmicas no nível do sistema, 83-6
    dinâmicas no nível do social, 87
    natureza/ecologia (socioecológico), 116-21
    política e economia, 89-95
    produção e reprodução, 100-6
    racializados, 121-7
    socioecológicos, 116-21
regimes de produção e reprodução, 100-6
    papel da família, 125-8
    e raça, 129-33
relações centro-periferia, 36, 97, 185-6, 206
    colonialismo, 57, 60, 62, 117-8, 122
    e Estados pós-coloniais, 125
    regimes de política e economia, 92-4
    regimes de produção e reprodução, 100-4, 107
relações sociais não mercantilizadas, 36
reprodução *ver* produção e reprodução

reprodução social *ver* produção e reprodução
resolução de problemas e crises latentes, 180-4
ressentimento, 214, 227, 229-30, 236-8
Rorty, R., 83, 184
Rosa, H., 206
Runge, E., 230

Sanders, Bernie, 213, 217, 225, 232, 236, 239-41
Scheler, M., 237
Schumpeter, J., 137
sistema econômico
    abordagem "caixa-preta", 16-7, 21-2, 141-3
    crítica funcionalista do capitalismo, 136-7
    gramática totalizante ou ordem social institucionalizada, 65-76
sistema/mundo da vida, distinção, 68-71
sistemas duais, teoria dos, 127, 129
sistemas transnacionais/"westfaliano" e globalizado, 55, 59-60
Shiva, V., 48
sociedade industrial e movimentos de decrescimento, 203-5
sociedades não capitalistas, 81
sociedades "pós-crescimento", 203-5
sociedades pré-capitalistas, 33, 35-6, 50, 53
Sombart, W., 32, 148
Sraffa, P., 39
Streeck, W., 97-8, 104
subjetivação, 46-50, 59, 82, 121-2, 127, 130, 226
sustentabilidade funcional, 197

teoria universal da história, 175-8
Thatcher, Margaret, 97, 221

Therborn, G., 85
trabalhadores-cidadãos, 123-4, 126-7
trabalho livre, 30-1, 40-1, 61-4, 159
    ver também trabalhadores-cidadãos
transformação histórica e narrativa, 182-3
transformação social, 143-4
Trump, Donald, 213, 215-7, 222-3, 225, 227, 230-3, 236-8, 240

União Europeia, 95
    campanha do Brexit, 213-6, 223, 233
unidade de análise e crítica, 76-7

Van Parijs, P., 136
variedades de capitalismo, 27-9
visão "caixa-preta" da economia, 16-7, 21-2, 141-3
Vogel, L., 47, 164

Wallerstein, I., 36, 96, 114, 208
Weber, M., 32, 86, 148
Wood, E. M., 55

zonas não comodificadas, 67
"zonas de processamento de exportação", 127

Sobre as autoras

Nancy Fraser (nascida em Baltimore, Estados Unidos, em 20 de maio de 1947) é professora titular da cátedra Henry A. and Louise Loeb de ciências políticas e sociais da New School for Social Research, em Nova York. Expoente do feminismo, tema com o qual trabalha desde o início da carreira e pelo qual milita politicamente, e da teoria crítica, a autora publicou diversos trabalhos de grande impacto nessas e em outras áreas da filosofia política e social.

Fraser doutorou-se na Universidade da Cidade de Nova York em 1980 com uma tese sobre filosofia do conhecimento. Até 1994, deu grande ênfase ao problema dos conflitos políticos e discursivos na definição das necessidades sociais, mobilizando autores díspares como Arendt, Foucault, Gramsci, Marshall e Habermas. De 1995 em diante, envolveu-se nos debates sobre teoria da justiça e teoria do reconhecimento, o que a tornou bastante célebre e ampliou seu prestígio acadêmico. Foi nesse contexto que travou embate com Axel Honneth, diretor do Instituto de Pesquisa Social e herdeiro "oficial" da Escola da Frankfurt, em torno da categoria de reconhecimento, certame que rendeu várias publicações, entre as quais o livro *Redistribution or Recognition?: A Political-Philosophical Exchange* [Redistribuição ou reconhecimento? Um debate filosófico político], lançado em 2003 e traduzido para alemão, espanhol, polonês, italiano, chinês, japonês, turco e tcheco. Embora a publicação seja inédita no Brasil, o debate suscitou grande quantidade de artigos no meio acadêmico do país.

Uma nova fase de seu pensamento foi inaugurada por volta de 2013, com a publicação de *Fortunes of Feminism: From State-Managed Capitalism to Neoliberal Crisis* [Fortunas do feminismo: do capitalismo gerenciado pelo Estado à crise neoliberal] e de artigos discutindo a história, a prática e as perspectivas da política feminista. Tendo resolvido os pontos da teoria crítica que considerava desconfortáveis, Fraser passou a investir em sua aplicação sobre o problema da dominação feminina, oferecendo uma crítica abrasiva não só do machismo, mas também das alianças e dos descaminhos das lutas das mulheres no contexto de desintegração do *Welfare State* e de emergência do neoliberalismo.

A autora tem recebido os mais diversos prêmios e honrarias acadêmicos nas principais universidades do mundo.

Em 2019, publicou, em coautoria com Cinzia Arruzza e Tithi Bhattacharya, outras duas organizadoras da Greve Internacional das Mulheres, o livro *Feminismo para os 99%: um manifesto*, lançado simultaneamente em diversos países no 8 de Março – no Brasil, pela Boitempo – e já traduzido para vinte idiomas.

Rahel Jaeggi (nascida em Berna, Suíça, em 19 de julho de 1967) é professora de filosofia prática com ênfase em filosofia social e filosofia política na Universidade Humboldt, em Berlim. Considerada uma das figuras de destaque da teoria crítica contemporânea, desenvolve um caminho alternativo à crítica reconstrutiva de Habermas e Honneth, insistindo no que chama de crítica imanente. Fortemente baseada em Hegel, Marx e Freud, sua perspectiva é marcada pela retomada de *insights* originais presentes no ensaio "Teoria tradicional e teoria crítica", texto fundador da Escola de Frankfurt.

Jaeggi tem uma trajetória de grande reconhecimento acadêmico. Em 1996, defendeu o grau de *Magistra Artium* (equivalente ao mestrado) na Freie Universität Berlin, com uma dissertação sobre a filosofia política de Hannah Arendt. Em 2002, já trabalhando no marco da teoria crítica, doutorou-se pela Johann Wolfgang Goethe am Main – também conhecida como Universidade de Frankfurt –, com a tese "Liberdade e indiferença: uma reconstrução do conceito de alienação", que serviu de base para seu livro *Entfremdung – Zur Aktualität eines sozialphilosophischen Problems* [Alienação: sobre a atualidade de um problema filosófico e social], publicado em 2005. Em seguida, na mesma universidade, assumiu o cargo de professora assistente da cadeira de filosofia social, cujo titular é Axel Honneth, de quem já fora assistente de pesquisa de 1996 a 2001. Durante esse período, trabalhou como professora visitante na New School for Social Research e na Universidade de Yale, nos Estados Unidos, e na Universidade Fundan, na China.

Em 2009, defendeu sua tese de habilitação sobre crítica das formas de vida na Universidade de Frankfurt, tendo em seguida assumido o cargo de professora na Universidade Humboldt, que ocupa até hoje, sendo diretora do Centro de Humanidades e Mudança Social da mesma instituição desde 2018. A tese deu origem ao livro *Kritik von Lebensformen* [Crítica das formas de vida], publicado em 2014. Deu aulas novamente na New School de 2015 a 2016, dessa vez com o título de Theodor Heuss Professor. É membro, desde 2018, do Institute for Advanced Study School for Social Science, da Universidade Princeton.

Escola Nacional Florestan Fernandes

Logotipo da ENFF, feito pelo coletivo do MST em 2015, por ocasião dos 10 anos da inauguração da escola.

Publicado em janeiro de 2020, quando se celebram os 15 anos da inauguração da Escola Nacional Florestan Fernandes (ENFF), centro de educação e formação de militância idealizado pelo Movimento dos Trabalhadores Rurais Sem Terra (MST) e um dos mais importantes núcleos da luta anticapitalista no Brasil, este livro foi composto em Adobe Garamond Pro, corpo 11/13,2, e reimpresso em papel Avena 80 g/m² pela gráfica Forma Certa, para a Boitempo, em abril de 2025, com tiragem de 500 exemplares.